德性课程管理论
—— 基于教师专业发展的幼儿园课程管理研究

田燕 著

·广州·

版权所有　翻印必究

图书在版编目（CIP）数据

德性课程管理论：基于教师专业发展的幼儿园课程管理研究/田燕著. —广州：中山大学出版社，2016.12
ISBN 978-7-306-05930-7

Ⅰ.①德… Ⅱ.①田… Ⅲ.①课程—教学管理—学前教育 Ⅳ.①G612

中国版本图书馆CIP数据核字（2016）第309501号

出 版 人：徐　劲
策划编辑：嵇春霞
责任编辑：嵇春霞　李艳清
封面设计：曾　斌
责任校对：王　睿
责任技编：何雅涛
出版发行：中山大学出版社
电　　话：编辑部 020-84110771，84113349，84111997，84110779
　　　　　发行部 020-84111998，84111981，84111160
地　　址：广州市新港西路135号
邮　　编：510275　传　真：020-84036565
网　　址：http://www.zsup.com.cn　E-mail：zdcbs@mail.sysu.edu.cn
印 刷 者：虎彩印艺股份有限公司
规　　格：787mm×1092mm　1/16　14.75印张　240千字
版次印次：2016年12月第1版　2016年12月第1次印刷
定　　价：46.00元

如发现本书因印装质量影响阅读，请与出版社发行部联系调换

- 2016年度江苏高校"青蓝工程"中青年学术带头人培养对象项目（Sponsored by Qing Lan Project）资助
- 2016年江苏省高校哲学社会科学研究一般项目"卓越导向的幼儿园教师培养过程中教育资源优化研究"（2016SJB880026）资助
- 江苏第二师范学院学术著作出版基金项目资助

目 录

引 言 ·· 1
  一、选题的缘由：研究问题的聚焦 ······································ 1
  二、研究的意义 ··· 14
  三、对关键概念的已有研究的反思与界定 ·························· 22
  四、德性课程管理的研究定位与基本思路 ·························· 37

第一章 研究设计与研究方法 ··· 40
  一、西方课程研究的主流趋向 ·· 40
  二、我国课程研究、学前课程研究方法的多元化与混
      合化趋向 ·· 41
  三、本书的研究设计和具体研究方法 ································ 42

第二章 研究的起点
  ——幼儿园课程管理观及时代背景分析 ···························· 55
  第一节 幼儿园课程管理的界定 ··· 55
    一、幼儿园课程管理的课程论起点：幼儿园课程观 ······· 55
    二、幼儿园课程管理的管理论起点：管理观 ·················· 61
    三、幼儿园课程管理的基本问题 ·································· 63
  第二节 现代课程变革对幼儿园课程管理的冲击 ················· 71
    一、课程变革研究的趋向 ··· 71
    二、幼儿园德性课程管理观的提出 ······························· 75
    三、德性课程管理观与人本主义管理观的区别 ·············· 77
  第三节 课程发展与教师专业发展同构 ······························· 80
    一、早期教师专业发展研究的特点 ······························· 80
    二、现代教师专业发展研究的转向 ······························· 81

第三章　幼儿园课程管理的现实把握
——"控制论"的主宰与德性的迷失 ……………… 85
第一节　幼儿园课程管理状况的现实分析 ……………… 85
　　一、典型场景的描述 …………………………………… 86
　　二、幼儿园课程规范性管理方式的反思 ……………… 109
第二节　幼儿园课程规范性管理的影响因素分析 ……… 116
　　一、建构主体的课程建设意识和能力的限制 ………… 116
　　二、学前教育行政管理的影响 ………………………… 123
　　三、市场经济的影响和我国社会转型的反思 ………… 126

第四章　德性的坚持
——课程管理即德性生活的走向 …………………… 131
第一节　寻找教师德性生活的空间 ……………………… 132
　　一、德性之于个体确立的意义 ………………………… 132
　　二、个体生活相对于课程管理的优先性 ……………… 134
　　三、德性课程管理：一种为着教师德性发展的可能生活 … 137
第二节　幼儿园德性课程管理的过程观 ………………… 152
　　一、幼儿园课程管理是一种交往实践形式 …………… 153
　　二、幼儿园德性课程管理就是德性交往的过程 ……… 159

第五章　回归德性生活之路 …………………………………… 182
第一节　德性生活的起点：寻求新的幼儿园课程管理理解 … 182
　　一、寻求理解：把握课程建设活动价值的视角转变 … 182
　　二、占有还是生存：如何理解课程管理 ……………… 185
第二节　回归德性生活之路 ……………………………… 189
　　一、组织重构 …………………………………………… 189
　　二、文化重构 …………………………………………… 206

结语：回归朴素课程 …………………………………………… 218

参考文献 ………………………………………………………… 220
后记 ……………………………………………………………… 228

德性是"一切人类价值的基础"。——爱因斯坦

引 言

一、选题的缘由：研究问题的聚焦

（一）笔者的一次实践机遇和体验

由于工作需要，笔者经常接触来自各地教育一线的幼儿园教师，其中有不少善于思考的幼儿园业务园长。当这些业务园长知道笔者是学习学前课程论的研究生时，她们大多会以请教的口吻询问笔者这样的问题："幼儿园的课程研究应该怎么进行？我们幼儿园的课程现在是这样的……接下来，我应该怎么管理幼儿园的课程（建设）啊？"当笔者滔滔不绝地引用各种课程论观点解释这些问题时，笔者在大多数"请教者"的眼光中都能捕捉到失望的痕迹，对话以失败告终。在大多数情况下，笔者将对话失败的原因归结为"这些实践工作者缺少课程论知识背景"，而没有反过来寻找自身的问题。2006年10月，两位来自某市的幼儿园园长的来访彻底消解了笔者的自信：远道而来的两位园长怀着寻求秘方的心情，向笔者详细阐述了幼儿园的课程建设情况，希望笔者能为她们接下来的管理工作提供建议。当时的笔者充满了无效感和恐慌感，因为笔者发现自己既没有真实地把握幼儿园课程建设的情况，也无法从自己所拥有的课程论知识中找到可以解决具体的幼儿园课程建设的"秘方"。于是，在那次之后，为了摆脱无效感和恐慌感，笔者确定了两个努力的方向，即真实地把握幼儿园课程建设的实际情况和掌握课程论中的课程管理知识。在这个过程中，笔者逐渐怀疑"自己或者园长能否'指导'幼儿园课程建设"。如果说能指导，那么怎么指导？是具体的策略指导还是思维方式的指导？如果说不能指导，那么"课程论专家"和"课程管理者"如何定位自己的职能呢？

这些问题成为本书选题的出发点。也正是对这些问题的思考，促使笔

者对课程变革时代背景、已有课程管理研究展开思考。

(二) 来自课程改革时代背景的挑战

1. 学校课程管理：一个在课程改革背景下特别需要关注的研究领域

自20世纪中期以来，人类社会进入以变革为特征的后工业时代，在这个时代，知识与信息空前膨胀、科技复杂化、文化多元化、道德标准不确定化等特征越来越明显。在这样的变革时代背景下，作为教育领域的核心话题——课程便成为教育变革的对象，特别是在世纪之交，世界各国的课程变革甚为频繁。当然，时代发展特征只是促使课程改革进行的外在原因，而直接导致课程改革大规模展开的则是对课程研究的深化。

美国学者博比特（F. Bobbit）于1918年出版的《课程》一书标志着课程作为专门的研究领域的诞生。而《课程》的思想来源于科学的管理学理论，深受当时美国工业界"科学管理的原理"——泰罗（Frederick Winslow Taylor）原理的影响，博比特将泰罗原理运用于学校教育，进而将之推衍到课程领域，使得课程走上科学化之路。科学的课程理论在产生之初与科学的管理理论有着千丝万缕的关系，这是受到当时哲学思潮——科学主义和工具理性的支配与驾驭，这两种理论都崇尚"科学"，即强调线性、确定性与因果性。从课程理论发展的历史来看，不管是稍后的查特斯，还是再后来的拉格（H. Rugg）、贾德（C. H. Judd）、拉尔夫·泰勒（R. Tyler），在课程领域内都追求着类似于科学管理的效率与标准化，崇尚目标管理模式，正是在这批优秀的课程专家的不懈努力下，形成了科学主义课程管理范式。20世纪中叶以后，课程研究领域虽然发生了巨大的变化，课程改革运动极为活跃，新的课程理论也不断涌现，但目标模式的影响无处不在，科学主义范式仍然是当时主导的管理范式。进入20世纪70年代，课程领域内出现了不同于科学主义范式的声音，而且呼声越来越响亮，"课程研究领域开始超越以'泰勒原理'为代表的具有理性主义性格的'课程开发范式'，走向'课程理解范式'——把课程作为一种多元'文本'来理解的研究范式"[①]。在这一过程中，涌现出一批课程学者，其中最有影响力的是英国学者斯滕豪斯（L. Stenhouse）的过程模式、施瓦布（J. J. Schwab）的实践模式、以派纳（W. F. Pinar）为首的概念重建主义、以多尔

---

① 钟启泉编著：《现代课程论》，上海教育出版社2003年版，第107页。

E. Doll）为首的后现代课程观。这些新思想与观点对目标模式提出了质疑，向传统的标准化的课程宣战，强调教育内在的价值，强调课程的不确定性和生活性，强调教师的重要性，强调建构与对话，强调课程的多元化，课程领域内有条不紊的秩序开始被打乱，原有的课程内容体系受到巨大的冲击，教师有了专业自主权和主动性，学生的主动性被激活，作为课程权威的教育行政部门和课程专家在课程研究领域受到了前所未有的质疑。这样一来，课程研究从20世纪60年代以前的追求理性、单一性、确定性转向追求非理性、多元性、差异性。

伴随着对课程理解的转变，课程改革的侧重点也出现了改变，特别是在世纪之交的课程改革中，学校及学校中的教师的地位被凸显出来。以往的课程改革，只要课程专家设计好完美的课程方案，运用行政力量由上到下推行即可实现目标，学校在改革中处于执行者的被动地位。20世纪60年代，美国课程改革是这种改革思路的代表，它的失败引起了众多研究者的反思，美国兰德变革研究发现，教育改革必须承认和注重学校的主体地位，同时也要给予学校内部人员——教师以时间和权威来实施变革。[1] 在此之后，很多学者都认识到，无论多么美好的变革计划和课程变革方案，如果不适合学校的情况、得不到教师的认可，一定不会取得成功。也就是说，课程改革必须在学校层面上有效进行才能取得成功，学校是课程改革成败的关键因素。美国学者霍尔（E. H. Hall）和郝德（S. M. Hord）[2] 认为，在学校层面的改革主要涉及两类人群，一个是以教师和儿童为主的课程使用者，一个就是课程改革的促进者——学校领导者。毋庸置疑，教师是课程改革中的关键人物。然而，谁来推动教师参与课程改革呢？谁经常和教师待在一起并有效而持之以恒地影响教师呢？当然是学校层面的课程管理者。如果说学校是课程改革成败的关键，那么，学校层面课程改革成败的关键则是学校课程管理。学校课程管理者凭借行政命令就能引领教师积极参与并有效开展课程改革吗？研究证明，行政命令对于有思想、有信念的教师的作用是有限的，它可以让教师服从命令做某些事情，但是并不能让教师改变自己的信念和价值观，也不能提供给教师很好地参与课程变革的

---

[1] 参见于泽元著《课程变革与学校课程领导》（序言），重庆大学出版社2006年版。

[2] 参见 Hall E H, Hord S M. Implementing Change: Patterns, Principles and Potholes. Ally & Bacon, 2001.

能力。①

然而,课程理念的巨大改变及学校主体地位的获得在一定程度上超越了一般学校管理功能所能承受的限度,看不清课程发展方向、不知道如何应对现实中的课程改革问题成为大多数学校共同存在的问题。② 于是,学校层面的课程管理实践研究成为更多学者关注的对象。③

2. 从"控制论"向"发展论"转变:幼儿园课程管理实践困境突破的关键

新中国成立以后,受教育研究领域中"苏俄情结"的影响,我国幼儿园课程管理在相当长的一段时间内采用了中央集中管理的模式:统一决策、统一规划、统一编制,地方和幼儿园层面的人员及教师需要考虑的只是如何将既定的课程计划(称为教学计划、教学大纲)付诸实施,即解决教学问题,因而在开展课程管理时只从如何保证统一规划好的方案顺利实施出发来选择管理手段。在这样的背景下,幼儿园的课程管理者对幼儿园内外部人、财、物、课程活动的管理,特别是对人——教师的管理就难以逃脱"控制论"的思路。改革开放以后,以"控制论"为基本特征的中央集中的课程管理越来越不能适应教育改革的形式,于是,1985年5月,中共中央发布了《关于教育体制改革的决定》。该决定明确提出"把基础教育责任交给地方",由于幼儿园作为基础教育的机构之一,因此分层管理的管理体制也适用于幼儿园管理。自此,地方负责、分层管理、加强社会力量办园的三级管理思路慢慢形成,特别是20世纪90年代幼儿园被动接受了企业改革,被推向市场,市场运作规律、家长等社会因素都成为幼儿园进行课程管理的重要出发点,幼儿园在课程管理自主性和自由度增加的同时,其影响源也在不断扩张。与此同时,中小学课程改革的进程不断推进,幼儿园不断接受课程改革的洗礼,作为新课程的灵魂和一以贯之的价值追求,"为了每一个儿童的发展"的理念在幼儿园教育中开始扎根。于是,幼儿园课程不再是统一的方案,而是实现儿童发展的载体和途径;幼儿园课程不再是外在于幼儿的知识体系,而是在与幼儿互动时实现幼儿成

---

① 参见于泽元著《课程变革与学校课程领导》(序言),重庆大学出版社2006年版。
② 参见于泽元、黄显华《论学校课程领导促进教师专业化的机制和策略》(序言),见黄显华等著《课程领导与校本课程发展》,教育科学出版社2005年版,第61~73页。
③ 参见张相学《学校课程管理:亟待关注的课程研究领域》,载《教育理论与实践》2005年第10期。

长的过程；幼儿园课程不再是具有确定性的一旦为儿童记忆就会发挥作用的外在结构，幼儿园课程的意义转变为追求不确定性，因而幼儿成为社会意义的发现者、建构者、创造者；幼儿园课程不再是孤立的领域，而是认可人的生命存在价值的教育整体；幼儿园课程不再将语言和数理能力训练置于中心地位，而是将幼儿园课程的首要目标定位于重视对幼儿空间、人际、情感、身体、艺术、具体思维、道德行动等多方面的认识和能力开发，激发幼儿参与人类生活的动机和道德力量。在这样的课程活动中，教师不再是高高在上的控制者、权威者，而是幼儿寻求意义、获得成长的引领者，幼儿与教师的互动教育成为寻求非确定性意义的对话过程。显然，这样的课程改革思路是无法沿用之前的"控制论"课程管理思路的，新课程理念的落实与管理思路的冲突越来越明显，越来越多的幼儿园教师和管理者对此提出质疑并做出改革管理尝试。于是，在强调课程的"回归"性、生成性、丰富性的时代背景下，幼儿园课程管理不再只是追求效率、精简，而是采用问题解决的方式，在探索中发现问题、解决问题。从"控制论"向"发展论"转变是当前幼儿园课程管理实践困境突破的关键。

"发展论"的课程管理是指幼儿园课程管理者在关注课程、教学变革的理念、策略、方法的同时，还要进行组织重构和文化重构，要对教师有更多的关注，对课程活动中的不确定性有更为开放的接纳胸怀。从这个意义上来看，幼儿园课程管理从"控制论"向"发展论"的转变就是从重视计划向重视目的、愿景的转变，是从重视教师教学策略、技能发展到重视教师德性生命全面发展的转变。

（三）已有相关研究及分析

1. 学校课程管理研究

（1）国外相关研究。国外对学校课程管理的研究主要集中在基本理论、校长在学校课程管理中的职能、教师参与学校课程管理等问题上。

1）学校课程管理的基本理论研究。有学者指出学校的课程管理主要受三方面的影响：学校课程的结构（school curriculum framework）、学校的社会情境（social context）以及学校的组织结构（organizational structure）。学者们认为，上述三个环节均会对教师参与课程领导产生错综复杂的心理影响。①

关于学校课程管理方面的自我管理思想，澳大利亚墨尔本大学教育学院院长卡德威尔（B. J. Caldwell）的相关研究具有很大的影响力。他先后出版了"自我管理学校三部曲"——《自我管理学校》（The Self-Managing School）、《领导自我管理学校》（Leading the Self-Managing School）和《超越自我管理学校》（Beyond the Self-Managing School），对"自我管理"的思想进行了详细的表述。

在卡德威尔等人看来，自我管理学校就是在教育体制中被赋予了相当大的权力和责任的学校，这些下放的权力与责任使学校可以在中央制定的课程目标、政策、标准和绩效框架内做出有关课程资源配置的决策。其中，资源具有包括了知识、技术、权力、物质资料、人员、时间、评价、信息和财务等在内的宽泛意义，课程是学校重要的组成部分之一。而建构自我管理的学校就是要在组织结构上进行相应的变革，即从组织权力下放的角度对学校课程目标、政策、标准和绩效责任进行重新建构。卡德威尔等人在澳大利亚国家重点研究项目"学校资源的有效配制"的研究基础上提出了学校进行自我管理的模式。自我管理模式的具体运作方法涉及的是一个管理过程，"包括设定目标、阐释政策、制定年度规划、配置资源、通过教学计划贯彻年度规划以及评价结果等几项内容。这种管理模式的显著特征是以具体项目为基础进行规划，通过学校的常规工作形式，主要是在课程领域，得以明确体现"②。可以说，卡德威尔的自我管理模式在一定意义上就是学校课程管理模式。由于这种课程管理模式强调规划预算过程和教学活动之间保持相对紧密的联系，强调教师以团队形式进行工作，因此，这种管理模式借助于大量的培训③在具体学校管理实践中产生了明显的改善效果。

随着研究工作和培训活动的开展，该模式的提出者和倡导者发现不是

---

① 参见朱嘉颖、黄显华《从带导课程主任进行行动研究反思课程领导的专业发展》，见《课程领导与课程评价的理论与实施：2003年第五届"两岸三地"课程理论研讨会论文集》，西北师范大学2003年。

② ［澳］布赖恩·J. 卡德威尔、吉姆·M. 斯宾克斯著：《超越自我管理学校》，胡东芳等译，上海教育出版社2005年版，第28页。

③ 这些培训工作大多是由吉姆·M. 斯宾克斯在英国和新西兰完成的，其中，他在英国花了近12个月的时间培训英国当地1/3以上教育机构的官员、主管人员、校长和老师，1989年为新西兰的1万名左右的家长、校长和教师提供了广泛的咨询活动。

在所有的环境下都可以用这种方式进行学校课程资源管理，运用该模式时不能机械式搬用，更重要的是要考虑学校内外部环境的巨大变化。因而，研究者在《领导自我管理学校》一书中对管理模式进行了两大修正，第一点，强调要描述学校新的环境变化；第二点也是最重要的一点，就是强调校长等课程领导者的期望价值。卡德威尔等人提出，"校长和其他领导者应具备转化式领导的能力"，这种领导能力应包括四个方面：战略的、文化的、教育的和责任的。①

在《超越自我管理学校》一书中，研究者的研究视角更开阔和深刻。研究者意识到，"学校教育中有三条变革的轨道，而且不同的学校、不同的国家在这一旅途中的速度和广度存在很大的差异。构建自我管理学校只是其中的一条轨道，另外两条是关注学生的学习结果和创建面向知识社会的学校。第一条轨道主要是结构变革，另外两条轨道关注的是21世纪的学习、教学以及学校教育的本质。从某种意义上说，这构成了一个完整的循环，因为这一自我管理模式的核心特征是围绕学与教及支持学与教的项目来组织学校管理"，因而卡德威尔等研究者在近期的自我管理思想中，一方面加强了对实践方法的关注，另一方面也加强了"战略意图"的色彩，提出了建构自我管理学校的100项战略意图。

此外，萨乔万尼（T. J. Sergiovanni）等人的学校教育管理理论也颇受世人关注。

2）校长在学校课程管理中的职能。近年来，研究者越来越喜欢用"课程领导"一词来描述校长对学校课程建设应发挥的管理作用。

在关于课程领导的研究中，许多学者提出了学校校长在课程管理中应该发挥的作用。安德鲁斯（R. L. Andrews）和史密斯（W. F. Smith）认为，学校领导者必须帮助教师实现专业发展，处理好与教师的关系，在学校内建立一种伙伴式的团队精神，实施权力分享，让学校教师参与学校决策；海林杰（P. Hallinger）把监控学生学习进度、订立远景目标、管理课程及教学、监督教学以及提高教与学的气氛等视为校长在管理方面的主要任务；萨乔万尼提出，校长主要应该充实教师的课程专业知识和技能，为学校成员提供必要的基本支持与资源，促进教师间的交流与观摩，促使学校

---

① 参见［澳］布赖恩·J. 卡德威尔、吉姆·M. 斯宾克斯著《超越自我管理学校》，胡东芳等译，上海教育出版社2005年版，第35页。

形成合作与不断改进的文化氛围，最后将学校发展成为课程社群，以实现课程目标。① 应该说，上述研究者对校长在课程管理中的功能定位还是比较宽泛的。

格拉索恩（A. A. Glatthorn）等人则提出较为具体的功能建议。他们先将课程领导的功能区分为四个层次，即州层次、学区层次、学校层次和班级层次，进而提出校长作为课程领导者不仅要对学校层次和班级层次的课程建设产生影响，也应对州层次和学区层次具有相应的作用。在学校层次，校长的课程领导功能主要体现为拟订标准和目的、重新思考学习方案、推动以学习为中心的课表、统整并连接课程、监控课程实施的过程。②

布瑞德利（L. H. Bradely）认为，作为课程领导者的校长须随着情境的变化而扮演不同的角色：①当课程问题的解决需要高度专业知识，但成员的专业经验却不足时，校长要扮演"指导者"；②当课程发展过程中遇到冲突，教师盼望领导者立即加以解决时，校长就要扮演"纷争解决者"；③当成员不熟悉课程改革途径时，校长要扮演"倡导者"；④若成员已具备相关的专业能力时，校长则要扮演"服务者"；⑤当问题为目标凝聚、远程规划、充分的沟通、资源的分配利用、士气、革新、自主、调试、问题解决等，且成员积极投入专业成长时，校长则要扮演"促进者"。为判断校长的课程领导是否有效，布瑞德利提出了10项具体评估指标：①被领导者会主动寻求课程领导者的协助；②课程文件品质具一致性；③教师乐于参与课程委员会的运作；④课程领导者能与有关人员进行沟通；⑤课程领导者具有明确的工作模式；⑥课程领导者能快速组织工作小组完成任务；⑦课程领导者能将课程所有权转给教师；⑧课程领导者能有效解决课程问题；⑨课程领导者能善用专业知识而非权威；⑩课程领导者能运用多元的领导形态。③

上述有关校长在学校课程管理中的领导功能、职能和评估标准等方面

---

① 转引自朱嘉颖、黄显华《从带导课程主任进行行动研究反思课程领导的专业发展》，见《课程领导与课程评价的理论与实施：2003年第五届"两岸三地"课程理论研讨会论文集》，西北师范大学2003年。

② 参见［美］Allan A. Glatthorn 著《校长的课程领导》，单文经等译，华东师范大学出版社2003年版。

③ 参见游家政《国民小学校长课程领导的任务与策略》，见台湾海洋大学师资培育中心主编《课程领导与有效教学》，九州出版社2006年版，第30～32页。

的理论研究为我们思考幼儿园园长的课程管理职能提供了参照点。

3) 教师参与学校课程管理。在泰勒的课程思想占主导地位的时代，美国人更愿意讨论学校上层管理者（如校长、助理校长）的作用，并没有注意到教师在管理中应有的地位。随着课程研究范式的转变，即管理理论的更新，特别是后现代管理观念的兴起，"教师参与"课程管理、"权力下放"和给教师"赋权"等口号备受世人关注。而后的"转化型课程领导"（transformative curriculum leadership）的概念，更是倡导让教师参与学校愿景目标的制定、实践不同的课程理念、加强彼此的合作、阐明个人对课程的理解、建构学校课程的意义，从而发展一种更高层次的自我判断与管制的能力。[①]

有些学者对影响教师参与课程领导的个人因素进行了研究，结果显示：教师对课程领导新观念的开放程度、教师对持续发展课程的承诺、教师对自己的个人信念、教师对学校同工参与课程改革的信念以及教师对参与课程领导的信心会影响教师参与课程领导的程度。[②] 也就是说，教师在参与过程中的内部认知因素和情感体验因素会影响教师的参与程度。

此外，也有关于教师参与学校课程管理的效果的研究。从理论上讲，教师参与学校的课程管理有利于他们专业上的进步，并且可以丰富其学科知识、增进其对学校课程乃至整个学校的归属感。不过，埃卢托（J. A. Alutto）等人的研究发现，教师参与课程管理与预期效果之间并不一定是简单的线性关系；他们还发现，不是所有的教师都愿意参与学校的课程开发，这一结论说明教师参与学校的课程管理存在客观的困难。杨（M. Young）认为，如果学校的课程开发有一线教师参与，也许会更能吸引其他教师使用开发出来的课程材料，课程也可能会更为清晰、易懂，更容易被其他教师理解。约翰斯顿（S. Johnston）提醒人们，如果教师参与学校的课程管理沦为简单的行政任务，它将失去所有的意义。[③] 也就是说，

---

① 参见 Henderson J, Hawthorne R. Transformative Curriculum Leadership. Prentice Hall, 1985, p. 31.

② 转引自朱嘉颖、黄显华《从带导课程主任进行行动研究反思课程领导的专业发展》，见《课程领导与课程评价的理论与实施：2003年第五届"两岸三地"课程理论研讨会论文集》，西北师范大学2003年。

③ 转引自王建军《教师参与课程发展：理念、效果与局限》，载《课程·教材·教法》2000年第5期。

教师参与课程领导的效果不仅受管理者的管理措施的影响，也受制于教师的自身因素。

总之，国外的相关研究结论虽然带有特定的文化色彩和使用领域，但同时也可以为我们思考幼儿园课程管理过程中的管理者与教师互动问题提供框架。

(2) 国内相关研究。笔者曾在《中国期刊全文数据库（1994—2016年)》中，以"学校"和"课程管理"为篇名检索词进行搜索，查阅到相关期刊论文124篇，其中直接论述学校的课程管理问题的有67篇，并且这些文章多从新课程改革的背景和要求出发，探讨相关问题。具体探讨内容体现在五个方面。

1）定义研究。关于学校课程管理定义的界定，多因对课程和管理的理解不同而呈现不同的观点。例如，金东海认为，学校课程管理就是指学校根据上级教育行政部门有关基础教育课程的政策规定，结合本校的实际情况，为实现基础教育培养目标而对国家课程、地方课程和校本课程进行的安排、实施、开发、设计和评价的自主管理活动①；李亚东、朱琦则认为，所谓学校课程管理，是学校在"三级课程管理"的总体研究框架下，充分行使自身的权力和职责，对学校所有课程进行计划、协调、开发、实施、评价、控制等一系列活动，以提高课程的适应性和有效性，使其更好地服务于学校培养目标，促进学生全面而主动的发展②。

2）特征研究。周海银认为，学校课程管理具有独特性、实践性、伦理性和社会文化制约性等四大特征。③

3）作用研究。金东海认为，学校课程管理的作用在于保证国家课程和地方课程的有效实施、开发校本课程、满足学生需要。为发挥这些作用，学校课程管理者就要履行以下职责：①根据教育部和本省（自治区、直辖市）课程计划的有关规定，从当地社区和学校自身的实际出发，制定学校学年课程实施方案，并报县一级教育行政部门备案。②依据教育部颁

---

① 参见金东海《论三级课程管理体制中的学校课程管理》，载《西北师范大学学报（社会科学版)》2004年第3期。

② 参见李亚东、朱琦《试论学校课程管理体系的构建》，载《基础教育研究》2003年第4期。

③ 参见周海银《关于学校课程管理本质的理性思考》，载《山东师范大学学报（人文社会科学版)》2007年第1期。

布的学校课程管理文件,结合本校实际,开发校本课程,提供给学生选择。在规定时间内向县一级教育行政部门报送学校校本课程开发方案,并接受审议。③选用经国家一级审定或省一级审查获得通过的教材。在选用教材方面,应贯彻民主原则,组织教师、学生代表参加,并通过多种途径听取学生家长的意见。④向上级教育行政部门反映国家和地方课程计划在实施中所遇到的问题,建立校本课程的内部评价机制。⑤根据上级教育行政部门的规定,结合本校的实际情况,对学校的所有课程实施管理。特别是对于教学、评价与考试、校本课程资源开发与利用等方面要进行自我监控。①

4)模式研究。有研究者认为,学校课程管理常用的两种模式是科层模式与专业模式。其中,科层模式具有强调等级制结构、专业分工、用规章制度来决定与课程教学有关的决策和行为、限制课程管理中的非个人关系等特点,但科层模式的等级制结构和缺乏弹性的规章制度限制了教师主动性和创造性的发挥,与课程教学相关的劳动分工不利于教师之间的协作,忽视了学校中人际间情感交流的重要性;而学校课程管理专业模式的优势在于课程管理结构的扁平化、关注学生的全面发展、重视教师的专业自主权、强调柔性管理,同时专业模式的困境体现在教师的专业素质和能力可能成为推行学校课程管理专业模式的重要障碍,专业模式的学校课程管理与学校科层结构存在冲突。②

5)新课程管理体制改革(以下简称"新课改")对学校课程管理的挑战研究。有研究者认为,新课程管理体制赋予学校管理课程的主体权责,而且"有外国同行说,我们的课程方案设计理念并不亚于世界先进国家的水平。这是我国基础教育的幸事",但从另外一个角度思考,研究者提出了"新课程方案是否超出了地方和学校进行课程管理的'自我建构能力'呢?"这样的疑问。随即,研究者分析了学校课程管理能力跟不上新课改精神的原因:①课程行政滞后"弱化"学校课程主体地位。新的课程管理体制试图建立"自上而下"和"自下而上"相结合的课程运作机制,但多

---

① 参见金东海《论三级课程管理体制中的学校课程管理》,载《西北师范大学学报(社会科学版)》2004年第3期。

② 参见杨中枢、郑学燕《论学校课程管理的科层模式与专业模式》,载《西北师范大学学报(社会科学版)》2006年第6期。

年实行"高度集权""全统一"的"外控管理"的管理体制,各级教育行政部门和教研机构已习惯于"自上而下"的垂直管理,相对缺少"权责分享"和"当事人第一"意识。按照上述"外控管理"的思维路径,学校主体地位的提升和课程管理权力的扩大,势必会弱化、缩减上级教育行政部门和教研机构的课程权力,这往往是他们难以认同甚至不情愿看到的。在课程改革的初创时期,要让上级教育行政部门和教研机构"真心"赋权于学校,往往是一件比较困难的事。②社会应试倾向"扭曲"学校课程主体权责。③自我建构能力不足阻碍学校主体作用的发挥。作为课程改革的主体,教师历来都是课程改革的最大主力;作为课程改革的对象,教师也是历次课程改革的最大阻力。传统的课程体制采取一种"自上而下"的垂直管理模式,学校和教师处于课程权力结构的底层,扮演着一种制度性的课程执行者角色。由于学校和教师被剥夺了参与课程开发的权力与机会,使之不能建构性地促进课程与教学的发展,因而日益"去专业化"。学校在课程认识和课程资源上的自身缺失,与其应履行的课程管理的主体权责形成的"落差",已成为阻碍新课程全面实施的"瓶颈"。由此,研究者建议学校以"课程愿景"去审视自身现实,寻求学校课程发展的"平衡区"或"突破点",力争在"应为"与"难为"之间"有所作为":①确立课程管理的主体意识;②建立课程权责主体的沟通平台;③改善课程变革和实施的管理方式,包括转变校长的课程管理风格、转变学校课程变革的管理方式;④重建学校课程管理制度。①

此外,也有一些介绍国外学校课程管理情况或从其他理论视野审视学校课程管理问题的研究。② 但是,总体来说,我国课程管理研究大多具有两个特点:①在研究方法上多是经验积累型的;②在研究内容上多是分散讨论,缺乏系统性。

2. 幼儿园课程管理研究

笔者曾在《中国期刊全文数据库(1994—2016年)》中,以"幼儿园"和"课程管理"或"学前"和"课程管理"为篇名检索词进行搜索,

---

① 参见张相学《学校课程管理:赋权后的困惑与抉择》,载《教育科学研究》2005年第11期。

② 参见杨中枢《美国中小学学校课程管理概观》,载《外国中小学教育》2003年第12期;周海银《扎根理论及其在学校课程管理研究中的运用》,载《教学与管理》2007年第4期。

查阅到相关期刊论文 18 篇,其中直接论述幼儿园课程管理问题或学前课程管理问题的有 11 篇,包括笔者所撰写的 2 篇在内;但是,当以"园本课程"为篇名检索词进行搜索时,笔者查阅到了 162 篇相关文章。也就是说,当前我国幼儿园课程管理方面的研究更多的是集中关注、讨论园本课程建设的问题。另外,在学前教育领域的著作中,笔者发现只有个别章节涉及课程管理的问题。总体看来,目前我国幼儿园课程管理方面的研究主要集中探讨了如下内容。

幼儿园课程管理理论研究集中体现为各研究者对园本课程开发、园本课程建设等方面的原理探讨。但是,大多数关于园本课程的研讨是集中在内涵辨析、价值、建设误区、对教师专业成长的要求等方面上,只有部分研究者对园本课程之后的课程管理问题进行深入探讨。例如,朱家雄教授认为,课程(包括课程建设)的价值取向决定课程管理的样式,幼儿园课程最为核心的方面是它所依据的教育哲学以及它所反映的教育目的,这是幼儿园课程的价值取向所在,幼儿园课程的其他成分包括课程管理都是在此基础上产生和发展的。课程管理转型的根本出路是师资水平的提高以及园长和教师学会在课程建设中进行教育价值的审议、判断和选择。①

阎水金从课程决策民主化的角度出发,分析了当前幼儿园课程方案编制与管理所面临的许多问题。"例如,由于园长面对课程改革时的无所适从,导致在课程管理上的消极等待;由于园长对课程管理的意识淡薄,导致课程管理的失控;由于园长缺乏课程管理的能力,导致教师对本园课程的困惑,教师难以把握课程实质,实施起来困难重重。概括地说,幼儿园课程方案的编制与管理面临的主要问题表现为课程改革的被动与无序,课程设置的超载或缺失,课程编排的无结构与无系统,课程管理的'放羊'与'游击',等等。由此产生的'园长迷惑'与'教师困惑'问题将会严重影响课程实施的质量和课程改革的进程。"他提出,"幼儿园课程方案的编制是指幼儿园根据课程目标、课程理念等对本园课程进行选择、策划、重组和创新,并在此基础上进行课程策划与课程设计的课程管理活动过程。对幼儿园来说,课程方案的编制是以幼儿园的课程实践为基础,以幼儿园的课程资源为载体,以幼儿园的成员为主体,以幼儿园的课程理念为

---

① 参见朱家雄《幼儿园课程管理转型过程中存在问题辨析》,载《幼儿教育》2002 年第 11 期。

核心，以幼儿园的课程管理为保障的课程管理过程。幼儿园课程方案的编制不仅仅是对课程内容的简单编排，还承载了课程园本化、系统化、文本化和结构化的管理功能。"进而，为发挥管理效能，在课程方案编制管理过程中，园长要做好角色定位，并坚持从实际出发、引领全体员工参与课程方案编制、维持课程编制平衡、保证课程相对稳定、实现课程设计创新等有效的管理策略。①

有的研究者从总结幼儿园课程管理过程或园本课程建设中的已有成果或经验的角度进行探讨。这种总结方式可以是从旁观者的视角出发，如《成都市幼儿园园本课程建设现状与发展对策》②；也可以是管理者本人所做的总结，如《基于本土资源的园本课程开发》③。

此外，也有研究者从其他理论角度探讨幼儿园课程管理的问题，如《道德领导：幼儿园课程管理的新思路》《课程领导：幼儿园课程管理的新思路》《基于学习型组织的幼儿园课程管理模式》等。

应该说，上述研究为本书的研究和写作提供了一定的理论参考，但是，其中缺乏严密的研究设计和研究方法，也为本书提供了较大的研究空间。自进入新世纪以来，课程管理和幼儿园课程管理的问题越来越成为研究者和实践工作者关注的焦点，特别是在教育变革显著的今天，系统而正规的课程管理研究已成为迫在眉睫的要求。

二、研究的意义

（一）德性课程管理是对时代精神的体现

德性课程管理的本质是以课程管理中的人——教师和儿童的德性自主发展为旨趣，以教育爱心为基石，以正确地认识人、理解人、尊重人、信任人、提升人的德性为核心。这种对人的本质把握与当前的时代精神是不谋而合的。

1. 当代中国德性价值的吁求

中国一直都是以一个重德的社会形态呈现在世界中的，儒家文化已经

---

① 参见阎水金《幼儿园课程方案编制与管理》，载《幼儿教育》2007年第1期。
② 刘敏、马波：《成都市幼儿园园本课程建设现状与发展对策》，载《学前教育研究》2016年第1期。
③ 陈大琴：《基于本土资源的园本课程开发》，载《学前教育研究》2016年第8期。

成为我们的民族血肉与精神。虽然在一段时期中我们曾忌讳谈德性、人性，甚至把德性和人性扭向一种极端的阶级性和政治主义，但不能说我们不重德，这只表明我们曾把德的价值和意义强调到了一种极端，同时又把德的内容局限到一个极小的范围，使得人在这样一种精神重压之下难以喘息。新世纪以来，这一状态得以逐步缓和，社会对德性的要求开始复苏，我们的社会出现了德性话语，德性语境在慢慢形成。

（1）以德治国。尽管在我国的治国历史实践中，许多有智识的政治家纵论德治要义，但真正把"以德治国"明确提出来作为一种治国方略，在我国历史上也是鲜见的。在 21 世纪初，江泽民同志明确提出了"依法治国，同时，也要坚持不懈地加强社会主义道德建设，以德治国"①。在由自由、民主、法治等话语引领政治潮流的今天，明确把以德治国作为社会治理的主题词仍然是需要胆略的。当然，"现在的'以德治国'不是简单的向传统治道的回归与复古，而应该是传统的更新和改革，现在的德治是以现今既有的法制为基础，追求道德价值与政治理想，于是创造全新的社会"②。从当今社会来说，以德治国就是以德政为根本、以德吏为手段、以德民为基础。以德治国不仅要有德政，还必须有执行德政的德性干部，德性干部也正是社会公义的执行者、维护者和体现者；而社会大众的道德意识、道德修养和道德责任将最终决定着德性社会的形成。"以德治国的实现，正取决于德君、德吏、德民三个层次的人的德性状况。以德治国亦即凭借建设人之德性以达到建设社会的目的。"③

（2）公民道德建设。2001 年，教育部发布《公民道德建设实施纲要》，提出努力加强我国公民道德建设的目标，这是当前我国社会意识形态中直接面向道德建设的话语。公民道德建设既是精神文明建设的重要内容之一，又是政治文明建设、和谐社会建设、小康社会建设的基础性工程，也是一项必然性工程。人无德不立，国无德不兴。社会是人的社会，道德是对人而言的，只有人的德性发展了，社会公共道德才得以建立。在新的历史条件下，从公民道德建设入手，继承中华民族几千年形成的传统

---

① 中共中央文献研究室编：《江泽民论有中国特色社会主义（专题摘编）》，中央文献出版社 2002 年版。
② 金东沫：《儒教与德治》，见苗润田、杨朝明主编《儒学与现代文明》，齐鲁书社 2004 年版，第 76 页。
③ 胡绪阳：《语文德性论》（学位论文），湖南师范大学 2006 年，第 40 页。

美德，发扬中国共产党领导人民在革命斗争与建设实践中形成的优良传统道德，借鉴世界各国道德建设的成功经验和先进文明成果，努力建设和发展与社会主义市场经济相适应的社会主义道德体系，对形成追求高尚、激励先进的良好社会风气，保证社会主义市场经济的健康发展，促进整个民族素质的不断提高，具有重大的意义。公民道德建设把目光直接投射在作为公民的"人"身上，人的德性的生成是一切美好社会理想的基础。[1]

此外，政治文明的建设、小康社会的建设、四有新人的培养等一系列话语构成了我们国家当前对德性价值呼吁的社会背景。这些话语形成的社会语境明确地告知我们，时代在呼唤美好德性，社会在点亮德性之光！当今社会所流行的这些话语传达了一个共同的信息：我们的社会发展越来越把人文关怀放到重要的位置，越来越突出"人"在社会中的本体地位；而人的德性生成是实现这些美好治世方略的根本所在，人的发展尤其是德性培育成为创建美好社会不可不重视的关键环节。

2. 德性是全球化的价值追求

在当今社会背景下，德性与法治成为促进社会和国家稳定与进步的两只滑轮。"德性表征着生活世界的条理与秩序，又保证了社会的祥和与温馨。"[2] 因为"德性就是去做公认的秩序要求做的事情"[3]。尤其是在当代，由于人类经过了精神荒芜的心灵鞭笞，对德性的呼求更为强烈，人们都在探求我们人类共同的精神家园。

文艺复兴以后，西方资产阶级思想家对人性的一个近似共识的观点是："每个人都爱自己，都寻求自己的利益，每个人都尽最大的努力保持自己的存在，这是必然性的道理，一个人愈努力并且愈能够寻求他自己的利益以保持他自己的存在，则他便愈具有德性，否则便是软弱无能。"[4] 但是，这种共识性的观点又不能简单地被定义为抽象的利己主义人性观，因为他们的思想中又闪烁着令人信服的真理。例如，斯宾诺莎（B. Spinoza）主张人应该遵循理性的指导去生活，应该用仁爱或美德去报答别人对他的怨恨、愤恨和侮辱；洛克（J. Locke）等人极力主张、提倡自然法理论，即

---

[1] 参见胡绪阳《语文德性论》（学位论文），湖南师范大学 2006 年，第 42 页。
[2] 蒋均时：《论小康社会的本质及其特征》，载《苏州科技学院学报（社会科学版）》2004 年第 4 期。
[3] 陈根法著：《德性论》，上海人民出版社 2004 年版，第 100 页。
[4] 陈世放著：《人性与德性》，湖北人民出版社 2002 年版，第 20 页。

"理性,也就是自然法,教导着遵从理性的全人类:人们既然是平等和独立的,任何人就不得分割他人的生命健康、自由或财产"①。

启蒙运动以来,对人性中情感、自我好恶等的关注与解放是否就是人类的绝对进步和发展呢?忽视人性中的德性成分,充分张扬人性中的自我成分是否就是我们人类发展的必经途径呢?一般来讲,我们往往把启蒙运动以来摆脱了身份、等级和出身等封建传统对个人人性制约的现代自我的出现看作历史的进步,但麦金太尔(A. Macintyre)则认为"道德行为者虽然从似乎是传统道德的外在权威(等级、身份等)中解放出来了,但是这种解放的代价是新的自律行为者所表述的任何道德言辞都失去了权威性的内容"②,这是道德权威危机、道德危机甚至是社会危机的深刻的社会根源。

世纪转折时期,当我们怀着眷恋对人类文明来路回望时,当人们带着对未来的责任反思过去时,擅长反思的学者们注意到,当今人类面临着文化与思想的危机,"文明之危机"成为我们的世纪"诊断",文化危机所带来的问题是"资源的枯竭,生存环境的破坏,人性的堕落……与日俱增的犯罪、吸毒、暴力、精神失常等,意味着停滞和衰退的种种征候",而产生这些文化危机背后的原因则是"以科学技术为基础的西欧文明观所蕴藏的根本性矛盾"③。由此,后现代哲学力图克服这种近代性的局限性,批判和解构西欧启蒙主义,打起了理性中心主义、Logos 中心主义、根本主义、人类中心主义旗帜。面对危机,人们在忧虑。麦金太尔正是面对这一忧思开展了他的非常有意义的工作,在对以西方为代表的现代性所做的否定批判中,揭示了一个重大理论问题:如果在这个现代化即功利的过程中,德性在生活中没有位置,或德性的位置只在生活的边缘,那还有没有对人类而言或对个人而言的至善目标?在麦金太尔看来,"没有德性,人类生活性质本身已经改变。社会道德如此贫乏,只能意味着一个新的黑暗时代正

---

① [英]洛克:《政府篇》(下篇),叶启芳、瞿菊农译,商务印书馆1964年版,第6~7页。

② [美]A. 麦金太尔著:《德性之后》(译者前言),龚群、戴扬毅等译,中国社会科学出版社1995年版,第9页。

③ [韩]金圣基:《儒教伦理学与二十一世纪》,见苗润田、杨朝明主编《儒学与现代文明》,齐鲁书社2004年版,第74页。

在来临"①。这是他对启蒙运动以来摈弃德性传统、全面功利化的西方社会的道德文明状况的诊断。

人的生命价值问题一直都是后现代许多研究领域的中心问题。早在19世纪和20世纪之交,德国社会学家马克斯·韦伯(Max Weber)就提出了人的问题。他指出,工业、技术文明正在过度地受理性化和知识化的控制,个人的生命价值正遭受着知识的专门化和专业化以及百姓的日常生活的种种控制的威胁。人们开始走入内心,找回个人的自我价值和实现的途径。20世纪下半叶,作为西方自由资本主义精神支柱的"自主人"神话彻底破灭了。而这个"自主人"的神话曾让人相信,只要通过各自的种种积累和成绩,自我的价值就可以实现;"自主人"背后的"控制的理性"一直在力图表明,人在与一切存在物包括人自身的一切关系中,是作为支配者和统治者的身份出现的,"人对世界及事物不再有所顾忌,也不再尊重它们的独立性和自身性,万物被抽象为不定的但又可塑造的某种东西,人们以有用性来操纵这些东西。同时,人本身的精神与身体成为对象化的物质,人的生命在科学与技术的对象化中也被对象化了,人自身的独立性、自身性和尊严失去了"②。在"自主人"及"控制理性"占统治地位的现代西方社会,人的世界观成为一种物化的生产性的世界观,人们关注的是如何获得可以满足其欲望并带来快感的物质财富,而对于"自己作为人是何以存在、已经是什么样的存在和怎么存在及探索自己作为人在未来发展中应当是什么样的存在和应当怎样存在"等终极问题不再关心,于是,德性"失范"了,人类生活世界中"使有用价值凌驾于奠基性的生命价值,生命与物的价值自在性让位于人的感觉的惬意性"③。

在对"控制理性"、物化的生产性的世界观、颠倒的价值序列等一系列现代社会问题批判的基础上,后现代主义思想家们对人及与人有关的世界做了新的解释,而关于人的趋于卓越的德性追求及人的创造性在后现代言论中占据十分重要的地位。"从根本上说,我们是'创造性'的存在物,每个人都体现了创造性的力量,人类作为整体显然最大限度地体现了这种

---

① [美]A.麦金太尔著:《德性之后》,龚群、戴扬毅等译,中国社会科学出版社1995年版,第240页。
② 金生鈜著:《德性与教化》,湖南大学出版社2003年版,第7页。
③ [德]马克斯·舍勒著:《价值的颠覆》,罗悌伦等译,生活·读书·新知三联书店1997年版,第141页。

创造性的能量。我们从他人那里接受了的创造性的奉献,这种接受性同许许多多接受性价值(如水、空气、审美和性快感等事物)一起构成了我们本性的一个基本方面,但是,我们同时又是具有创造性的存在物,我们需要实现自己的潜能,依靠我们自己获得某些东西。"[1]

德性在人类的任何时代任何区域都曾闪烁其光芒,人类也在不断地追寻着德性的光芒。催生人的德性品质,建造人类的德性社会,这是过去和现在的社会都追求着的美好理想。这种关乎人的德性解放、关乎人生幸福的达成的理想追求,在教育领域中就具体表现为德性教育论、德性教师论、德性管理论等一系列观点,具体到幼儿园课程管理中则表现为以对儿童的德性生命的成长和发展的关怀为根本宗旨,关心所有儿童的全部精神,包括认知、理智精神和情感、灵性精神,关心儿童的现实人生幸福和未来人生幸福,关心儿童自主的、终身的发展;以对教师的德性生命发展的关怀为核心,强调教师德性生命的完整性,强调教师对生活意义和价值的追求,把教师看作不断超越、完善、自由创造的主体,在此基础上,将教师的活动和精神转化为幼儿的活动和精神;德性课程管理以对管理者——园长的德性生命发展的关怀为基础,主张园长以德性交往的方式引领教师有意义地参与幼儿园课程建设。概括地说,德性课程管理观就是主张管理者以德性领导的方式促进自身、他人及课程的德性发展。

(二) 德性课程管理是对教育终极目的的体现和把握

在强调德性语境的社会背景下,我们对教育教学本质的探讨也呈现出追求"全人发展、科学与人文整合、回归德性生命本身、回归生活世界"的特点和趋势。

法国学者埃德加·莫兰(Edgar Morin)曾经提出一种"培育式教育"观念。在他看来,"培育"与"教育"是两个相互涵盖但又相互区别的词汇:相比之下,"培育"的含义较深,大致理解为"实施适宜的手段以保证一个人的养成和发展以及这些手段本身";而"教育"的含义则比较狭窄,它通常只涉及认识的问题,即"向一个学生传授知识使之加以理解和掌握的艺术或行动"。"培育式教育"的任务不是传授纯粹的知识,而是传

---

[1] [美]大卫·格里芬主编:《后现代精神》,王成兵译,中央编译出版社1998年版,第223页。

授使我们据以理解我们的地位和帮助我们进行生活的文化;它同时促进一种开放的和自由的思维方式。虽然莫兰的这种观念是基于将教育重新置入一种整体性与复杂性的情境考虑的,但正如他启示我们的,教育的第一目标在于提供构造得宜的头脑,而不是充满知识的头脑。这为我们理解教育的德性本质提供了一条朴素但很关键的思路:人类教育的根本用意何在?

教师既不是教语文,也不是教数学,而是教做人。

教育教学的问题"从根本上来说是人的德性解放,是人生幸福的达成问题"①。因此,关注儿童完整的德性生命的自主发展及人生幸福的实现是教育教学及课程活动的根本所在,是教师所从事的一切教育活动的根本出发点和归宿,教育要关注儿童的德性生命的发展与提升,重视其德性生命的自主成长。换句话说,教育的最高目的就是涵养德性,教师就是教人从善。教育的最终目的在于增进人的幸福,这就意味着教育必须鼓励并引导师生共同探究、体验生活的意义,也只有充分探究、体验生活的意义,教育的德性培育本质才有可能逐步实现。

《幼儿园教育指导纲要(试行)》倡导以人为本、注重儿童终身发展、可持续发展、全面和谐发展的教育思想。幼儿园教育绝非知识的简单传递,其根本定位在"成人"。如同阿莫纳什维利(А. Амонашвили)所言:"6岁儿童的班级不是一个公式化的对儿童施行教学和教育的大规模生产车间。在这里,应当精雕细刻地去塑造儿童心灵的每一个微小的部位,使他们心中的每一个细胞都充溢着热爱人生的激情。"②以心灵的唤醒、震荡和人格陶冶作为幼儿园教育的本质追求。

> 开学初,一个6岁的小女孩从农村转学过来,也许是太受溺爱的缘故,粗野而淘气,动不动就张口骂人、动手打人,还躺在地上打滚。任凭父母怎么教育,都不起作用。用了斥责和巴掌,效果更差。老师拿来了一条漂亮的裙子,轻轻地俯在她耳边说:"好看吗?送给你!"小女孩的眼睛亮闪闪的——好美的裙子啊!"送给你!你穿上也会更美的!"当她穿上裙子后,马上变得乖巧,不再打人、骂人了,

---

① 吴安春著:《德性教师论》,人民教育出版社2003年版,第7页。
② [苏]山·А.阿莫纳什维利著:《孩子们,你们好!》,朱佩荣译,教育科学出版社2002年版,第46页。

因为她知道，穿着这样的裙子再撒泼耍赖就不美了。老师称赞她有进步时，她总是报以老师甜甜的微笑。①

教师用一条美丽的裙子赋予了小女孩对美丽的追求，更用善意的言行拂去了其德性发展中的尘埃，生命在师幼质朴的互动中绽放美丽的色彩。这就是幼儿园教育。幼儿园教育的本质就是引领儿童德性品质的发展。这就要求教师的教育观念与幼儿园的课程管理必须回到"德性论"的立场上来，因为只有以符合管理对象特点的方式才能够不抹杀课程本身的德性品质。

1996年，国际21世纪教育委员会发表题为"教育——财富蕴藏其中"的报告，其中明确强调，教育要把人作为发展的中心，人既是发展的永远主角，又是发展的最终目标，教育机构——学校应成为使每一个人都能发挥、发展自己潜力的场所。其中不仅强调对儿童发展的重视，也强调在教育中对教师发展的关注。而着眼于幼儿德性生命的自主发展及人生幸福的课程管理是无法凭借传统式的人性观及其管理方式来实现这个根本目标的。美国成功心理学大师克利夫顿（D. O. Clifton）认为，人本管理的关键是对人性的准确理解，看准人的优势并利用这些优势。所以，以人为本的课程管理最大的价值体现不在于制度本身防范了多少没有服从和配合的教师，而在于多大程度上关怀和促进了教师的专业发展和成长。

以教师专业发展为本位的德性课程管理将管理中的人不再仅仅看作知识与技能的掌握者，而向着促进他们的完整的德性生命和谐的自主的可持续性发展的方向上拓展。换句话说，就是管理者要以德性的方式观照自身发展，并以德性的方式关注管理中主要的人——教师的完整德性生命的发展与提升。

只有关注教师的德性发展，教师才能关注到幼儿的德性生命的发展。

---

① 蒋煊：《让生命与美对话：人文关怀下教育的回归》，载《学前课程研究》2007年第2期。

三、对关键概念的已有研究的反思与界定

(一) 德性的界定及其相关研究

1. 德性的相关研究

(1) 中国哲学中对德性的理解。德性的内涵在中国古代哲学中主要体现在"德"的意义里。在中国古代文化里,对"德"的理解有一个不断变迁的过程。在商代卜辞中,"德"作"循",与"直"通。《尚书》把"德"看作接受天命的前提,提出了"经德秉哲""敬德""明德"的要求。在西周之前,"德"还与"是"相通,有"获得""占有"之意。到西周时,人们体会到"尽人事"的重要,开始"惠民","德"成为周人治世的最高心得,"德以柔中国"(《左传·僖公二十五年》)、"皇天无亲,惟德是辅"(《尚书·蔡仲之命》)成为治世经验。及至春秋战国,"德"形成了含义,即"外得于人,内得于己"。许慎的《说文解字》对"德"的解释成为"德"的意义的定型,"德者,得也,从直从心,外得于人,内得于己"。

"德"在各类辞书中也广有解说。①但是辞书中对"德"的认识主要有两个方面,一方面是指人的道德品质,即"人之德";另一方面是从纯哲学意义上理解,指事物的特殊属性,是"物之德"。本书具有教育学意义,将要涉及的是前一个领域。

---

① 《古今汉语词典》认为"德"具有八种含义:①道德、品行、修养,如君子之德风,小人之德草(《论语·颜渊》);②有道德修养的人;③恩惠、恩德,如感恩戴德;④感激;⑤善政、德教,如上天之道,先德后刑(唐·太宗《克高丽白岩城诏》);⑥心意、思想;⑦事物的属性、功能;⑧姓。《哲学大辞典》对"德"做这样的表述:"中国哲学史和中国伦理思想史用语。①指道德、品质。②指事物从道所得的特殊规律或特性。"《辞海》对"德"的解释是:"①道德、品德……④事物的属性。⑤中国哲学术语。认为具体事物从'道'所得的特殊规律或特殊性质。"《语言大典》的解释则比较完备,共列 20 条释义。其中前 7 条都是对人之德的认识。①(virtue)道德品行的特征[美德][缺德][功高后毁away,德薄人存难];②(character)优良的道德品质的总体,常指道德上的坚定和卓越,加上果断、律己严谨、高尚的伦理观念、有魄力和善判断[君子进德修业];③(political integrity)坚定地按照政治原则办事,非常笃实,诚挚和正直,不搞欺骗、权术、虚伪和各种肤浅的手法[德才兼备];④(kindness)好心的行为和事实;⑤(mind)一个人的思想、倾向或愿望的集中的固定的方向[同心同德];⑥(morality)一个人或一种文化在道德上的惯例,生活习惯或行为方式[德行][德操];⑦(responsibility)道德上、法律上或精神上负有的责任[社会公德]。

（2）西方哲学中对德性的理解。在希腊语中，德性的用词是"arête"，在《荷马史诗》中用于表达一种卓越，即德性就是一种卓越（excelence），是对人的品质的描述。在英雄史诗所描绘的社会形态中，德性描述的是能够使人做到他或她的角色所要求做的事情，"德性就是维持一个充当某种角色的自由人的那些品质，德性表现在他的角色所要求的行为中"①。

在西方哲学中，德性的含义在亚里士多德（Aristotle）那里得到了权威性的解释，以后在基督教教义中，在康德（Immanuel Kant）、麦金太尔等人那里得到了进一步的发展，形成了与中国古人不同的德性观。在这些理论中，有的属于目的论，有的属于实践论。这里我们暂且不管他们的理论分合，仅就他们述及德性概念的部分做一梳理，以便从中去认识和体会德性的本质。

德性即善。亚里士多德认为善是生活的本质，是以自身为目的的东西，"与柏拉图（Plato）不一样，他把善看作生活的目的，是在生活中实现的美好的可能生活的状态，是灵魂遵循完美德性的活动（an activity of soul in accordance with perfect virtue），是在美好生活中的德性活动本身"②。与柏拉图的绝对理念的善相比，亚里士多德所讲的善是可实行的，"可实行的善就是各种行为和技术所追求的目的"③。人类社会活动种类繁多，但各种活动都存在着目的。这些目的既有具体的形式（具体的善），也可能是最终目的的形式，即最高的善，是我们生活中的各种活动所共同追求的终极善，所有具体的善都是为了终极善的。而这个终极善在亚里士多德的理论中就是幸福，因为"只有幸福有资格称作最后的，我们永远是为了它本身而选取它，而绝不是因为其他"④。亚里士多德认为幸福是合于德性的生活实践，是在表现个人的优秀品质的现实活动中实现的，脱离了德性的生活是无幸福可言的。幸福的特征包括：幸福不是感情状态，而是表现在生活中的生活的品质；幸福不是快乐，但幸福的生活是令人快乐的；幸福

---

① ［美］A. 麦金太尔著：《德性之后》，龚群、戴扬毅等译，中国社会科学出版社1995年版，第154页。
② 金生鈜：《德性与教化》，湖南大学出版社2003年版，第73页。
③ ［古希腊］亚里士多德：《尼各马科伦理学》（第1卷），王旭凤译，中国社会科学出版社1990年版，第10页。
④ ［古希腊］亚里士多德：《尼各马科伦理学》（第1卷），王旭凤译，中国社会科学出版社1990年版，第11页。

是生活自给自足的，生活在幸福之外没有目的；幸福的生活就是恒久地实践德性的生活。①

此外，关于德性还有如下解说：中世纪奥古斯丁（S. Aureli Augustini）的神学德性观把德性作为获得优秀成果的"品质"，作为去恶的"品质"；功利主义思想观把德性作为"手段"或"习惯"；麦金太尔的德性观把德性作为人类获得性"品质"。笔者发现这些观念没有一个是单一的中心性的核心的德性概念。正如麦金太尔所言："对我在前面已经叙述的这个历史的一个反映也许就是，即使在我已粗略描述的相对一贯的思想传统内，也存在着许许多多不同的彼此不相容的德性概念。因而不存在真正统一的德性概念，更不用说统一的历史了。"② 尽管如此，仍然可以从德性的各类定义中发现思想家们不断在使用着这样一些语言进行表述，"维持一个充当某种角色的自由人的""对能够使人做到他或她的角色所要求做的事情""能够确保成功的""按照某种特殊方式去行事的""使个人负起他或她的社会角色的""使个人能接近实现人的特有目的""在获得尘世和天堂的成功方面的功用性""那些能够使恶被克服的一类品质，是使人完成其使命，走完其旅途的"等等。由此，我们不难理解，德性是"卓越"的，德性蕴含强大的内在"力量"，这是大家共通的认识。

2. 德性与道德、人性、人格的区别

在日常生活中，我们常将德性与道德、人性、人格等混用，虽然德性与道德、人性、人格等因素有着紧密的联系，但更有着固然的区别。所以，我们希望在德性与道德、德性与人性、德性与人格相区分的基础上阐述德性的内涵。

（1）德性与道德。在近现代的社会生活中，人们习惯于把道德仅看作道德规范。比如《现代汉语词典》将"道德"表述为"是人们共同生活及其行为的准则和规范"③，《古今汉语词典》则将道德表述为"依靠社会舆论和人的信念来维持的调整人们相互关系的行为规范的总和"④。而有的

---

① 参见金生鈜著《德性与教化》，湖南大学出版社2003年版，第75页。
② ［美］A·麦金太尔著：《德性之后》，龚群、戴扬毅等译，中国社会科学出版社1995年版，第229页。
③ 中国社会科学院语言研究所词典编辑室编：《现代汉语词典（第6版）》，商务印书馆2012年版，第269页。
④ 商务印书馆辞书研究中心编：《古今汉语词典》，商务印书馆2004年版，第279页。

学者则把道德看作"人类社会特有的一些规范及人所特有的一些品性""是由道德规范与德性构成的统一体"①。如果我们认为道德具有"外得于人，内得于己"的内外两个层面，那么德性就是指"内得于己"的这一个部分，是指"人所特有的一些品质"，而道德规范只是"外得于人"的部分，是社会道德标准、规范的体现。由此，我们可以较为明确地知道，德性实际上就是道德的一个构成部分，是内在的部分，是"人在道德生活中所获得的精神品质"②。这种品质主要表现为对卓越、美好生活、终极善的追求。

德性与道德规范的存在方式是不同的。德性存在于人的生命之中，"德性即道德品质，它以人格的形式存在着"③，而道德规范存在于风俗习惯、社会制度、宗教戒律、艺术作品、"自然法"甚至"神意"等外在于人的形式中。德性与道德规范可以在一定条件下相互转化或过渡，拥有德性是实现道德规范的前提和基础，道德规范只有在拥有德性的人的行为中起到道德规范的作用。道德规范的实现方式是"规训"，而德性的实现途径是"引导"，"道德教化从根本而言之，正是经引导个体把德行建立在自我内在的原则之上，超越外在规训而成为自由自律的德性存在"④。

与道德规范相比，德性具有四个方面的独立特征。⑤一是主体性特征。德性是"内得于人"的，它存在于人的生命之中，是人自身精神的重要组成部分；而道德规范是"一定社会阶段形成的人们共同生活及其行为的准则和规范"⑥，是社会意识形态的一部分，是社会对人的要求，具有显著的社会性意义。二是生命性特征。由于德性是存在于人的生命之中的内在品质，是由感性和理性融合的整体，是知、情、意统一的整体，因而是生动形象的、灵性的，具有生命意义和生命特征。德性从理性上阐释生命，又从情感上展示生命的图景。而思想、道德规范等是无机的、思维化的，是从感性中抽象出来的理性，是严肃的、规则的。三是生成性特征。人的德性不能因为社会强施于人而产生，而是因人的内心发展的需要而生成，因

---

① 高恒天著：《道德与人的幸福》，中国社会科学出版社2004年版，第74页。
② 金生鈜著：《德性与教化》，湖南大学出版社2003年版，第243页。
③ 高恒天著：《道德与人的幸福》，中国社会科学出版社2004年版，第74页。
④ 刘铁芳著：《生命与教化》，湖南大学出版社2004年版，第198页。
⑤ 参见胡绪阳《语文德性论》（学位论文），湖南师范大学2006年，第31～32页。
⑥ 李国炎等编：《新编汉语词典》，湖南出版社1998年版，第195页。

而德性是生成而非预成。四是普泛性特征。德性的价值追求常常是人类共通的精神追求，是人类共同的价值理想。而道德规范是"一定社会阶段形成的"，更受社会形态的影响，也更体现社会价值的需要，因而更具有地域性、时代性和阶级性。

（2）德性与人性。有研究者提出，人性主要是指人的属性，即人所具有的性质及特征，其中，人与其他动物所共有的属性是人的一般属性，人区别于其他事物特别是区别于其他动物所具有的属性是人的本质属性。[①]或者说，人性既非单纯动物性也非单纯社会性，而应是丰富的、多层次的，它既非孟子所言的"善"，也非荀子所言的"恶"。所谓"善""恶"、先天的、后天的都只是人性的外延形式，是人在从出生到成熟、死亡的过程中人性的各种表现形式。而就人性而言，"生之谓性"（《孟子·告子上》），"天命之谓性"（《中庸》第一章），也就是说，人性就是生而所以然者，是求生存、求发展的欲望。[②]

这种生而所以然的人性在后天生活中可以表现为自然的、社会的和精神的三个方面。其中，自然属性是人和其他动物所共有的，具有对象性、受动性和生理需求性，然而，人的自然属性已不同于其他动物的自然属性，在人的自然属性中，已深深地烙上了人之为人的诸多特征；社会属性是人所特有的，是人在与他人及社会发生关系时所产生的属性，主要表现为人与人之间的依存性、交往性和伦理道德性等方面；精神属性也是人类所特有的一种存在方式，表现在目的性、自主性和创造性等方面。德性就是人性中社会属性与精神属性的延伸。德性作为内在于人的精神追求的一种品质，它只有建立在丰富的人性的基础上并扎根在人的现实生活中才能发挥对人的作用。换句话说，就是德性要建立在人性的基础之上，德性是人性在社会生活中的升华。

（3）德性与人格。"人格"是一个心理学术语，是指人的性格、气质、能力等特征的总和，而从人类学、社会学和伦理学角度看，人格就是人应当具有的品德、尊严和体面等精神要素，应该说，人格是一个中性概念。而德性是一种人所具有的卓越和富有力量特征的内在品质，是人格中正向

---

① 参见刘娟娟《"人性"与"人的本质"》，载《东南大学学报（哲学社会科学版）》2006年第8卷增刊。

② 参见陈世放著《人性与德性》，湖北人民出版社2002年版，第28页。

的品质，它与人格有着诸多的一致性。德性以人格的形式存在着，是人格构成的重要部分，诸如中国古代的儒家文化中的尧、舜、禹、周公、孔子、颜渊等人推崇的"圣人"人格，就是以德性作为价值标准，德性成为人生的最高境界。道家文化中的老子、庄子等人推崇的"至人"人格，荷马时代的俄底修斯、赫克托尔等人推崇的英雄人格，而当代中国的雷锋、焦裕禄、孔繁森等人的先进人格，都体现着时代的美德，他们的人格就是德性的化身。①"德性往往以人格为其整体的存在形态，或者说，人格是德性的集大成者。"与人格相关联着的德性具有内在性、自律性、能动性、终极性、导向性、结构性、稳定性、相对稳定统一性、社会约束性和正外部性。②德性所表现出来的内在性、自律性、能动性、结构性、稳定性、相对稳定统一性和社会约束性是与人格一致的特点，而终极性、导向性和正外部性则是德性独有的特点。德性是人性、人格、思想中最好的那一个部分，积极、健康、完整的人格就是德性的人格。

通过上述对德性与道德、人性、人格的区分，我们可以得出：德性是在人性基础上升华的具有正向价值取向的内在于人的品质。

根据对德性与道德、人性、人格的区分及对中外诸多思想家关于"德性"的论述的整理，我们可以得出德性的基本含义：德性是指人内在的具有卓越特征和生命力量的精神品质。因而本书中的"德性"首先是立足于"人"的德性，而不去指称世界上别的事物的本质特征；"内在的"强调德性的主体性和生成性，与外在的社会道德规范是不同的；"卓越特征"和"生命力量"是其本质特征，指卓越性和能动性；"精神品质"是德性的本质，表明德性是人的精神的重要组成部分。也就是说，从本质上看，德性是一种引导人们走向成功的好品质。

3. 德性的本体性目的

德性作为一种精神品质，其追求卓越、生命能动的特征主要表现为人不断审视自己并追寻生活的意义，这是德性的本体性目的。因为与追求生活意义相比，"卓越"只是德性的表面特征，是一个表示程度的量词，它只是模糊地证明某种活动可能非常优秀、超出一般。例如，有很多园长可以到处宣讲他们的有效管理方式，可以以深刻的人格魅力影响别人，可以

---

① 参见胡绪阳《语文德性论》（学位论文），湖南师范大学2006年，第32页。
② 参见高恒天著《道德与人的幸福》，中国社会科学出版社2004年版，第89、94～96页。

运用多种管理手段——如分层管理、因人而异等甚至是心理调适手段来激发教师的工作积极性，这种管理与那些传统的管理方式相比，可谓优秀、卓越，但在他们的视野中可能照样没有有生命力的人，管理现场成了这些人忘情的自我表演，演讲成为他们的现场"脱口秀"，管理中"优秀"的课程建设成果成为他们的工作业绩。所以，单纯地以卓越来审视课程管理未必意味着是德性的，常见的精心安排、手段和程序花哨的教科研活动、公开课等现象，其本意可能是为了树立追求卓越的榜样，但与此同时，却走向了人的发展的对立面，因为人——包括孩子和老师甚至管理者本人都只是这一次次活动的道具和实验工具。

然而，如何在标榜卓越的过程中追求生活的意义呢？生活的意义是什么？它在哪里？它具有什么样的特征呢？

此处所讲的生活的意义不是我们通常所认可的生活的物质、社会意义，如获取一定的社会地位或经济地位，而是指一种生活的终极目的。追求生活的终极目的以不断思考"什么是值得过的生活"为标志，当人们失去了对"好生活"的思考和追求时，他就会沉迷于当下被使用的快感中（如以某一社会地位的获得而洋洋得意），沉迷于当前的各种利益中，用寻求各种快感代替对生活的终极目的的思考，"在自我放纵中自我桎梏，在自我实现中媚俗"，"把怠懒当作优雅，把放荡无忌当作潇洒自在，把厚颜无耻当作勇敢，把奢侈当作慷慨"[①]。

生活的终极目的并非对在生活之外的尚未实现的而已经由他人所预见的生活状态的描述，生活的目的和意义只能在生活的努力过程中显现出来，"生活目的是与生活一起显现出来的东西，它不是遥远的目标，而是与生活本身的意图最接近的存在的方向性，但它又是永远无法完成的追求，或者说，它是总在实现中的追求。生活目的不是某种结局，而是生活本身那种具有无限容纳力的意义"[②]，因而生活的意义在于生成性和体验性的。生活意义的生成性、体验性与生活事实的特殊性有密切的关系。与被给予性存在（the given thing）不同，人的生活事实是人经营出来的，因而人的生活事实具有比现实更多的建设性；具有建设性的生活事实是面向未来的，未来生活的意义只能由个人去生成和体验，而不能完全由他人给

---

① 金生鈜著：《规训与教化》，教育科学出版社2004年版，第4页。
② 赵汀阳著：《论可能生活》，中国人民大学出版社2004年版，第15页。

予，所以每个人的生活都是由自己经营出来的，生活的意义和目的也只能由自己去体会。

虽然生活的意义只能由个人去追求，但是由于人总是在人类群体中存在的，人的存在的依存性——与他人的共在状态决定了对生活意义的追寻要在主体间实现，因而生活的意义也是主体间性的、共生性的。

正是由于德性的本体性目的——不断追寻生活的意义，人才具有追求真善美的可能。所以，德性是人区别于其他动物的重要特质，德性在彰显人的生命特征的同时引领人获得发展。

（二）幼儿园课程管理的相关研究及概念界定

1. 已有课程管理的定义解读

课程管理（curriculum management）这个概念对于广大教育理论工作者和实践工作者来说虽然不完全陌生，但正式使用课程管理概念的学者在用法上却存在较大的差异。[①]

仔细推敲已有课程管理的定义，可以发现课程管理概念的差异主要在于不同的学者对课程管理对象和课程管理职能存在不同的认识。首先，学者们将课程管理对象或定为课程编制、实施、评价，或定为课程建设和课程实施，或定为课程运作过程，或定为与课程有关的人、组织、发展；其次，由于对管理的理解不同，学者们对课程管理的职能界定也不同，如使用了"协调""监督""检查""组织""控制"等词汇，总体而言，已有研究更多侧重于表述管理的调控职能，而忽视了管理的"生长"含义。

此外，与课程管理雷同的词汇还有"课程工程""课程领导"等。

20世纪60年代初，比彻姆（G. A. Beauchamp）在论述与课程有关的

---

① 例如，课程管理是系统地处理（课程）编制技法和人、物条件的相互关系，以教育目标为准绳，加以组织的一连串活动的总称；课程管理是对课程编制、实施、评价的组织、领导、监督和检查；课程管理是在一定社会条件下，有领导、有组织地协调人、物与课程的关系，指挥课程建设和课程实施，使之达到预定目标的过程；课程管理是对课程编订、实施、评价的组织、领导、监督和检查，是教育行政部门和教育工作者的重要管理活动；课程管理是对课程编制、课程实施、课程评价等工作的组织与控制；课程管理的层面、任务和类型往往受到国家行政体制和社会文化因素的影响而有不同，但课程管理的重点不外乎课程计划的管理、课程实施的管理以及课程评价的管理三个方面；课程管理的重点包括人的管理、组织的管理和课程发展的管理，人的管理主要涉及管理技能的开发、培养以及动机的激发，组织的管理是指如何构建具有分享式决策、顺畅的信息流通等特征的组织制度，课程发展管理是前两者的目的所在；等等。

问题时使用了"课程工程"这一概念。他认为:"课程工程包含各类学校使课程系统发挥作用的一切必要的过程。课程系统的主要工程师是教育厅(局)长、校长和课程指导员,还可以由学校系统之外的顾问人员加以协助。这些工程师负责组织、指导、制定各项任务和规划课程,通过教学方案在课堂上实施课程、评价课程,按照评价中所积累的资料来修订课程,等等。因而课程工程包括使学校的课程保持动态所必要的一系列活动。"① 国内也有学者从课程工程的角度论述课程管理。例如,"课程工程也可称为课程管理,在大部分有关课程研究的书刊中指的是课程的规划、研究和改进,所以课程工程的产品就是课程标准和教材。近年来,有一部分课程研究书刊把课程标准的贯彻执行(即通过教学落实到教室里)和对课程的评价称为课程工程。"②"课程工程也称课程系统、课程管理、课程制度,即指构成课程编制和课程实施的两部分动态集合的决策系统,这一决策系统具有三个基本职能:①生产课程文件,②实施课程文件,③评价课程效用,并包括一系列使课程系统得以在学校系统中正常运行的过程。"③ 与前面我们所分析的几个课程管理的定义相比,课程工程对管理职能的认识增加了"研究""改进"等词汇,扩大了管理的含义,更趋向于现代管理的内涵。

"课程领导"的研究起源于20世纪70年代课程研究范式的转变和管理研究领域中领导学兴起的时代背景,在美、英、澳等国家的相关教育管理文献中,课程管理与课程领导的区别较为明显,但不同的学者对课程领导的描述又是不同的。大卫·约翰逊(David W. Johnson)和罗杰·约翰逊(Roger T. Johnson)提出"要做领导者,不要做管理者"的观点。他们认为领导的意思是"引导人们去旅行",领导者指出拓展新领土的方向,这是一种共同的探索,它包括革新旧方法、学习新方法、树立新观念、发现解决老问题的新方法,领导者想的是我们,而不是我。管理者"操纵"现状,管理者可以管理现存的东西,或者促使教职工踏上增加他们的专业知识并建立一所更好的新学校的路途。克鲁格(S. E. Krug)认为,"课程

---

① [美]乔治·A. 比彻姆著:《课程理论》,黄明皖译,人民教育出版社1989年版,第129页。
② 陈侠著:《课程论》,人民教育出版社1989年版,第18页。
③ 陈杨光著:《课程论与课程编制》,福建人民出版社1998年版,第8页。

领导"包括五个元素：订立愿景、管理课程与教学、监督教学、监控学生的学习进度和改善教学氛围。欧维（S. B. Erway）和罗奇（C. S. Roach）则把"课程领导"定义为"结合学校的课程与教学，注重学生学习的改进，强调教师的专业发展"。格拉索恩（A. A. Glatthorn）认为"课程领导所发挥的功能在于使学校及其体系能达成增进学生学习品质的目标"。这些定义都是目标导向的，而不只是一些例行的活动步骤，而且其最终目的是提供高品质的学习内容，以增进学生的学习成效。换言之，课程领导必须被理解为不是在"控制"人，而是在"引导"人做出高层次的判断与"自我管理"（self-governance），激励相关人员投入持续成长的生活方式。①

从上述引文中，我们可以甄别相关研究者视野中课程管理与课程领导的区别，管理注重的是照章办事和组织的日常运作的维持，领导关注的是组织的创新和变革；管理注重的是组织中的具体活动，领导关注的是组织的战略性问题。正是由于这种对课程管理与课程领导的区别性认识，国外流行的文章常常提出"校长应当是一个管理者还是一个领导者"这样的问题，这种对课程管理贬抑、对课程领导褒扬的观点是否恰当呢？对此，萨乔万尼（T. J. Sergiovanni）指出，事实上，在课程领导和课程管理存在差别的同时，两者之间还是相互关联的。课程领导和课程管理的不同行为模式只是领导者在管理风格上既必要又重要的变化而已。我们所要做的不是在课程领导和课程管理之间二者选一，而是要在两者之间保持平衡。② 对此，有学者借鉴斯达莱特（R. J. Starratt）的解决办法——"领导和管理的优势可以结合为一个共同体"（见表1），提出建构课程管理和课程领导的共同体，以应对当前课程改革中具有开放性和挑战性的课程标准。③

---

① 参见田燕《课程领导：幼儿园课程管理发展的新思路》，载《学前课程研究》2007年第3期。
② 转引自冯大鸣著《沟通与分享：中西教育管理领衔学者世纪汇谈》，上海教育出版社2002年版，第89页。
③ 参见于泽元著《课程变革与学校课程领导》，重庆大学出版社2006年版，第124页。

表1 领导和管理的优势结合（collaboration of leadership and managerial talent）①

领导者 （Leader）	领导－管理共同体 （Leader-Manager team）	经理人 （Manager）
·关注成长 ·一个指导者 ·拟订计划 ·引导人们迎接挑战 ·具有愿景 ·为共同的目标而使用权力 ·把"什么是真实的"界定为"为什么是可能的" ·提升动机 ·鼓舞 ·描画	·关注机构的成长 ·进行反思性实践式管理 ·交流计划的意义 ·把挑战引向道德的完善和富有成果的项目 ·使愿景成为机构的目标 ·使专业团体和道德团体发挥作用 ·把现实解释为当时当地的可能性，明天会有所不同 ·为反思性实践提供条件 ·激励 ·乐于引导，善于表扬	·关注维持 ·一个阶段的经理 ·执行计划 ·使人们幸福 ·完成计划、日程和预算 ·使用惩罚和奖励的手段 ·把"现实"界定为"是什么" ·控制 ·确定 ·协作

由于约定俗成等原因，更多的学者继续沿用了课程管理一词，但赋予了更为开放的理念。课程领导的研究倾向，带给笔者"从被动响应到主动诱发，从约束、控制成员到激发其创造性、积极性，从严格等级划分到团体协作，从权威到强调愿景和影响力"的启示。借鉴于课程领导的思路，本书所使用的课程管理与以往课程管理的界定相比，更突出"理解"的重要性，关注"解放"对课程的意义，使课程管理从控制走向服务，从"自上而下"走向"自上而下"与"自下而上"的结合，从管理的官僚等级走向组织结构的扁平化。

2. 幼儿园课程管理的内涵

在解读了当前众多课程管理的定义后，笔者尝试在多元化的课程观和管理观的基础上提出本书的学前课程管理和幼儿园课程管理的主张：学前课程管理就是与学前课程有关的利益主体在当前的课程改革背景下，以发展和建设为目标，对学前课程的设计、实施、评价等实践过程及其相关影响因素、条件进行的全面管理。从管理层次的角度出发，我们可以将学前

---

① 参见 Starratt R J. Leaders with Vision: The Quest for School Renewal. Corwin Press，1995.

课程管理分为两个层面：学前教育行政的宏观课程管理和学前教育机构的微观课程管理，前者指的是政府课程管理，后者指的主要是幼儿园课程管理。但是，如果从管理主体的角度出发，学前课程管理可以被界定为国家与地方教育行政组织对学前课程的管理、幼儿园的课程组织者和管理者对学前课程的管理以及幼儿园中的各个具体班级部门、教育者（教师）、被教育者（幼儿）对学前课程的管理等层次。本书所探讨的幼儿园课程管理主要是指中观层次的课程管理，而不涉及具体的教师班级管理问题。利思伍德（K. Leithwood）等研究者认为，界定通用的领导概念不如在特定的情境中建构目的清晰的能够指导实践的领导框架，这个框架包括三个方面：①作为特定领域的领导概念是发生在特定情境中的；②作为特定领域的领导概念是有自己特定领导目的的；③作为特定领域的领导概念须是具有具体而非抽象的作用框架的，以便给实践以清晰的指导。[1]借鉴利思伍德等研究者的思路，本书对中观层次的幼儿园课程管理的界定也从这三个方面进行阐释。

（1）幼儿园课程管理是发生在特定的情境下的管理活动。主张权变理论的研究者认为，成功的管理者是随情境的变化而变化自己的管理风格和管理方式的人。这种观点为大多数研究者所赞成，但是，教育管理、课程管理情境的具体因素有哪些呢？

从生态学的观点来看，一种具体的活动应同时受其发生时所处的宏观环境、客观环境、中观环境、微观环境的影响。就具体的幼儿园课程管理来看，一个幼儿园的课程管理活动发生时必然受外在的时代教育课程变革（宏观环境），国家教育主管部门的课程政策与课程目标、其他社会力量如家长和教育专家（客观环境和中观环境）、幼儿园所承担的教育任务、幼儿园的具体园本资源、教师所持教育哲学观与儿童观（微观环境）等因素的影响。本书所探讨的幼儿园课程管理是指在当前课程变革的时代背景下，在幼儿园具体课程建设的组织背景下发生的承上启下的既要贯彻并体现时代课程精神又要适合本园课程资源的管理活动。

（2）幼儿园课程管理是具有特定目的和功能的管理活动。幼儿园课程

---

[1] Leithwood K, Tomlinson D, Genge M. Transformational leadership. In Leithwood K, Chapman J, Corso D, Hallinger P, Hart A (eds.). International Handbook of Educational Leadership and Administration. Kluwer Academic Publishers, 1996, pp. 1-25.

管理的目的和功能是发展和建设。与涉及"实然"问题的维度相比，该维度是对幼儿园课程管理在"应然"层面的界定和追问，直接指向幼儿园课程管理的价值所在，回答的是"幼儿园课程管理是为了什么"的问题。任何问题在"实然"与"应然"层面的追问都是密切关联、不可分离的。但是，由于本书是在德性论视野下探讨幼儿园课程管理问题的，因而相对而言，对"应然"的追问是我们探讨的重点。特别是在以往关于课程管理的定义不完整的研究背景下（以往课程管理的定义大多是对"课程管理是什么"的应答，而缺失了对"应然"层面的探究，所以称之为不完整的或有局限的定义），对幼儿园课程管理的"应然"的探究更为重要。

幼儿园课程管理是基于幼儿园课程并在幼儿园课程运作的过程中进行的管理，如果完全"脱离"幼儿园课程而论述课程管理，课程管理研究将难以了解课程的品性和意义，那么所谓的幼儿园课程管理研究就只能沦为等同于其他管理的研究，因而幼儿园课程管理的价值追问必须建立在幼儿园课程的价值追问基础之上。而无论是广义的幼儿园课程还是狭义的幼儿园课程，其价值追求都是指向幼儿的发展。因而，从长远角度来分析，幼儿园课程管理的目的是幼儿的成长与发展；但就具体的幼儿园课程管理目的而言，其功能则是协调课程设计、实施、评价等实践过程及其相关影响因素、条件，促进幼儿园课程本身的发展和建设。然而，无论是长远目标还是具体目标，都需要通过教师的发展来实现。没有教师的智慧、德性的发展，就不可能获得课程的发展和幼儿的成长。因而，如何在课程变革的时代背景下，通过影响教师的课程建设活动而促进教师的专业发展、幼儿园课程的发展，最终促进幼儿的发展，就成为本书探讨幼儿园课程管理的出发点。

（3）幼儿园课程管理是管理主体与管理对象进行具体互动的过程。前面笔者已经分析过，幼儿园课程管理是在当前的课程变革的时代背景下对幼儿园具体的课程建设活动进行的管理，那么，这个具体的管理活动如何开展呢？这是一个具体作用框架的问题。台湾学者黄政杰明确提出，校长在课程管理中要完成领导课程开发、掌握学校课程计划的机会、认识教育变革与课程的关系、研讨、进修、研究、咨询以及评价等任务[1]；然而，我们在实践中发现，无论是进行课程开发还是探讨教师行为背后的教育哲

---

[1] 参见黄政杰著《课程改革》，台湾汉文书店1999年版，第266～278页。

学问题，都离不开管理主体和管理对象这两个基本因素，而且当管理主体和管理对象不同时，具体的课程管理任务和活动框架也将不同。所以，在探讨幼儿园课程管理的具体作用框架之前，需要厘清本书中的幼儿园课程管理的主体和对象。

明确幼儿园课程管理的主体，即由谁来进行幼儿园课程管理。课程管理的主体是拥有一定课程权力的人或组织。其中，课程权力通常指的是"根据一定的目的来影响行为的能力，也是一种权威性力量，依靠这种力量，可以在课程方面造成某种特定的结果。它主要包括课程政策制定中的参与权、课程编制开发权、课程决策权、课程专业自主权以及课程实施权等等"[①]。由于课程政策的每一次变革必然体现在课程权力在不同利益团体的分配、再分配或重新分配上，因而在不同的课程政策和课程管理体制下，幼儿园课程管理的主体也会有所不同。

众所周知，"世界各国的课程政策主要有集权与分权两种类型，它们在很大程度上是课程政策制定者不同的思维方式的结果，每种类型的课程政策都隐含着不同的思维取向，因此，在课程权力结构中，集权机制与分权机制是相互对应的两个极端，它们是课程权力纵向分配的两种典型形式"[②]。世界各国的课程权力结构各不相同，但基本上都分布于集中与分权两个端点所构成的"直线"上，只不过彼此所包含的集中与分权的程度不同。

新中国成立以后，由于苏联的影响，我国在相当长的一段时间内实施了集权型的课程管理体制，国家对幼儿园课程采取中央集中管理的模式：统一决策、统一规划、统一编制。地方和一般的研究人员及幼儿园教师需要考虑的只是如何将既定的课程计划（称为教学计划、教学大纲）付诸实施，即教学问题。因而，在这种管理体制中，幼儿园不存在课程管理的问题，只有教学管理的问题，幼儿园课程的决策者、监督者、评价者、改进者是中央政府和其教育行政部门。1985年，在《中共中央关于教育体制改革的决定》的精神的影响下，学前教育管理体制被确定由"地方负责、分层管理和有关部门分工负责"，在"分层管理""学前教育社会化"的管理体制下，幼儿园的举办权被推向社会，于是幼儿园课程就成为众多利益

---

① 胡东芳：《论课程政策的定义、本质与载体》，载《教育理论与实践》2001年第11期。
② 胡东芳：《从"两极"到"共有"：论课程政策制定的思维转型》，载《教育理论与实践》2002年第11期。

群体关注的对象,各级教育相关部门、社区、专家、各种教育研究研发机构、园长、教师、家长、幼儿作为幼儿园课程的利益相关者,都开始对幼儿园课程的编制、实施、评价、改进等拥有一定的建议权、决策权、评价权、改进权等,幼儿园课程管理主体的内涵被大大扩大。幼儿园课程管理成为各级教育相关部门、社区、专家、各种教育研究研发机构、园长、教师、家长、幼儿共同对幼儿园课程施加影响的过程。但是由于本书探讨的是中观层面的课程管理问题,因而笔者将幼儿园园长作为课程管理的主要主体。

幼儿园课程管理的对象是指幼儿园课程建设活动及其相关影响因素、条件,即幼儿园中开展的课程设计、实施、评价等实践过程及其相关影响因素、条件。其中,如果对幼儿园课程范围的理解不同,我们对幼儿园课程管理对象的理解也将不同。从语义上分析,幼儿园课程会产生内涵不同的两种理解。一是狭义的理解,幼儿园课程就是由幼儿园自己开发、设计、实施的具有鲜明个性特征的园本课程。二是广义的理解,幼儿园课程就是在幼儿园园内场景中进行的由园方来管理的课程。幼儿园课程管理的对象既包括上级部门、专家或出版商建议的课程,也包括园本课程,甚至包括隐性课程。本书探讨的幼儿园课程管理对象是以语义分析中广义的幼儿园课程理解为基础的。但是,幼儿园内部任何的课程建设活动(包括隐性课程)都是由教师设计、组织、实施的,因而幼儿园课程管理的对象是指由教师参与的课程建设活动及其影响因素。

结合上述幼儿园课程管理的情境、目的、主体、对象,本书探讨的幼儿园课程管理可界定为:幼儿园课程管理者——园长对教师参与的课程建设活动及其影响因素进行的全面管理,是管理者与教师之间以课程建设活动为中介而进行的具体互动过程,而具体的互动框架将因参与者课程观、管理观的不同而不同,由此呈现出不同的课程管理模式。

3. 幼儿园课程管理与幼儿园课程开发的区别

很少有文献具体探讨课程管理与课程开发之间的区别,在许多的专著和文章中,两者更是被混用的,往往将课程管理等同于课程开发。所谓课程开发,是指"为完成一项课程计划的整个过程,它包括确定课程目标和组织课程内容、实施课程和评价课程等阶段"[①]。幼儿园课程开发就是完成

---

① 施良方著:《课程理论:课程的基础、原理与问题》,教育科学出版社1996年版,第80页。

幼儿园课程计划的过程，而幼儿园课程管理作为影响、规范、促进幼儿园课程建设的活动，肯定与具体的幼儿园课程开发活动有紧密的联系，但是两者涉及的是两个不同的研究领域，幼儿园课程开发在于设计并完善课程方案，幼儿园课程管理侧重于对设计、完善课程方案的活动进行管理。但是，这并不代表幼儿园课程管理者不参与幼儿园课程的具体开发、建设工作；相反，管理者作为模范榜样，必须要以开发者的身份参与，才能起到激励、鼓舞教师参与课程建设的作用。但是，管理者仅仅停留于课程开发的角色是无法实现幼儿园课程的全面管理目标的，课程管理者在扮演课程开发者的角色的同时也要扮演着规范者、激励者、鼓舞者的角色。换句话说，课程管理不仅涉及对事的管理，也涉及对活动的管理，特别是活动中的人——教师的出现，课程管理与课程开发具有显著的不同，本书所主张的观点：事件的管理要符合规范，而人的管理则要考虑德性原则。

四、德性课程管理的研究定位与基本思路

（一）研究定位

为了更清晰地探讨问题，我们需要在阐释问题之前做好本书的研究定位。

1. 本书讨论的问题主要集中在幼儿园层面主要课程管理者——园长所组织的课程管理活动，属于中观层面的探讨

受笔者的时间、精力所限，对于幼儿园之外的其他层面课程管理及教师之间的彼此影响、教师所组织的班级内部的课程管理，我们将之作为本书研究问题的影响因素，而不作为主要论述的问题。

2. 本书的讨论视角集中在如何促进教师专业发展、改进课程建设的方面，而非政治学、经济学或历史学等其他学科的视角

课程管理是一个复杂而广博的研究领域，不同的研究者可以从不同的研究取向和学术视角出发进行不同角度的探讨。就研究内容来看，或为历史回顾探讨，或为发展趋势探讨，或为体制、模式探讨，或为实践调研探讨，或为政策制定探讨，或为资源分配探讨，等等。受笔者的研究兴趣和研究能力所限，本书的探讨视角集中在教师的专业发展的角度，因为课程变革影响需要借助教师而发挥作用。

（二）研究设想

笔者在一本书中看到施良方先生曾说过的一句话："有时候，只信奉一种理论也是可爱的。"① 其实这句话也可以这样理解：虽然融合众多理论是保证研究取得较大成效的一个重要条件，但是用一种理论解释一种现象也未尝不可，也同样可以给人可爱的印象。用德性观观照幼儿园课程管理，希望这样的研究能够给人留下可爱且可信的印象。

幼儿园课程德性管理认为，管理不是对人的控制和约束，而是对人完整、自主、可持续发展的德性生命的创造与提升，而这种德性生命是在管理者与被管理者之间的交往过程中生成和表现的，是对人与人之间相互创造与提升的认可，通过管理者与被管理者之间的德性交往，使管理者与被管理者都成为一个"可持续发展的自我"。德性课程管理不否认以往"工具式"或"技能式"等管理思路的作用，而力图在此基础上突破对人性的单一理解，转向对管理中人性的完整性与卓越性的追求。

1. 研究目的

笔者希望通过靠近、注视、理解而发现"幼儿园课程管理的实际状况和存在的问题"，并尝试提出解决思路。于是，笔者确定了两个基本的研究目的。

（1）我国幼儿园课程管理的现状。笔者通过访谈调查、问卷调查、文件分析等方法来探究我国当前幼儿园课程管理的特点、存在的问题，并分析造成现状的诸多因素。

（2）建构幼儿园德性课程管理的理论模式。笔者结合当前课程变革的时代要求和幼儿园课程管理的现状，从教师专业发展的角度和幼儿园机构建设的层面出发，尝试提出德性课程管理的理论模式和实现途径。

2. 研究问题

（1）把握幼儿园课程管理的现状及其主要影响因素。

（2）提出幼儿园德性课程管理观。

（3）探寻德性课程管理观实现的基本途径。

---

① 转引自丁念金《试论学习社会学的构建》，见崔允漷主编《课程·良方》，华东师范大学出版社2007年版，第275页。

3. 研究思路

基于上述思考，本书拟从四部分（即第二章、第三章、第四章、第五章）展开论述。

研究的起点：幼儿园课程管理观及时代背景分析。本部分首先在课程论和管理论的基础上确定幼儿园课程管理观，然后分析课程管理的发展趋势——个人—文化导向和转化式课程领导，提出了应对现代课程变革背景下幼儿园课程管理观念导向性的低控性的趋向的管理观念——德性课程管理观。

幼儿园课程管理的现实把握："控制论"的主宰与德性的迷失。本部分沿用质的研究思路，分析当前幼儿园课程管理中存在的问题，并从教师的课程意识、园长的课程管理能力、行政管理趋向、我国市场经济发展和社会转型等方面影响因素进行探讨，寻找"控制论"在幼儿园课程管理领域中盛行的原因——个体的消失和德性的迷失。

德性的坚持：课程管理即德性生活的走向。本部分分析在德性伦理学观照下的教师和课程管理过程。在德性的观照下，课程管理中的人具有完整性和卓越性，他们思考并追寻生活的意义，热爱生活，因而德性课程管理过程中的教师是处于德性生活中的教师，是在精神自由状态下不断体验着理性精神的德性主体，德性生活就是彰显教师精神性的一种可能生活。在德性的观照下，课程管理的过程成为践行德性的交往过程，通过管理者与被管理者的德性交往，管理者和被管理者都成为"可持续发展的自我"；在德性的观照下，课程管理的方式以引领教师有意义地参与幼儿园课程建设为主要标志。

回归德性生活之路。本部分探讨幼儿园课程管理回归德性生活的起点，即从理解的角度来把握幼儿园课程建设活动的价值，用生存的观念观照、理解、把握课程管理问题，并从组织重构和文化重构的角度具体分析回归德性的途径。

总之，本书的整体研究思路是：首先，以幼儿园课程管理、其他相关概念及时代背景分析为研究的理论基础；其次，分析当前幼儿园课程管理的实际状况及其影响因素；再次，在此基础上提出幼儿园德性课程管理的思路，将幼儿园课程管理视为教师处于其中并获得德性发展的可能生活，将德性课程管理过程看作主体之间德性交往的过程；最后，提出回归德性生活的具体途径。

第一章 研究设计与研究方法

课程研究是运用一定的研究方法对课程现象进行有目的、有计划的思考的过程,是对课程问题所开展的深入而宽广的理解过程。正如有的学者所言,课程研究是现代教育研究中的灵魂性研究领域:"从哲学上看,课程研究是把教育中的宏观研究和微观研究结合起来的一个中介。从经济学上看,课程研究旨在使教育教学活动有效化、合理化。从教育学上看,课程研究有助于解决课程理论与实践上的一些根本性的矛盾。"[①] 课程管理研究属于课程论与管理学的交叉学科研究,尽管不同领域的研究者可以从不同视角出发来阐释课程管理,但是作为基本出发点,课程研究都对课程管理研究产生基本方向性的影响。所以,在提出本书研究设计思路之前,有必要先梳理一下课程研究的方法。

一、西方课程研究的主流趋向

在文化哲学层面,西方课程研究方法长期受实证主义思想的影响,科学主义占据着主导地位,它导致了在技术研究层面的量化研究的发展和兴盛。但是,即使是在科学主义盛行时,人文主义也没有完全消失,而是默默地发生作用,以弥补科学主义研究方法的不足并纠正它的偏差。以美国的课程研究[②]为例,课程研究先驱博比特等人特别崇尚自然科学的方法,他们的研究兴趣带动了当时课程研究中的自然科学研究方法。博比特和他的学生查特斯(W. W. Charters)致力于教育目标、教育理想的标准化。博比特将人类经验分为 10 个领域,分析出 800 多个目标;查特斯曾运用他的"工作分析法"为密苏里州的史蒂芬学院编制了一套女子课程,通过对妇女一周工作及生活的分析,划分出 7300 个类别,作为设置课程目标的参考

---

① 汪霞:《课程研究的若干理论问题》,载《教育理论与实践》1999 年第 8 期。
② 参见范兆雄《论美国课程研究方法的主流取向》,载《比较教育研究》2004 年第 7 期。

依据。这种量的研究的极端化，一开始就受到了部分研究者的反对和批判，例如受过艺术训练的埃斯纳（E. Eisner）和受过历史学训练的科莱巴德（H. M. Kliebard）。随着1968年课程理论网的建立和1979年《课程理论化杂志》的创刊，取得了合法身份的人文主义研究者逐渐发出自己的声音，在努力与前者争论的同时对之冠以量化研究的名称，并将自己主张的具体研究方法称为质的研究。例如，杰克森（H. Jackson）在《课程生活》一书中建议，课程研究者要坚持通过观察进行研究，以"发现课堂中正在进行的真实事项"为目标；埃斯纳更是以课程研究领域质的研究方法的主要发言人的身份出现，认为课程领域范式的转移要求彻底重构其基础，并从人文学科中选择了两种探究方法——教育评论和教育批评作为重建课程研究方法论的基础，要求研究者深入现实生活，获得亲身的经验。应该说，质的课程研究在争论中越来越博得关注和认可，质的研究方法地位的改变并没有帮助解决自身面临的矛盾。其中最为基本的问题包括"质的研究追求什么？仅仅是做一番可信的连续的描述，还是应该鼓足勇气追求真理？质的研究要不要建立自己的标准？如果要，这种标准是什么？如果不要，质的研究如何定义自身？"所以，在运用质的研究方法解决教育和课程研究问题时，许多学者走向了量与质的混合使用方向。

二、我国课程研究、学前课程研究方法的多元化与混合化趋向

尽管只有二三十年的研究历史，但是我国课程研究在方法上却经历了较为丰富的历程：自观思辨、实证分析、系统探究等演化阶段，并开始呈现出探索独特而又多样综合的研究方法体系的发展趋势。在检索相关期刊和硕士、博士学位论文的基础上，笔者发现我国的课程研究除了理论思辨、逻辑推演、矛盾分析、实验研究等传统方法仍占重要一席外，一些相关学科的研究方法的移植、引进和借用也是必要的。例如，课程研究出现了哲学解释学、社会学、心理学、人类学、语言学、美学、未来学等多种分析视角，数模建构、微机处理、人工智能等现代化研究工具正在课程领域中发挥独特的作用。由此可见，研究方法的多元化是我国课程研究的重要趋向。

有研究者从我国高校学位论文的角度进行统计研究，发现"在2000年之前，我国学前教育领域以思辨法、量的方法等传统的研究方法为主，

比较单一。2000年之后，质的方法、行动研究法这些新兴的研究方法进入了学前教育研究领域，学前教育研究领域的研究方法开始变得多样化，特别是这些研究方法的运用，使学前教育研究走进生活、贴近现实，使研究更加真实、生动而令人信服，大大拓展了研究的空间，开阔了研究的视野，这也会促使更多的研究领域和研究课题诞生，使研究的生命力更加旺盛。课程领域方面的论文，在研究方法选择方面呈现出以质的研究与思辨研究为主的特点，同时也呈现出混合方法的增长趋势。"①应该说，综合使用多种研究方法是当前我国学前教育和学前课程研究的重要趋向之一。

三、本书的研究设计和具体研究方法

（一）总体研究思路

1. 历史研究与逻辑方法相结合——时代分析与学理分析相结合

历史研究强调研究对象发展的过程性、具体历史性和时代性，要求把研究对象看成一个受一定的社会历史条件制约的由其内部、外部的各种矛盾推动着的永远在变化和发展的整体。历史研究的特点是"对任何特定的对象持最忠实的态度，在其生动的环境中，在一切制约着或伴随着其生存的时间和地点的条件下研究对象"②。

所以，纵观课程和学前课程的历史发展过程及时代背景，彰显幼儿园课程管理研究的历史继承性和时代合理性，成为本书论述核心问题的出发点之一。可以说，如果离开了历史经验的积累、以往理论的沉淀和时代的需求，课程及课程管理的理论、观点将失去发展的深厚基础和内在逻辑联系。于是，分析时代背景、把握时代脉搏、依据课程发展的内在逻辑性从社会历史的考察中引出德性课程管理的观点，成为本书的重要研究思路。

但是，历史和时代的合理性未必符合理论的逻辑，时代的变迁注定要以冲破旧的桎梏为契机以寻求新的生长点。在研究中，若一味地沿袭过去的理论模式和方法，拘泥于某些学派的清规戒律，表面上是"弘扬"历史，但也许背离了历史发展的逻辑，反而无益于研究问题的解决。因此，

---

① 参见刘晶波、丰新娜、李娟《1996—2006年我国学前教育领域研究方法的运用状况与分析：基于三所高校硕士、博士学位论文的研究》，载《学前教育研究》2007年第9期。
② 黄清：《课程研究的方法论原则》，载《教育评论》1999年第3期。

本书在时代分析的基础上，结合逻辑分析的思路，辨析影响幼儿园课程管理的因素，从课程管理的矛盾分析中寻求解决问题的理念和方法，努力做到历史研究与逻辑方法、时代分析与学理分析的结合。

2. 事实研究与价值研究相结合

这要求笔者在研究中要充分认识作为事实存在和价值意义统一体的幼儿园课程管理现象和问题的多重性与复杂性特征，将建立在经验事实基础上的事实研究与建立在价值推断层次上的理论研究结合起来，以反映幼儿园课程和幼儿园课程管理的整体的特征。

笔者认为，幼儿园课程管理既涉及对事件的事实管理，也涉及对人的价值管理。在幼儿园课程管理价值层面的理论研究中，必然要以事实为依据，把握幼儿园课程管理的实际状况，包括管理特征、存在问题、影响因素，这些成为本书提出德性课程管理观念的现实基础，同时也为整个研究增添了现实性和应用性；依据笔者的理论分析而提出的德性课程管理观念为笔者把握课程管理的事实提供了整体框架和反思视角。以德性哲学论为理论基础的德性课程管理观主张：课程管理的人具有完整性和卓越性，他们思考并追寻生活的意义，热爱生活，因而课程管理中个体的体验与生存状态和管理中的互动形式成为笔者把握幼儿园课程管理事实的主要维度。所以说，价值研究使本书的研究具有了整体性、社会性和历史性。

（二）研究步骤与具体研究方法

在具体收集、分析资料时，笔者针对不同的研究侧重点而采用不同的具体方法：历史研究、价值研究和逻辑分析主要采用的是文献分析法和学理分析法，通过探讨课程变革的时代特征、现实课程管理中个体的消失与德性的迷失提出对课程管理中德性的寻找，从而确认德性课程管理要作为一种引导个体进行价值发现和意义探寻的可能生活，并将幼儿园课程管理过程看作围绕课程建设活动而追寻生活意义的德性互动过程。

事实研究中，在不同的研究阶段，笔者采用的具体方法是不同的。

1. 阶段一

在这一阶段，笔者对幼儿园课程管理研究的核心问题把握不清，对于研究的可能性和可行性也无法判断，所以，本阶段的主要研究目的就是实现研究问题的聚焦，从宽泛的研究现象中寻找可行的研究问题，并确认事实研究的基本范式。为此，笔者主要采用了问卷调查、访谈调查的方法。

（1）问卷调查法。笔者在宽泛地查阅课程管理文献资料的基础上，初步界定幼儿园课程管理的内涵为"管理者对幼儿园内部的课程设计、课程实施、课程评价等课程实践活动的管理"；并划分幼儿园课程管理研究的基本研究现象：幼儿园课程发展愿景的建设、幼儿园课程设计的管理、幼儿园课程实施的管理、幼儿园教学活动的管理、幼儿园课程评价的管理、幼儿园工作氛围的建设。在此基础上，笔者设计了一份调查问卷，并在江苏省幼儿园骨干教师培训会议上发放。回收的问卷答案基本雷同，这让笔者开始真正反思"幼儿园课程管理"这一研究领域的研究对象到底是什么，同时也对问卷调查法是否适合该研究提出质疑。如果只是研究幼儿园课程管理的主体、对象、风格等静态性问题，确实通过问卷调查是可以获取管理双方的特征、隶属社会群体的文化特征等信息资料的，但是，课程管理显然不仅仅是具有静态结构性的研究现象，也是管理中各方参与者体现主动性和建构性的过程性现象。用过程性视角审视幼儿园课程管理现象，笔者发现要较为真实地触摸研究现象需要深入到现象发生的具体时空中，这是无法通过具有清晰的结构框架的问卷调查来完成的。基于过程性研究方式的思考，笔者决定采用访谈调查法逐步明确研究现象，寻找适当的研究问题。所以，该阶段的主要任务是笔者质疑而非逐渐确定事实研究范式。

（2）访谈调查法。笔者利用10次函授课程的机会对江苏省镇江市、苏州市、南通市、常州市、扬州市、南京市约150名教师进行了"幼儿园课程管理研究"的问题筛选研究，同时选取其中30余名教师进行各种形式的访谈。在对问题进行筛选时，以"什么是幼儿园课程"这一问题为切入点，围绕"幼儿园课程建设活动及课程建设过程中存在的管理问题"进行无框架讨论，筛选方式以大组讨论（根据班级人数将其分为10～15人一组的若干组）为主，笔者以参与者的身份参与讨论，并要求每组有1人专门进行记录，记录结果作为每组讨论者的作业递交给笔者，共收到16份记录。结果发现，有很多教师（其中包括部分幼儿园业务园长）提出"幼儿园课程这个词汇更多地停留在口头水平，在实际的幼儿园工作中，我们更习惯使用教学、游戏等词汇"（选自函授作业），甚至部分教师提出"我们从来没有听说过课程管理的说法"；在运用访谈法进行问题筛选时，根据当时当地的条件，笔者采用了单独访谈、集体访谈两种形式，根据访谈者的身份不同，采用了开放式访谈和半结构式访谈两种方法。对普通教师

第一章
研究设计与研究方法

主要采用半结构式访谈的方法，了解被访谈者所在的幼儿园管理者对教材、教学活动、游戏、教科研、教师如何进行管理及教师在当前这种管理环境中的心理感受（包括工作积极性、情绪、动机等）；对园长主要采用开放式访谈，围绕"您是如何进行管理的""当前管理中的问题有哪些""理想的管理方式应该是什么样"这类开放性问题进行交流，大部分园长（约14名）承认"德性课程管理的思路是吸引人的，但是当前的条件有限，无法实施"。在整个前期研究中，笔者共获取有效访谈材料17份，其中园长访谈材料8份（3份为2～4人的集体访谈，5份为单独访谈）、教师访谈材料9份（3份为小组访谈，6份为单独访谈）、无效访谈材料2份（因为访谈过程中录音效果差而无法记录）。

在问题筛选和访谈的基础上整理材料，对研究领域方面的关键词如"教学活动"等进行编码，笔者发现无论是园长还是教师更多也更愿意使用"教学活动"的管理、"游戏活动"的管理、"教科研活动"的管理、教材的管理、资源的管理等词汇来描述幼儿园课程管理状况，大部分园长倾向于用"科学化""人性化"等词汇来标榜其管理的合理之处。其中，"科学化"的管理在这些园长的眼中更多的是指精细化的规范管理。例如，大部分幼儿园都存在的"五个本子"（即备课本、游戏本、观察记录本、反思日记、每个月一次的公开课记录本）的管理方式，并对这些本子有详细的格式规定。"人性化"管理就是利用各种刺激手段（如物质奖励、精神鼓励、晋升机会等交易式管理手段）甚至是管理者的人格魅力激发教师工作的积极性。

关于当前"幼儿园课程建设过程中存在的主要的管理问题"，16份讨论记录中有14份提到当前幼儿园管理的科学化与人性化程度不够、管理者的公平性有待改善及如何改善，另有一份记录则用较大篇幅谈论如何提高教师的工资待遇的问题，还有一份记录则用来描述讨论者所在幼儿园的园本课程建设情况。面对这些记录，笔者开始思考：实践中正在运行的或教师期待实施的"科学化""人性化"的管理方式本身是否合理、有效？是否有助于新课程理念的深化？是否能够激发教师在幼儿园课程建设活动中的积极性？而被访谈的14位园长（均为女性）都觉得当前似乎"没有比'科学化''人性化'管理更好的提法和做法"，她们"基本上没有反思过管理（背后理念）的问题"；同时也有相当一部分教师提出她们"在幼儿园中工作积极性不高""迷茫""不知道接下来朝哪个方向发展"，当被问到"你们在幼儿园课程建设方面有哪些困难"时,大部分教师表现出"沉思状"或没有反应,也有部分教师彼此之间相视而笑。当笔者追问"为什么笑"时,其中一位教师回答:"我们自己也不知道自己有没有困难,反正是园长让我们怎么做就怎么做,比如我们的(特色课程)是关于民族传统节日的,园长就让我们每个年级组去设计一个关于例如'中秋节'的主题网络图,然后实施,后面再讨论我们老师在教学的时候遇到的困难、小朋友在活动中的表现等等,(我们)自己也不懂(这些建构是否合适)……"

随着对"幼儿园课程管理"这一现象的熟悉程度不断加深,并结合所查阅的相关文献,笔者对本书的基本研究问题进行了初步界定:当前幼儿园课程管理是如何发生的?参与者在管理过程中是如何建构自己的课程观念和行为模式的?课程管理行为背后的课程理念和管理理念与当前的课程改革背景是否匹配?如何建构一种更加适应当前课程和课程管理发展趋势的基于人性完整性的幼儿园课程管理思路?范梅南的现象学、教育学思想启示我们,作为一个教育研究者,必须清楚地明白自己对教育所应承担的责任,"责任在召唤,责任召唤我去做我知道的自己应承担的任务",这种责任感和使命感"牵涉我们对区分什么对孩子好、什么对孩子不好的所有的积极思考",这是我们做教育研究的前提条件。如果我们不认为儿童是活生生的人,不把儿童看成一个正在成长过程中的人,那么我们就有可能将教育学的理论落入技术手段中去。同样,如果不把教师看作一个正在成长发展中的个体,不把教师看作自我发展的主体,那么我们的管理就有可能把教育管理和课程管理的着眼点落在技术手段上。除此之外,范梅南的现象学、教育学思想还强调教育研究者须存在着对教育的兴趣和意向性,"教育是迷恋他人成长的学问",假若我们不对教育(包括教育管理)中存在的问题承担思考的责任,我们仅仅是为了某种外在的目的,可想而知,相关的教育研究只会成为我们的负担和一件不得不做的事情。基于这样的认识,本书尝试提出"德性课程管理"的解决思路,并以"德性课程管理论——基于教师专业发展的幼儿园课程管理研究"为题,围绕上述基本问题进行研究。

可以说,上述研究问题的确定是笔者不断调整镜头、聚焦研究范围的过程,这个过程可谓漫长而"低效",却让把握现实的设计思路逐渐清晰起来。

第一章
研究设计与研究方法

2. 阶段二

应该说,阶段一的研究属于对他人眼中的"幼儿园课程管理"状况的了解,接下来需要做的研究工作就是在确定过程性的研究思路后,围绕"现行幼儿园课程管理行为的发生、发展、影响因素""德性课程管理在幼儿园管理中的可行性"等相关研究问题,在原有研究的基础上进行新的研究思考和设计。笔者需要聚焦研究镜头,从具体而鲜活的现实——幼儿园的课程管理行为发生的情境中把握研究问题。

(1)确定具体的研究现象。如何把握幼儿园课程管理行为,这是本阶段的主要研究任务。根据阶段一所确定的过程性研究范式,即将幼儿园课程管理作为各方参与者之间互动的过程来理解,笔者认为,幼儿园课程管理行为虽然受到较为稳定的结构性环境的影响,但是在互动中,参与者的行为反应更多受到对彼此的行为意图认知、场景扫描、互动行为结果的预期性认知及对具体活动的情感体验等因素的影响。可以说,课程管理中的参与者个人往往是课程管理行为的建构者,管理行为具有较强的变动性。

在研究方法上,针对管理互动行为的建构性和变动性,本书侧重于以现象学视角去"看",具体采用观察法和描述性评论,并适当"借用"他人的体验,如管理案例、课程建设故事、反思日记等,通过对课程管理参与者外显互动行为的描述把握生动具体的课程管理事实。

外显课程管理行为的把握只是研究工作的起点,分析与外显行为同时展开的内隐互动行为才能真正揭示课程管理行为的发生机制。对此,笔者将侧重于倾听管理者和教师对课程建设活动及其管理活动的认识和想法,并在观察的基础上进行有关问题的追问,具体采用访谈调查、作品分析等方法。

对于教师的职业生存状态,在具体研究方法上,笔者在问卷调查法的基础上运用了访谈调查法。问卷调查的内容主要集中于对教师的工作动力和成就感的调查,调查问题的类型主要是笔者自行编写的封闭性问题和开放性问题。问卷调查的对象主要是 S 市学前教育专业本科函授班级学生,共 118 人(均为女性)。其中,教龄为 0～2 年的有 28 人,占调查对象的 28%;3～5 年的有 74 人,占调查对象的 62%;6～10 年的有 14 人,占调查对象的 12%;10 年以上的 2 人,占调查对象的 2%。(见表 1-1)考虑到问卷内容过于集中在工作动力的方面,而非教师的全面职业状况,所以本书在该部分的研究方法上主要采取在问卷调查的基础上的访谈调查法，即参照调查问卷的部分结论设计访谈思路，进行访谈。

表1-1 问卷调查对象的分析

教龄（年）	人数（人）	百分比（%）
0～2	28	24
3～5	74	62
6～10	14	12
10以上	2	2
共计	118	100

笔者就"幼儿园教师繁多的任务有哪些"进行了相关访谈，作为直接访谈对象的带班教师有18人。其中，8次有效访谈发生在笔者的授课过程中，1次有效访谈是在笔者参与性观察中进行的。而有些访谈对象并不十分熟悉笔者和访谈地点，为减轻其不安和焦虑，笔者尽量安排每次访谈选取两位不在同一所幼儿园工作的教师同时进行，所以18人（次）的访谈记录材料是9份。其中，教龄10年以上的有1位，6～10年的有6位，2～5年的有8位，0～2年的有3位。此外，还有两位访谈对象为刚实习结束的本科在读学生。

笔者先后参与N市三所幼儿园的定期或不定期教研活动十余次，并就活动的常规性问题（如活动效果、参与人员的来源、参与的标准等）和参与者的身心体验进行访谈，访谈人数为14人（均为女性）。

（2）研究对象的选择和研究现场的进入。确定研究对象的选取指标。本书主要根据阶段一的研究资料所提供的两项课程管理指标来选择具体的幼儿园作为研究对象。

阶段一研究中的9份教师访谈资料中涉及幼儿园教学、教科研、游戏、日常生活管理现状的描述，大致呈现如下特征。

1）园长管理方式上独断、专制。例如"认为教师做好是应该的，不好是不应该的""言行前后不一致""开会就是批评人""一味跟着上面走，让教师无所适从""开会的时候自己是决策者，当出现问题时便不愿承担责任了"等等。（9份均提及）

2）管理手段上过多依靠控制性检查。例如"动不动就抽查、检查""随时就推门听课""每个周、月都有各种检查，不合格就扣分""用公开

课、推门听课等形式将教师控制得严严的"等等。（9份均提及）

3）缺少管理规划和课程发展规划，即使有也只是课题发展规划。例如"管理工作目标不清楚，跟着上面走""在业务方面没有自己的主见""一会儿要求这样做、一会儿要求那样做""不能很好地指导、帮助新教师"等等。（6份提及）

4）管理者与被管理者的关系呈现"二元对立"状态。例如"动不动就加班，并且没有对等的加班费""不关心教职工的生活""高高在上，以管理者自居""偏见、偏爱、对青年教师过于苛刻""不考虑教师的福利待遇"等等。（6份提及）

上述材料说明，当前幼儿园管理者在管理权威上还主要依靠行政权威，而缺少道德权威和专业权威，因而在改善的措施上，大部分材料都建议：管理者要在减压的基础上，在观念上引导教师获取专业发展。例如，"帮助教师树立正确的人生观、价值观""分工明确，不将教师分外的事压在教师身上""减轻各方面的压力，包括来自上级行政领导的和家长方面的压力""能站在教师的角度换位思考""园长能让教师准时下班，体会教师的辛劳""园长要平易近人，要有服务意识""管理制度不要太苛刻"等等。应该说，当前幼儿园的课程管理互动性差、课程发展愿景缺失或不清晰、管理手段过多依靠控制性检查、缺乏对教师专业提升的关注，即行政导向多于观念导向。

阶段二研究中的8份（14位）园长访谈资料中涉及幼儿园管理现状的描述大致呈现如下特征。

1）管理程序有序。例如，对外能基本按时完成各种检查、任务、要求等，包括定期和不定期的在保育、教学、环境、课题等方面的检查；对内，幼儿园的"老师们能按部就班地组织班级活动""老师们知道在什么情况下做什么事情"。

2）管理依据公正，奖罚分明，8份访谈材料都提及现在幼儿园的管理状况或正努力建设的管理目标就是尽量公正、公平、赏罚分明。例如，"我们幼儿园有一套所有员工都知道的评价指标，年终的教师工作状况评比就是按照这些来（进行），管理者就是要尽量'一碗水端平'，让老师心服口服，不能有偏有向"。

3）强调管理者——园长本人的重要性。例如，一位业务园长曾这样描述她所在的幼儿园"大"园长："我们园长年轻，很有魄力，视野也很开阔，曾经去过欧洲，在欧洲转了一圈回来后，对我们幼儿园的管理和园本课程定位就很有数了，现在我们幼儿园的园本课程在我们区可是相当有影响力的，而且她对幼儿园管理有她自己的一套。她说管理要'先专制后民主，先紧后松'。我感觉我们幼儿园的管理很上路子。幼儿园的一切活动都是井然有序的，谁该干什么都有数。我们那个区的其他幼儿园可不是这样的。所以，有很多（幼儿园）老师都羡慕有这样的园长。"当笔者追问"上路子"是什么意思时，她这样描述："就是科学、规范吧！"由于访谈对象大部分为业务园长，尽管笔者一再强调这些研究材料不会用于研究之外的其他用途，她们对于自己所在幼儿园的"大"园长的主导性态度仍然属于类似上述的肯定、赞成范围。

管理程序有序、管理依据公正、奖罚分明、强调管理者——园长本人的重要性，这些反映了当前幼儿园管理的另一个特征，即高控性——管理者希望通过自己对幼儿园内外部事态发展的预见、控制来实现管理工作的有序运转。

研究对象的选择。鉴于研究时间、精力的限制，本书的后期研究工作主要是观察 N 市的两所幼儿园（教师均为女性），选择方式是目的性抽样和随意抽样，选择依据则是前期研究的初步结论——"幼儿园课程管理呈现出高控性和行政导向的特征"，即从"高控性"和"行政导向"两个维度进行选择的，重点考察其课程管理互动的行为特征、管理理念及教师的职业生活状态，以作为前期研究资料的重要补充来把握幼儿园课程管理的现实状况；但是，随着进一步的调查，笔者发现其中一所幼儿园由于自己的介入，其行政导向式管理的色彩逐渐减弱，因而笔者对研究对象做了调整，将观察重点放在另外一所幼儿园——L 幼儿园上。

除此之外，笔者根据研究进程的需要，以随机抽样和目的性抽样的方式选择了另外两所幼儿园（教师均为女性），通过参与、观察其教研活动、日常教学活动并同时进行相关访谈，以获取德性课程管理观建立的事实依据。因为德性课程管理并非推翻一切来从头建设新的管理思路，而是偶拾众多幼儿园管理中的闪光点，做了相关理论分析后的初步结论。回归德性生活，也并非无稽之谈，因为有众多前行者已经踏上了对德性的探寻路途。

研究现场的进入。要进入幼儿园并顺利地获取相关资料，首先要征得园长的同意。笔者借助于园长眼中的"权威"或"朋友"与其联系，阐释自己关注的问题，以争取园长的配合。

在很多时候，笔者进入幼儿园教育现场时，与幼儿园中的实践工作者往往构成了"美杜莎"[①] 现象式的关系。幼儿园园长和教师往往对外来的研究者有着自然的排斥心理。为克服"美杜莎"现象，笔者一方面努力克服自己的研究习惯，尽量从"局外人"向"参与者"身份转变，积极参与到所在幼儿园的各种活动中，并主动与各位活动参与者交流，努力为幼儿园提供各种资源和建议。

在初期阶段，曾有人提出"将自己关注的问题告诉园长"的做法是否恰当、是否会影响到观察结果的问题。笔者也曾对此进行反思：高控性和行政导向的管理方式所折射的是一种主—客实践观，在这种管理实践中，管理者往往被看作有着一定主体性的主体，教师则被看作需要规范的管理对象、需要科学管理技术和手段来加以控制与约束的个体，因而，管理者在进行管理时才更倾向于使用控制性的手段和行政权威，所以园长的目光所到之处都会令人"战战兢兢"。这种主—客实践式的管理方式是由管理者在实践场域长期的场域意义和习惯造成的，是有着复杂的交往实践场因素制约的。因而，笔者认为，将自己的基本观点——德性课程管理观念告诉园长时，最多影响其语言表述习惯，但不可能改变其主体性的管理方式，因为"冲破'大写自我'围城之举并非在引入'他者'之后便一蹴而就了。相反，消解自我，常常以一种变态夸张的方式继续着自我中心论权威"[②]。

（三）事实材料的分析

本书采用的事实资料分析、成文方式是类属及情境的结合型。采用的类属是幼儿园最常见的管理事件：日常活动管理事件和提升活动（教科研活动）管理事件，将所看到、听到、收集到的资料置于研究对象所处的自然情境中进行描述性分析，[③] 具体分析内容有活动描述、语言、行为、符

[①] 美杜莎是古希腊神话中的一个头上长满毒蛇的恶神，她的目光是可怕的，会使被见之人立刻变成石头。这个神话恰恰预示着研究中研究者的单一主体性：我即主体，其他皆客体。萨特曾在《存在与虚无》一书中论及"他人的目光"之可怕，因为一旦目光加身，自我便成为他人的客体，就像被见之人在美杜莎的目光中变成了石头。

[②] 任平著：《交往实践与主体际》，苏州大学出版社1999年版，第225页。

[③] 参见陈向明著《质的研究方法与社会科学研究》，教育科学出版社2000年版，第293页。

号、规范、制度文件等。由于本书主张将幼儿园课程管理看作交往过程，因而，无论是前期研究资料的分析还是后期研究资料的分析，都是从交往事件的角度展开的。

交往不仅仅是一种关系，还是一种活动，就是历时和共时存在的不同实践主体之间以变革世界和改善生存环境为目的的相互间沟通、制约、影响、渗透、改造等实践活动。① 按照交往实践观来看，幼儿园课程管理就是不同交往主体之间以课程发展为目的而开展的沟通、制约、影响、渗透、改造等活动过程。所以，对幼儿园课程管理现象的分析可以以交往主体间的关系为场景依托，具体分析一次次的交往活动事件的发生、发展及其机制。

事实材料的分析和呈现是为了表述"研究者的眼里到底看到了什么"，但是这并非意味着要直接呈现原始资料的所有细节，而是根据研究目的对原始材料进行整理并加以概括、抽象、确定分析变项并使之概念化，这是事实研究中非常重要的工作。在本书中，如何确定一次交往事件成为事实材料分析的关键。虽然前文已呈现交往事件的分析变项，但这并非说笔者在研究工作开展前就确定了分析框架，笔者主张事实研究与价值研究相结合。下述分析框架就是在事实研究与价值研究的反复互证甚至多次相互推翻的基础上才得以确定。

1. 交往目的

在每一个管理事件中，无论交往的发起者是管理者还是教师，交往事件都是有一定目的的，该目的展示了交往参与者对课程建设、课程发展及课程管理的认识。从我们对管理事件的观察记录和访谈记录看来，在一次课程管理事件中，可能存在多个交往目的，而管理者与教师在互动中对交往目的的认识与理解可能是一致的，也可能是不一致的。

2. 交往活动（外在行为与内隐要素的变化）

根据管理者与教师是否都在场的标准来看，交往活动有三种：管理者在场，教师缺席；管理者和教师都在场；管理者缺席，教师在场。其实这三种形式往往是互补出现的。也就是说，如果园长在、教师不在场的情况下发出或反馈某种交往反应，如制定某些课程管理制度或发出某些具体指

---

① 参见张传开、余在海《交往范畴和交往实践观研究之评说》，载《巢湖学院学报》2004年第2期。

令，那么这种交往活动的完成必然要延续到第二种或第三种活动中；反之，亦然。考虑到资料收集的便捷性和笔者的研究能力、时间、精力，本书的讨论主要集中在第二种类型上，即管理双方都在场。

依据课程管理中参与者的行为表现来看，交往活动可以有两种：外显活动和内隐活动。前者是笔者在观察现场所看到、听到、体会到的，包括参与者的行为、语言、表情、身体姿态等；而后者则是伴随着外显活动的参与者内部心理活动过程，这是笔者无法在观察现场搜集到的，是需要笔者事后访谈和对管理事件分析后解析得到的。正如某些研究者所言，教育中的交往活动并非简单的行为刺激与反应，更重要的是拥有心灵的个体间的有计划、有目的的行为往来。① 所以，本书对事实材料中交往活动的分析更多侧重于内隐活动的角度。而内隐活动如何开展呢？如果忽略参与者的个人因素（如经验、专业化程度、个性特征等），影响内隐活动开展的因素是参与者的认知、情绪体验。其中，认知包括对交往活动发生场景的认知、对各方参与者扮演角色的认知、对交往活动结果的推测性认知；情绪体验则是指参与者在对各参与者交往活动表现、交往活动本身认知的基础上而产生的情感倾向。根据研究资料分析，参与者在课程管理过程中的情感体验主要有三种：积极、消极、中性。①积极，是指参与者倾向于通过课程管理活动获得肯定或表现与以往不同的方面。例如，教师希望借着园长推门听课的机会表现自己，所以她就会在应对园长检查方面表现得积极而热烈。②消极，是指参与者倾向于在课程管理活动中退缩。例如，教师对园长的推门听课根本不在意。③中性，是指参与者倾向于在课程管理过程中随大流，既不过分积极，也不过分消极。课程管理过程中的交往活动效果往往就体现为参与者的认知、情绪体验的发展变化程度。

3. 交往结果与延续

根据原定交往目的的实现程度和拓展程度，交往结果主要有四种（见表 1 – 2）。

---

① 参见刘晶波著《师幼互动行为研究：我在幼儿园里看到了什么》，南京师范大学出版社 1999 年版，第 214 页。

表1-2　交往结果类型分析

	未实现	实现
有所拓展	A	B
没有拓展	C	D

其中，A代表原定课程管理目标没有实现（或未完全实现），但是参与者有新认识、新体验；B代表既实现了原定管理目标，同时又产生了新认识、新体验；C代表原定课程管理目标没有实现（或未完全实现），同时也没有产生新认识、新体验；D表示实现了原定课程管理目标，但是没有产生新认识、新体验。

由于交往目标和其实现程度的隐蔽性，所以笔者对交往结果的归结相当困难，甚至有很多交往事件的进行会持续相当长的时间，结果必然产生延续，因而笔者对交往结果的分析只能是大体上的描述而无法得出必然结论，表1-2也只是为交往结果的分析提供大致框架。

可以说，交往结果与参与者对交往目的的理解、认识及其内外隐因素有关。例如，在访谈中，当一位具有十余年工作经验的教师A被问及"如何应对园长的推门听课检查"时，她的回答是这样的："这个学期第二周的某一天，两个园长大概在小孩喝豆浆时到我班上问我什么时间上课，我说小孩喝完豆浆就上，她们说等会儿听我的课。实事求是地说，我是我们幼儿园很认真的老教师了，所以平时都是很认真地备课，你来听就听吧，我也不怕。平时怎么上，现在就怎么上。后来，她们听完课后打了招呼就走了。"教师A的反应之所以如此平淡，与她对管理者的检查目的、对管理者本人工作风格的理解、对自身专业发展状况的认识以及长期以来形成的对推门听课现象的体验等因素有着直接的关系。由于教师A所理解的园长听课主要是为了应对上级检查，她认为园长更关注经济问题，并对自己的带班活动颇为自信，特别是长期所形成的"听课结果与工作评价没有太大的相关性"的认识和消极情绪体验，所以教师A对推门听课检查的反应是无所谓。

上述交往目的、交往活动及交往结果既是笔者分析交往事件的具体框架，也是笔者判定一次交往事件成立的主要参考标准。

第二章 研究的起点

——幼儿园课程管理观及时代背景分析

第一节 幼儿园课程管理的界定

"含糊不清或者没有意义的概念有时就像一种在动脉中的惰性物质一样,起着阻碍作用,妨碍大脑营养。"① 这不仅折射了当前课程研究中的缺失和局限,还对课程管理、幼儿园课程管理方面的研究也极具启示。特别是在课程管理研究中,研究者从不同角度出发,对课程管理中的"课程""管理"和"课程管理"做了不同的解释,概念的多样化确实可以为我们多角度理解研究问题提供参考,但同时也可能导致整体研究工作的逻辑混乱。所以,本书认为在阐释幼儿园德性课程管理观之前,有必要先对幼儿园课程、管理的基本内涵及幼儿园课程管理观做出界定。

一、幼儿园课程管理的课程论起点:幼儿园课程观

(一)课程的多义化理解及其本质主义思维方式的反思

"课程"一词起源于拉丁语,意为"跑道"(race-course)。然而,在现代课程理论中,课程的含义早已超越了"跑道"这个意义,课程学者们从各自不同的哲学观、知识观、学习观出发阐释了各自理解的课程。如"课程是教学内容及进程的总称"②;"按照一般的理解,课程一词指的是学校教学内容"③;课程"作为一种学校借以实现其目标、完成其任务的主要

---

① 李定仁、徐继存:《课程论研究二十年》,人民教育出版社2004年版,第14页。
② 王策三著:《教学论稿》,人民教育出版社1985年版,第202页。
③ 陈侠著:《课程论》,人民教育出版社1989年版,第17页。

手段和媒介,其本质内涵是指在学校教育环境中,旨在使学生获得的促进其全面发展的可迁移的教育性经验的计划"[①];等等。

对课程的多义化理解反映了提出者不同的问题视角,但总体看来,多义的课程观的阐释主要围绕五个维度:学习科目维度、学习经验维度、学习活动维度、教学计划维度、学习目标维度。于是,"课程"这一本来具有简单起源和明确内涵的教育术语被课程学者赋予了多义化的理解,课程论逐渐成为教育领域中最复杂的研究领域之一。正如思考特(R. D. V. Scotter)所言:"课程是一个用得最普遍但却定义得最差的教育术语。"[②] 关于课程本质的五种基本思考维度,尽管都有不同的产生背景、理论基础,也都有各自独特的看问题的角度和关注重点,都或多或少地涉及课程的某些本质,但是至此,可以发现,对课程的认识我们仍然处于"盲人摸象"的境遇,研究者对课程的认识缺乏一个共同的研究基础,这与课程研究的本质主义思维方式有着密切的关系,本质主义思维方式像一只"看不见的手"一样"支配了人们对课程的研究"[③]。

"本质主义"即是以"本质范畴""本质信念"与"本质追求"为基本特征的一种知识观和认识论路线。其源头可以追溯到古希腊时期的理性主义者柏拉图,17 世纪后,在西方逐渐成形,其影响一直持续到当代。本质主义知识观和认识论路线都认为事物的性质不是处于同一个平面或同样的位置,其中有一些性质对于事物来说是本质的方面,而另外一些则是非本质的。[④] 本质主义的知识观和认识论体现在思维方式上,就是认定任何事物都具有与复杂多变的现象相对的唯一实质的本质,这种本质是自在的、静态的、预成的、合乎规律的、必然的,科学研究的任务就是透过现象把握本质、形成真理,以便指导人们的实践活动。

本质主义的思维方式在课程论研究中可表现出以下问题:一是以局部代替整体。前述关于课程的学习科目维度和教学计划维度就是从外在于儿童的知识实体的角度来探究课程的,这两个维度是从单一视角研究课程本

---

① 郝德永著:《课程研制方法论》,教育科学出版社 2000 年版,第 67 页。
② Scotter R D V. et al. Foundations of Education: Social Perspective. Ma Cmillan, 1979, P. 272.
③ 参见郭祥超、蒋冬双《课程本质研究中本质主义思维方式的反思与超越》,载《西安电子科技大学学报(社会科学版)》2005 年第 6 期。
④ 参见石中英《本质主义、反本质主义与中国教育学研究》,载《教育研究》2004 年第 1 期。

质的代表，而后的学习经验维度和学习活动维度虽然能从手段—目标等统一的多视角出发探究课程，但是由于作为结果的经验和作为过程的活动都与课程本身不是同一层次的概念，因而也无法全面把握课程。二是以静态预成性代替动态生成性，从静态的前提条件出发探讨动态生成的课程。如学习科目维度、教学计划维度、学习目标维度的课程观点，都把课程看作既定的、封闭的、自在的存在物，否认课程的历史性、动态性和开放性，展示了其本质主义的思维方式。三是片面地从规律、必然性的角度去探究课程的本质，忽视课程本质的合目的性、应然性。受哲学研究中追求客观规律的研究旨趣的影响，现有的课程研究多以寻找课程必然性为目的，这样反而抹杀了人的主体性、价值、目的、理想等德性品质在课程研究中的合理作用。[①]

毫无疑问，本质主义思维方式赋予西方文化肯定性、普适性、统一性、中心性、霸权性等特点。对此，后现代主义者则予以深刻、猛烈的抨击。反本质主义成为后现代主义的重要特征之一。德里达（J. Derrid）认为，绝对的支点、基础、中心和本源都是不存在的、无从寻觅的。在他看来，西方传统哲学思想没有摆脱形而上学二元论的影响，都是逻各斯中心主义的。他认为，没有必要考虑这些"中心""基础""真理"，"世界上并不存在那么一种东西，说它本质上就是一种真理"[②]。后现代主义者立志摧毁作为文化支点的基础与中心以帮助人们磨灭那些自明之理，使人们从本质主义所营造的极权主义文化氛围的束缚中解脱出来，将人们认为是确定的、绝对的东西——消解，以便消除本质主义的思维方式。

然而，我们必须认识到，否认本质存在而主张差异性、多元性、不确定性的反本质主义的思维方式在给课程研究带来清新空气的同时也对课程本质研究进行了颠覆和破坏，因而在探讨课程时要理性地对待本质主义和反本质主义，笔者在反思的基础上形成适合本书言说的整合课程观。

第一，可以尝试用生成性思维探讨课程和课程建设问题。课程本身并非永恒不变的，课程的本质会随着课程实践的变化而变化，在不同时代能

---

① 参见郭祥超、蒋冬双《课程本质研究中本质主义思维方式的反思与超越》，载《西安电子科技大学学报（社会科学版）》2005年第6期。
② 王治河著：《扑朔迷离的游戏：后现代哲学思潮研究》，社会科学文献出版社1998年版，第55页。

够解释并解决时代问题和社会实际问题的课程观都应是合理的,因而课程具有历史性和生态性。换句话说,课程是向未来敞开的,是一个进行中的存在物。用生成性思维探讨课程必然也会承认课程建设本质的多视角或多维性,只要能够体现时代精神,学科课程、领域课程、活动课程甚至显性课程、隐性课程、悬置课程都可以成为分析课程本质的视角。

第二,可以尝试从"应然"与"实然"相协同的角度把握课程。谢弗勒在其《教育的语言》一书中提出了三种形式的定义:"规定性定义(the stipulative)、描述性定义(the descriptive)和纲领性定义(the programmatic)。"① 其中,规定性定义表达的是"应然性"的标准,具有主观性的特点。描述性定义表达的是"实然性"的标准,具有情境性的特点。单纯的规定性定义与描述性定义都不可能是恰当的,只有建立一个同时包容"应然性"和"实然性"的纲领性定义,才能解决"规律、必然"与"主观、应然"的冲突,克服本质主义思维方式的不足。因而在回答"课程是什么"及课程建设、课程管理等相关问题时,既要回答"实然"状态——是什么,也要回答我们对"应然"的认识——课程和课程管理应该是什么。

(二) 幼儿园课程观

同对课程本质的认识一样,幼儿园课程的基本界定也是多种多样的。美国学前教育专家伯纳德·斯波戴克(Bernard Spodek)认为幼儿园课程是"教师为在园儿童提供的有组织的经验形式,包括提供正规的教育经验——各种作业和向儿童提供各种非正规的教育机会。这些非正规的机会包括儿童的游戏活动和照料自己的日常生活所必需的各种活动"。日本的坂元彦太郎认为幼儿园课程"是为了有效地实现幼儿园的教育目标,根据幼儿身心发展的特点和各国、各地区的实际情况而组织安排的幼儿园的教育内容(适合于幼儿的经验、活动)的总体"。英国《基础教育课程指南(3~5岁)》中对课程的定义是:"指幼儿在机构中所做、所见、所听或所感觉到的任何事情,包括经过计划的和未经计划的内容。"②

我国幼教界对幼儿园课程的界定也呈现了多样化的趋势,但大致体现

---

① 转引自瞿葆奎编著《教育学文集·课程与教材(上)》,人民教育出版社1988年版,第34页。

② 转引自虞永平等著《幼儿园课程评价》,江苏教育出版社2005年版,第16页。

为活动说和经验说两种观点。如：

> 幼稚园课程者，由广义的说之，乃幼稚生在幼稚园一切之活动也。①（张宗麟）
>
> 课程是什么？课程是经验，是人类的经验用最经济的手段，按有组织的调制，用各种方法引起孩子的反应和活动。幼儿园的课程是什么？就是给三足岁到六足岁的孩子所能够做而不喜欢做的经验的预备。②（张雪门）

本书认为，幼儿园课程是课程的从属概念，因而对幼儿园课程的探讨不应背离我们探讨课程本质时的基本精神和思路，即要用生成性思维从"应然"与"实然"相协同的角度把握幼儿园课程。

第一，幼儿园课程应包括广义和狭义两个层次。③ 从狭义的角度来看，幼儿园课程是指在幼儿园环境中开展的促进幼儿发展的活动的总和。此时，幼儿园课程的定位在于活动，活动课程适合幼儿直接学习的特征，而且由于活动具有双重转换性，外在的学习材料和活动方式可以通过幼儿的活动"内化"为主观经验，幼儿的主观经验也可以"外化"为态度、动作方式、技能等在活动中表现出来，并在活动中进一步得到完善、重组或改造。因此，课程工作者可以通过活动了解儿童的兴趣、需要、已有经验和发展水平，也可以通过创设活动情境、提供活动材料、引发活动"主题"、指导活动方式等策略"控制"儿童的活动，进而影响他们的学习。④ 正是由于活动观具有便于操作的特点，很多幼儿园园本课程的文本开发者乐于使用该观点，因而活动观对于幼儿园课程文本的开发、编制具有重要的意义。

从广义的角度来看，幼儿园课程是幼儿在园获得的教育性经验系统（及其过程）。此时，幼儿园课程的定位在于经验，当我们把经验既理解为结果（体验结果），又理解为过程（经历）时，幼儿园课程就成为一种动

---

① 转引自张泸编《张宗麟幼儿教育文集》，湖南教育出版社1985年版，第31页。
② 张雪门著：《幼儿园的课程》，参见戴自庵主编《张雪门幼儿教育文集》（上卷），北京少年儿童出版社1994年版，第25页。
③ 参见刘志军著《走向理解的课程评价》，中国社会科学出版社2004年版，第5页。
④ 参见冯晓霞主编《幼儿园课程》，北京师范大学出版社2001年版，第16页。

态的教育进程。因而，广义的幼儿园课程既包含静态的课程文本的开发、设计，也包含动态的实施过程；既包括正规的集体教育活动（课），也包含非正规的教育活动（游戏、一日生活活动等）；既有历时态课程要素如"教育宗旨与目标""教育内容""活动形式""效果"和"评价"，也包括共时态课程要素如课程开发者、学习者和课程内容等。[①] 因而，经验观的课程内涵便于相关利益主体在进行幼儿园课程管理时全面地把握。

第二，幼儿园课程应是一个同时包容"应然性"和"实然性"的纲领性观点。幼儿园课程要体现幼儿园中实际运行的课程的特征，幼儿园课程之所以不同于中小学课程，其根本原因在于幼儿园课程要解决的矛盾、所面对的对象、所解决的问题、所承担的任务不同于中小学课程。其中，决定性因素则是要解决的矛盾——幼儿的身心发展状况与社会现实、社会对幼儿的期待之间的矛盾。社会对21世纪的人才具有哪些要求呢？他们应该是积极乐观而又善于沟通与合作、融会贯通，使创新与实践相结合，从事热爱的工作的三商兼高（IQ + EQ + SQ）的跨领域综合性人才，而3～6岁幼儿的身心发展特点决定了幼儿只能进行直接的、体验的、操作的、参与的、游戏化的学习。面对两者之间的矛盾，现实中的幼儿园课程就要一方面适应幼儿身心特点、学习特点；另一方面又要提供适宜的刺激，促进幼儿适当的发展，为其以后的发展及适应社会奠定基础，这就决定了幼儿园课程是直接经验性的、游戏化的、启蒙性的、生活化的、基础性的。

当我们认识并探讨幼儿园课程时，只有在复杂多变的课程现象中寻找到相对自在的、合乎规律的特征，透过现象把握课程的实然性规律，才能为幼儿园课程建设和课程管理工作提供具有意义的建议。在对幼儿园课程本质的探讨中，既存在非义务性、基础性、适宜发展性、直接经验性、游戏化、启蒙性、生活化等客观的不以人的主观意志而转移的规律，还应有不完全依赖于课程的客观必然性的人的主观需要和追求，幼儿园课程的客观必然性特征与反映在课程中的人的主观需要、追求都有很大的发展空间和弹性余地，我们不能违反最基本的客观特征去空想幼儿园课程是什么，但在客观必然与主观追求之间的空间内，幼儿园课程究竟是什么在很大程度上是由人的主观意志和价值追求决定的。因而幼儿园课程不仅由于它客

[①] 参见李臣著《活动课程研究》，教育科学出版社1998年版，第51～52页。

观上是什么而是什么,也由于人的价值追求——它应该是什么而是什么。①"应然"状态的幼儿园课程是为了幼儿德性的成长、智慧的成长的课程。德性是人的实现幸福与善的内在必要条件,"教育不在于获得有用的知识或技能,而在于发展求知的能力;不在于学习,而在于达成理解;不在于获得信息,而在于完成智慧"。怀特海(Alfred North Whitehead)认为,教育的"全部目的就是使人具有活跃的智慧"。因而德性、智慧应当是人生的追求,而对于3~6岁的幼儿发展来说,德性与智慧的培养更具有特殊的需求。德性、智慧的成长应是幼儿园课程的本质诉求。

总之,为了本书的言说,我们从生成性思维的角度出发,认同幼儿园课程广义和狭义的本质观,认为幼儿园课程是幼儿在园获得的以德性、智慧的成长为根本价值取向的系统性经验的过程。但是我们必须认识到,对幼儿园课程的理解和认识本身就是课程本质合理性建构和历史性解构的交替历史过程。课程是未完成性的在时间长河中不断流淌着的一道风景,可以说,幼儿园课程研究"'在路上','在途中',而这条路是通向课程本体旁边的一条永远也走不完的路,但并不因为探究课程本质的路太漫长而不去上路"。正是因为对幼儿园课程本质的不懈追问,我们才能不断探寻课程存在的意义,从而追寻课程的本真存在,同时赋予课程实践以理性的前提和保障。②

二、幼儿园课程管理的管理论起点:管理观

在汉语中,"管"有"管辖""负责""照管""约束"之意,"理"有"整理""处理""协调""办理"之意。《现代汉语辞典》中对"管理"的解释通常有三个:①负责某项工作,使之顺利进行;②保管和料理;③照管并约束(人或动物)。③英文中"管理"一词为management,它的词根来自意大利语maneggiare,这个词在16世纪的意思是驯马,到了18

---

① 参见郭祥超、蒋冬双《课程本质研究中本质主义思维方式的反思与超越》,载《西安电子科技大学学报(社会科学版)》2005年第6期。
② 参见郭祥超、蒋冬双《课程本质研究中本质主义思维方式的反思与超越》,载《西安电子科技大学学报(社会科学版)》2005年第6期。
③ 中国社会科学院语言研究所词典编辑室编:《现代汉语辞典》,商务印书馆2012年版,第481页。

世纪早期它的意思是诡计和骗术。① 根据《韦氏新国际词典》的解释,"管理"的拉丁文词是 manus,是"手"(hand)的意思,而主人的手在早期的管理历史上是重要的权力之源,因而也是指处置方式,后来又引申为控制和指使,使人服从,小心处理及执行业务以达成目标等多种含义。然而,随着社会的发展和管理实践的复杂化,人们对管理的概念也做出了不同的表述和解释。

回顾历史,管理作为一种社会现象,自人类社会出现后就已存在;但只有到了近现代,社会出现了相应社会组织结构和管理问题时,管理才作为一门科学来研究,并作为一个术语形成了与今天相接近的含义。19 世纪末 20 世纪初,工业化造就了大型公司和相应的组织,同时也形成了新的组织管理问题和相应的解决办法。自此,管理作为一门科学开始形成并先后经历了三个发展时期,即古典管理理论时期、人际关系—行为科学理论时期、管理理论丛林时期。

古典管理理论有三个著名的代表人物,他们是泰罗、法约尔(Henry Fayol)和韦伯。泰罗提出管理的目的和中心是提高劳动生产率、高度标准化的工作程序和操作方法是实现工作效率的最佳方式等观点,他的管理方法是直接对生产过程进行技术管理,侧重于研究基层管理问题;法约尔着重分析研究高层管理的效率和管理原则,提出管理活动的五项职能,即计划、组织、指挥、协调和控制;韦伯则从正式组织的角度提出理想的行政组织理论。总体说来,古典管理理论强调管理的科学化、标准化、技术化,注重正式组织的作用。

20 世纪 20 年代开始的以梅奥(G. E. Mayo)为代表的人际关系理论和行为科学理论认为人是组织中最重要的资源,组织中的任何工作都需要人去做,管理者须学会了解人的行为,理解和正确处理人际关系,激发人的积极性,才能有效地实现领导和管理。

第二次世界大战之后出现的管理理论丛林阶段的突出特点是广泛运用自然科学、社会科学及管理科学的新成就如系统论、信息论来研究管理问题,注重将数理逻辑及运筹学等运用于对管理这一社会现象的研究。因此不同领域的学者对管理的表述也不相同:社会系统理论认为,管理就是领悟到作为一个整体的组织以及与之有关的全部形势的过程;决策理论认

---

① 参见陈时见《课堂管理论》,广西师范大学出版社 2002 年版,第 3 页。

为，管理就是决策；权变理论认为，管理就是依据环境自变数和管理思想及管理技术因变数之间的函数关系来确定的一种有效方式的过程。① 20世纪80年代以后，管理研究出现了新进展，研究者发现不同国家、地区、组织运用相同的管理制度及管理技术会产生不同的结果，其背后的原因是"文化的限制"，于是，提出管理是一种文化现象的观点。管理文化研究强调组织文化在管理中的作用，即强调软管理的作用，认为组织成员共同认可的思想作风与行为准则是组织生存、发展的基础和动力。

尽管不同学者和学派对管理的解释各不相同，但从整体研究和发展趋势来看，管理不再仅指实现目标的结果描述，而是包括运用各种策略的过程；管理不仅要遵循一定的规则，而且在管理过程中管理者和被管理者要弹性化地把握规则才能达到良好的管理效果；管理的对象包括物和人等因素；管理目标不仅是指将时间、空间及相关活动做出相应的组织、协调，还包括对组织目标的达成和个人心理的满足。② 由此可见，"管理"一词早已超出了控制的含义，管理研究已从注重调控演变为注重成长（包括组织和人员的成长）。

三、幼儿园课程管理的基本问题

（一）幼儿园课程管理基本特征

1. 与学前行政课程管理相比而言，幼儿园课程管理具有以园为本的特征

根据课程管理主体的差异，我们可以将幼儿园课程管理大致分为学前行政课程管理和学前机构课程管理（即幼儿园课程管理），前者是学前教育行政部门人员开展的课程管理活动，后者是指幼儿园层面的课程管理。鉴于学前教育的非义务性，我国学前教育的行政部门通常是在了解大多数幼儿园课程基本状况的基础上，进行一些规范性的管理和业务的指导，即检查幼儿园的教育及课程活动对有关的法律和法规的贯彻、执行情况，以确保幼儿园教育的科学性、有效性。所以，学前行政课程管理的对象、目

---

① 参见《现代管理科学词库》编委会《现代管理科学词库》，上海交通大学出版社1986年版，第31～33页。
② 参见陈时见著《课堂管理论》，广西师范大学出版社2002年版，第5～6页。

标和依据都相对比较宽泛。

相比而言，幼儿园课程管理的园本性是其与学前行政课程管理有所区别的重要标志。幼儿园课程管理以本园课程的发展为基本目标，因而其所关注的对象应是如下问题：本园的教育、课程应该秉持什么样的教育哲学观？怎样组织幼儿园的教育活动才能体现该教育哲学观？如何引导教师对幼儿园课程建设的参与？如何评价幼儿园的课程发展？等等。幼儿园课程管理者进行课程决策、运用相应课程管理措施时的依据也是本园的课程发展情态，如本园幼儿和教师的发展特征、幼儿园以往的课程发展传统和特点、本园可以利用的社区资源等等。

2. 与中小学学校课程管理比较，幼儿园课程管理具有更多的自主性诉求

（1）幼儿园课程管理中管理主体的特征。有关资料证实，当前国内外从事幼儿园教育工作的大多为女性。师范学校的女生人数远远大于男生人数，且近几年也呈明显的递增趋势，2000年师范学校的女生人数占男女生总人数的67.43%，2001年为70.09%，2002年为71.06%。[1] 这表明在幼儿园及小学教育的后备教师中，女性占大多数，因为中等师范学校毕业生主要面向幼儿园及小学教育岗位就业。而现实也表明，参与幼儿园教育活动的家长中大多数也是作为女性的妈妈。也就是说，幼儿园课程管理过程中的管理主体在性别上是以女性为主。心理学的相关研究证实，女性与男性在人格特质、行为方式等各个方面均有区别，无论是作为管理主体还是管理对象，以女性为主体的幼儿园组织必然会形成与其他以男性为主体的社会群体不同的管理要求和风格。米勒（J. Miller）曾提出，女性的活动主要围绕"服务他人"的原则来组织。谢克谢夫特（C. Shakeshaft）则认为，男性和女性在达到心理满足的条件是有区别的，男性倾向于强调个体间的关系、个人的成就、控制事件和人员的权力、独立性、权威和固定的程序，女性则倾向于成功的关系、归属、作为达成共同目标的手段的权力、联结关系、可靠性及个人的创造性，因而对于大多数女性而言，成就

---

[1] 参见李秋玲、黄育云《对我国初等教育教师女性化现象的思考》，载《石油教育》2004年第6期。

往往与人们之间的联系密切相关。① "女性更乐于鼓励、参与、共享权利与信息,并努力提高下属的自我价值,与男性更乐于使用指导、命令加控制型的风格不同,女性通过包容进行管理,并以自己的领袖魅力、专业知识和人际交往能力来影响他人;女性倾向于运用变革型的领导方式,通过把员工的自身利益转化为组织的目标来激励他人。"② 肯多拉(R. Kandola)通过研究也证实,女性管理者更注重相对柔性的管理风格,更注重解决员工的实际问题。③ 鉴于幼儿园管理主体的性别风格特征,幼儿园课程管理不可能仅通过制度、规范等刚性管理就能取得相应效能,而应更多地体现对人——教师的自主性、发展的关注。

(2) 幼儿园课程管事中管理客体的特征。与中小学课程相比,幼儿园课程具有突出的生活化和非义务性特征。幼儿园课程的生活化体现为幼儿园课程目标与内容的来源非常宽泛、课程实施途径多样化。除了认识周围世界、启迪其心智的认知学习内容之外,一些基本的生活态度和能力,如文明卫生习惯、生活自理能力、自立意识、与人相处时应有的态度和能力等,都是幼儿需要学习的。而这样广泛的课程目标的达成与学习内容的完成不可能仅靠教师专门设计和组织的教学活动完成,也不可能通过"口耳相传"的教学方式进行。幼儿只能在生活中学生活、在交往中学交往、在做人中学做人。即使是认知学习,脱离其生活环境和已有生活经验也是难以为幼儿所完成的。与中小学课程相比,幼儿园课程还具有另外一个非常特别的特征——非义务性。也就是说,它不是适龄儿童必须学习和完成的"任务",不具有强制性和普遍性。非义务性决定了幼儿园课程不存在也不能存在全国或全地区统一的课程标准,幼儿园课程方案的设计、运作存在很大的自由度。因此,幼儿园课程浓厚的生活化特征与非义务性使得课程管理者无法以统一、固定的模式来管理课程实践活动,课程发展与课程目标的达成在很大程度上取决于幼儿园教师,而理论与实践都证明仅仅依靠指令、规则等的行政权威不足以激发教师的工作积极性来完成如此艰巨的任务(在没有中小学教师所拥有的统一性较强的课程文本、运作标准的情

---

① 转引自[美]托马斯·J. 萨乔万尼著《道德领导:抵及学校改善的核心》,冯大鸣译,上海教育出版社2002年版,第157页。
② 石春玲:《浅议女性特质》,载《甘肃农业》2006年第9期。
③ 转引自梁巧转《国外管理中的性别研究理论评述》,载《妇女研究》2001年第5期。

况下选择适合幼儿的生活化课程），激发教师的课程发展愿景、形成并发展其课程价值体系、课程选择实施机制、赋权与赋责并用也许是更有效的做法。

上述幼儿园课程管理的主客体特征共同决定了幼儿园课程管理对自主性的追求。

3. 与幼儿园行政、人事等管理比较，幼儿园课程管理具有更多的价值内涵诉求

幼儿园课程管理就其实质而言是以幼儿园课程建设活动为中介的人与人的交往活动，课程管理是发生在人与人之间的关系的实践活动，课程管理的价值诉求贯穿于整个过程。

朱家雄教授认为，课程（包括课程建设）的价值取向决定课程管理的样式，幼儿园课程最为核心的方面是它所依据的教育哲学以及它所反映的教育目的，这是幼儿园课程的价值取向所在，幼儿园课程的其他成分包括课程管理都是在此基础上产生和发展的。在新课改的时代背景下，课程的价值取向从强调教师传授学业知识和技能转化为强调儿童的发展和一般能力的获得，课程的管理也就必然从注重课程的标准化和统一性转化为注重幼儿园课程开发和发展的多元化和自主性。[①] 因而在课程管理过程中，园长如何引领教师开展自主而富有意义的课程建设活动就成为价值思考的着力点，也是课程管理与其他管理形式不同的区分点。"从幼儿教育应该面向未来、面向世界、面向现代化的角度思考幼儿园课程改革，课程管理走向多元、走向开放、走向自主，这也许是一种必然。课程管理转化的方式可以是多种的，但是有一点可以断言，转化应该是一种渐变的过程，对于绝大多数幼儿园而言，一步到位的转化不会是一种好的方式。"[②] 幼儿园课程管理转型的根本出路是提高师资水平，以及园长和教师学会在课程建设中进行教育价值的审议、判断和选择。若无视课程管理的这一特性，就会使我们的实践活动背离课程发展的宗旨，导致教育和人的发展的异化。

（二）幼儿园课程管理的基本类型

从思想源泉上来看，幼儿园课程管理主要有两大理论基础，一个是课

---

① 参见朱家雄《幼儿园课程管理转型过程中存在问题辨析》，载《幼儿教育》2002年第11期。

② 朱家雄：《幼儿园课程管理转型过程中存在问题辨析》，载《幼儿教育》2002年第11期。

程理论，另一个是管理理论。无论是在侧重于课程的研究中还是在侧重于课程管理的研究中，其核心词课程与管理的内涵都呈现出不断扩张、日益丰富、弹性化的趋势。正是由于对课程、管理的理解的改变，课程管理的内涵也在不断变更，形成了不同的模式。（见图2-1）

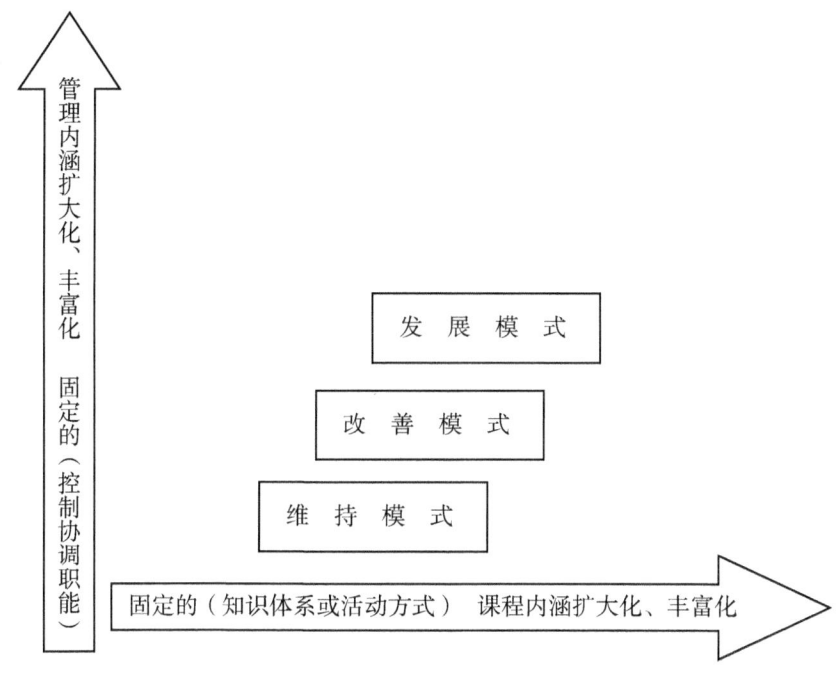

图2-1 课程管理模式

课程管理就是相关人员为实现课程的价值、意义而进行的管理活动。而对课程价值、意义及管理理解的差异，就造成了在幼儿园教育实际中不同类型和风格的课程管理模式，而不同的课程管理模式除了在对课程、管理的理解有差异外，在管理目标、管理权威基础、管理手段、管理者的角色、对被管理者的认识等方面也迥然不同。

在课程理论中，对课程和幼儿园课程的理解一直存在几种不同的认识和观点。例如，幼儿园课程是静态的知识体系或活动设计方案，幼儿园课程是幼儿在园获得的教育性经验系统（及其过程）。形成人们对课程理解迥异的是知识再概念化（reconceptulization）的理念或现象。在相当长的一段历史时期，人们总是将知识定义为已经为人类反复实践证明是客观的、确切的、稳定的知识结果，重视理性知识而忽略或不承认非理性知识、重视普遍知识而忽略特殊性知识、重视学术性知识而忽略生活知识，在这种知识观念的指导下，课程成为社会文化的工具，课程内容就是经过精选和加工后的"知识"或"知识体系"，课程实施就是使儿童掌握、占有该"知识"或"知识体系"的过程，而课程管理就是保证国家开发课程得到有效实现的过程。

随着20世纪以来诸多人文学科研究的深入，新的知识理念逐渐确立起来：知识是理性与非理性的统一，教育既要注重由现代理性所检验与认可的具有逻辑性的知识形态，如公认的原理、结论等，又要注重人类的价值、情感、意志等因素对知识的作用，不能否认直觉、想象等非理性过程对知识生产的贡献；知识是学术与生活的统一，学校教育的知识不能局限为书本化的学科知识，要考虑到它与社会生活的互动和结合，不仅要看到分类中的科学，更要看到生活中的科学，而注重知识的整合化、生活化就是现代课程的一个重要发展趋势；知识是境域化、个人化的，即知识产生于特定的地点、背景，因而知识带有深刻的境域文化的烙印，由于每个人对同一知识的理解不同，因而知识是作为整体的个人在特定地点、背景下与环境相互作用、进行建构的结果，因而学校教育活动的开展要注重营造特定的环境。[①] 正是由于我们对知识认识的深化，课程的"体验性""建构性""生活化"等特征在课程理论中越来越被突显，课程和幼儿园课程是"儿童的经验""儿童获得成长的过程"等观点日益为教师所认同。为实现上述课程的意义，课程管理就无法沿用传统控制的思路，幼儿园课程管理不再追求效率、精简，在强调课程的"体验性""建构性""生活化"背景下，只能采用问题解决的方式。

由于对课程、幼儿园课程认识的差异，我们可以将幼儿园的课程管理大致分为三种模式（见表2－1），即维持、协调模式，改善、促进模式，发展模式。维持、协调模式强调课程管理就是通过规范化的管理活动来保证来自权威的统一性的课程得到最大程度的落实，因而提高管理效率成为该模式特别强调的职能。在维持、协调模式中，幼儿园课程管理者往往运用行政权威、心理权威进行交易式的管理，即借助于规章制度等与被管理

---

① 参见于泽元《校本课程发展与转型的课程领导》，见黄显华等著《课程领导与校本课程发展》，教育科学出版社2005年版，第42～60页。

者建立一种利益交换或"以物易物"的关系,通过资源和利益的控制达到控制被管理者——教师的行为,确保预定课程管理目标得以实现。交易式管理最简单的做法就是给教师报酬、奖励,所获报酬、奖励的数量与其工作成绩是一致的,"多劳多得,按劳分配"。这种报酬、奖励可以是具体的物质,如工资、奖金、福利、学习机会等;也可以是情绪的、政治资源的,如园长对于在课程建设中做出突出贡献的教师更和善、热情,或给予升迁的机会、提高其政治地位等。台湾学者张润书认为,在交易式管理中,管理者的管理权威来自他能够使教师相信自己所付出的贡献和所得到的回报是合理的、公平的,而教师对管理者所交付的顺从和忠诚也是建立在交换和互惠的基础上的。如在本书的相关调查中,大部分教师认为优秀的园长应该"在制度执行方面前后一致、奖惩分明",而最不喜欢的园长品质是"认为做好、做对是应该的,不好是不应该的"。所以,交易式管理在当前幼儿园课程管理中是普遍存在的一种管理方式,而且被认为是一种非常有效的管理方式。而很多学者则提出,这种管理方式适用于尚未充分适应教育工作的新手教师和维持阶段的幼儿园管理工作中,并且在短时间内这种管理能取得较为明显的管理成效,但是由于依靠行政命令、人际交流手段而未照顾到组织的长远发展利益,所以对组织的长期发展是不利的。

表2-1 幼儿园课程管理模式

类型	对课程的理解	对管理目标的理解	权威基础	管理方式和手段	管理者的角色	适用的教师发展阶段	适用的幼儿园类型
维持、协调模式	静态的知识、预定的活动计划和方案	规范化、效率	行政权威、心理权威	交易式管理	施令者、纪律监督者	新手阶段、进阶阶段	经济型
改善、促进模式	儿童的经验	解决问题	专业权威	转化式管理	问题解决者、激励者	胜任阶段	改善型
发展模式	儿童获得发展的过程	德性、智慧的发展	德性权威	德性管理	引领者、鼓舞者	有效阶段、专家阶段	发展型

改善、促进模式强调课程管理就是通过发现、解决"建构性"课程活动中的问题来建设幼儿园课程的过程，因而其管理目标是幼儿园课程建设本身。在改善、促进模式中，课程管理者都认可幼儿园课程的"体验性""建构性""生活化"等特征，为了建设具有这些内涵的课程，他们更倾向于借助专业权威，以课程问题解决者、激励者的身份自居，为教师的专业成长提供有效的建议。本书的调查结论也证实，当前"能够为教师的专业化成长提供帮助"、在课程建设中"能够起到模范带头作用"的课程管理者是最受欢迎的。萨乔万尼认为，这种课程管理激励手段是一种"为正在得到的奖赏而做"的规则，它虽然在建立自我课程管理方面比单纯的外部物质激励方式有优势，但这种规则仍然以当事人——教师的自利（如享受教育的乐趣、幸福）为出发点，不幸的是，我们往往发现在社会生活中工作远不如娱乐活动有趣；相反，教师在开展课程变革的时代背景下的工作中体验到更多的是职业倦怠感，所以这种课程管理模式在具有激励价值优势的同时也有自身无法克服的缺陷。

在发展模式中，课程管理的目标不是幼儿园课程建设，而是课程建设活动之外的人的发展，包括幼儿的（从另外的意义上讲，幼儿的发展就是课程的终极意义）、教师的、园长的发展。在这种模式中，课程管理者更多借助于道德权威来引领教师建设、开发、理解课程。如果说，维持、协调模式中的管理者扮演的是控制者的角色，改善、促进模式中的管理者更多以课程开发者的身份出现，那么，在发展模式中，管理者主要以领导者的身份出现，起到引导、鼓舞的作用，而不是直接开发课程。在发展模式中，课程管理者通过建立能够为大家认可的课程发展愿景而进行领导，即鼓舞教师"为美好的东西而做"；通过增强教师的信心以及提升工作结果的价值来引导教师做额外的努力产生"组织公民行为"。所以，发展模式是一种"创造超越期望的表现"。

通过上述分析，我们可以发现这三种课程管理模式各有自己的适用情境，在不同的管理情境中，可以通过不同的途径实现各自所侧重的课程管理职能。维持、协调模式通过对课程管理活动本身的规范化、标准化来达到实现课程的意义、价值的目的，改善、促进模式通过及时发现并解决课程建设过程中的问题来体现课程的建构意义，发展模式则通过鼓舞课程活动中的每个人的发展来实现课程的意义。可以说，这三种课程管理模式在具体运作时侧重点各不相同，维持、协调模式侧重于课程管理活动本身，改善、促进模式侧重于课程建设过程中的出现的问题,发展模式侧重于儿童的发展。在发展模式下,我们认为儿童的德性与智慧的发展取决于教师德性与智慧的发展状况,因而本书提出发展模式是一种基于教师德性发展的、关注课程管理过程中所有人的德性发展的管理思路。

第二节　现代课程变革对幼儿园课程管理的冲击

一、课程变革研究的趋向

富兰(M. Fullan)在《变革的力量:深度变革》一书中曾列出掌握现代教育变革方向的八条经验:放弃那种认为变革的节律会减慢的想法;一致性应当是一个永恒的主体,是每一个人的责任;改变环境是焦点;不成熟的明晰是危险的;公众对政策透明的渴望是不可逆转的;通过自下而上的策略无法进行大规模的改革——但要小心陷阱的存在;调动社会关注的因素——道德目标、高质量的人际关系和高质量的知识;魅力性领导会对变革的可持续性有负面的影响。富兰认为,这八条经验并非保证我们造就美好未来的完整蓝图,因为伟大的教育变革事业是无法提前规划的,我们只是借助于这些经验来更好地认识具有复杂性特征的时代,以帮助我们在混沌的边缘生存下来。那么,供我们借鉴以便更清醒地认识课程管理问题的现代背景下的课程变革是怎样的呢?

(一) 文化—个人观

自20世纪90年代以来,对课程实施和课程领导的研究大致呈现了相似的研究转向。于泽元从课程变革的角度对此进行了分析,提出课程领导研究要从结构—功能观(structural-functional perspectives)向文化—个人观(cultural-individual perspectives)转变。[①] 而结构—功能观就是从组织结构和职位功能的角度来研究课程实施和课程管理的作用,认为管理中的人是具有理性的、能够发挥一定组织功能的成员,因而课程实施可以通过组织结构和组织功能的明确定位来达到理想的目标。持这种观点的研究者倾向于用控制、经济理性和权变的观点来研究课程问题。在过去的教育改革

---

① 参见于泽元著《课程变革与学校课程领导》,重庆大学出版社2006年,第160页。

中，人们对于变革的目的很少产生分歧，达到变革目的的途径和实践方式也较为清晰、明确，所以控制、经济理性的思路在当时是较为有效的。然而，当我们进入20世纪90时代以来，受市场化、全球化、知识经济的影响，教育变革变得复杂而不确定：变革的目的不清晰、变革的策略不统一、变革的结果无法准确预测，因而有学者提出，用混沌和复杂性来描述当前的课程变革可能更为恰当，而控制、经济理性的课程变革思路是无法适应具有混沌和复杂性等特征的课程变革需求的。要使课程变革真正有效地发生，教育机构——学校就不能仅仅着眼于课程、教学的理论和实践，还要有组织重构和文化重构的配合。在组织和文化建设中，富兰认为文化重构比组织重构更深刻，文化的改变能使课程变革得以持续和提升。文化重构是指从一种控制型、层级性的文化转向民主的、合作的文化，由固守传统技能的文化转向一种开放的、直指教育目的的文化。这种文化重构将学校导向学习型组织的方向，在学习型组织中，教师对课程变革和专业学习的投入将成为课程变革和改进成功的关键因素。因而，与结构—功能观相比，文化—个人观特别强调课程变革过程中的两个因素，即以人际关系为主的组织文化和具有自己的期望、情绪、意义等心理特征的个人——教师。这种研究趋向不强调课程管理者"控制教师按照既定目的完成教育任务"的作用，而更注重学校课程管理者的引领作用——激励教师积极参与学校课程建设。对于具有复杂性、调适性的课程建设问题，管理者的主要作用不是去实施清晰的管理制度以产生表面的有序化效果，而是帮助教师去发现、理解复杂的问题。因而课程管理者的作用不是为了工作程序化，而是为了激发创新；不是为了帮助教师解决问题，而是引导教师发现、提出问题。在这样一种课程管理思路中，教师的发展就成为学校课程管理者进行课程管理的出发点。

（二）转型的课程领导

近十几年来，在教育管理领域中，人们常常讨论的一个"时髦"词汇就是"转型的领导"（transformative leadership/transformational leadership），甚至有学者认为，"转型的领导"是课程管理与课程领导的发展趋向。[1] 尽

---

[1] 参见于泽元著《课程变革与学校课程领导》，重庆大学出版社2006年版，第139～165页。

管如此，学术界对于"什么是转型的领导"的表述却是不同的。詹姆斯·麦格雷戈·伯恩斯（James Mac Gregor Burns）在其著作《领导学》一书中首次提出转型领导的概念，并将其建立在对交易式管理的批判基础之上：交易式管理是被动交易，重在满足员工较低层次的需要，而转化式领导是主动转化，注重帮助员工把需要提升到较高或最高的层次上。在这之后，"转型的领导"一词经过巴斯（B. M. Bass）、库兹（J. M. Kouzes）和鲍斯纳（B. Z. Posner）等人的推广，成为当前最具热度的管理词汇之一。

巴斯通过多因素问卷对转型的领导做了大量研究，总结出转型领导者的四大特征：有魅力、激发鼓舞、个别关怀、智力引导。也就是说，转型的领导者要能够把部属紧紧吸引在自己或组织周围，要善于激发部属的斗志、提升其工作信念，对于部属的特殊情况和需要予以关怀和体谅，善于把部属的思考引向深处。库兹和鲍斯纳利用其编制的领导行为量表总结了转型领导者的五大行为特征：提出一个挑战的过程、鼓励分享愿景、使别人行动起来、使方法与途径模式化、使人在内心中充满斗志。格拉索恩则用表格清晰地比较了传统管理与转型领导的差异，以此突显转型领导的优势。（见表2-2）

表2-2 转型领导与传统管理的对比[1]

组成/类型	传统管理	转型领导
关注点	通过完成任务来改善效果	通过改变文化的形态来达到优秀
领导结构	校长是领导	团体领导
组织结构	层级的、集权的	学习社会、非集权化
影响力的来源	角色为本的	共识
决策制订	单边的	参与性的
改进程序	关注特定的目标	关注人们的持续改变
理想的人事	技术的能力	道德作用
刺激	重要，利用价值回馈	不重要，改变人们的状况
评估的重要性	定期检查很重要	建立质量，减少检查

---

[1] Glatthorn A A. Curriculum Leadership. Scott Foresman, 1987, p. 164.

在课程领域，韩德森（J. G. Henderson）和郝桑（R. D. Hawthorne）根据民主、解放的思想建构以解放为中心的转型的课程领导概念，认为课程领导者应该清楚自己是怎么知道自己知道的东西的、明白课程最根本的目的以及课程发展的愿景，并进而提出了转型的课程领导者应扮演的五大角色。①要做教育理想家。拥有对教育变革、课程变革大格局的强烈感受，形成自己的教育理想，并在自己的管理工作中为实现这种教育理想而努力。②要做系统变革者。运用专业热忱、热情去系统地感染同事参与教育变革、课程建设，并努力协调好学校与其他变革系统的关系。③要做协同的合作者。相信建立共同合作的专业文化的重要性，并以讨论、争论、探索、聆听等方式分享不同的观点，建立相互尊重、关怀的工作环境。④要做公开的变革支持者。愿意支持教育变革、课程变革，愿意承担因为课程变革可能带来的问题的责任，并在变革中坚持自己的教育理想和愿景。⑤要做建构认知者。认识到不断学习的重要性，会和其他同事一起交流，共同建构知识，共同获得发展。

综合上述有关学者的研究，我们可以发现，转型的领导和转型的课程领导并非是内涵、外延特别清晰的概念，而应该是一类课程管理的思路，这种思路特别强调在管理课程时要贯彻民主、建构、发展等理念。这些理念可具体体现为三个方面。

（1）强调具有道德性、激励性的愿景的作用。无论是巴斯的特征研究，还是库兹和鲍斯纳等人的行为实践维度的研究，都强调作为理想画面的愿景的作用。愿景可以通过理性分析建构，也可以体现教师的情绪等非理性期望；而且因为教育本身是具有伦理性的实践领域，因而愿景也必然要成为反映学校组织中道德价值追求的具有关怀伦理特征的标志。

（2）强调对教师内在工作动机的激发。贯穿整个转型课程领导研究、突显转型课程领导与其他管理形式不同的就是转型课程领导尤其注重对教师内在工作动机的激发。无论是巴斯的"激发鼓舞"措施，还是韩德森和郝桑等研究者强调的"挑战的过程、鼓励分享愿景、使别人行动起来、使方法与途径模式化、使人在内心中充满斗志"等观点，都是对内部动机激发的阐释。

（3）强调教师对课程建设、课程决策的参与，并能够在这个参与的过程中不断获得发展。在早期的巴斯等人的转型领导研究中，民主的概念并不十分明显、突出，直至20世纪90年代，利思伍德等人在比较转型领导与交易式管理的基础上,特别提出了结构重构、文化重构在学校教育研究中的重要性。其中,结构问题就涉及教师对课程建设、课程决策的参与,这种管理思路在之后的校本课程开发的相关研究中尤其受到关注和重视。随之,教师在课程开发中的民主参与这一理念成为课程论中毋庸置疑的观点。与交易式管理相比,转型的课程领导更关注教师在参与课程建设、决策中的专业化发展,而不仅仅是重视参与的表面形式。例如,韩德森和郝桑不仅强调课程管理中对教师个人专业化发展的关怀,更重视集体的学习——学习共同体的构建。甚至有学者认为,在知识社会的今天,成功学校的标志不是"勤勉",而是"聪敏",而"聪敏学校"的标志之一则是通过组织学习而获得高度的组织智慧。[1] 因而,转型的课程领导既要注重教师的个体专业学习,也要注重组织的文化建构;既要注重对新知识、新信息、新环境的学习,也要善于进行以往经验的总结。所以,转型的课程领导与知识管理的概念也有千丝万缕的联系。

二、幼儿园德性课程管理观的提出

文化—个人观、转型的课程领导概念在管理者与教师之间的关系、组织使命、动机激发等方面都对幼儿园课程管理内涵的扩充具有极大的启示。但是,文化—个人观虽然强调课程管理是一种人际互动的过程,然而这个互动的过程究竟应该如何进行则鲜有研究者涉及,同时大部分研究转型的课程领导的学者都将论述集中于具体实施措施之上,而缺乏对措施背后的深层理念特别是人性理念的挖掘,如教师的专业化发展在本质上到底是什么等问题,这些问题导致评论者对转型的课程领导的研究进行评价时往往认为这方面的研究缺乏共性的理论基础。所以,本书认为在课程权力下放的时代变革背景下,如何在教师人性、德性、智慧整体发展的前提下,通过尊重、激发、鼓舞等方式使教师有意义地参与课程建设、在参与中促进教师的专业化发展,最终实现课程的发展与儿童智慧、德性的整体发展,这应该是当前课程管理应该特别关注的问题。

在我国当前课程变革背景下,德性课程管理更具有现实意义。自20世纪中叶特别是80年代以来的课程改革,可以认为其基本的价值追求集中体现为"多元主义教育价值观、教育民主化与教育公平的理念、主体教育

---

[1] 参见冯大鸣著《美、英、澳教育管理前沿图景》,教育科学出版社2004年版,第82页。

观、生态伦理观、个性发展观",因而与此相承继的我国新课程理念则变通为倡导全人教育、重建新课程结构、体现课程内容的现代化、倡导建构性学习、形成正确的评价观念、促进课程的民主化与适应性。① 2001 年,教育部颁布的《幼儿园教育纲要(试行)》也基本体现了上述课程理念,随着该纲要的推行,"为了每一个儿童的发展"的理念在越来越多教师的心中扎根,对教师角色(从课程的执行者到课程的设计者、实施者、评价者,从儿童学习内容的提供者到儿童学习的支持者、帮助者,从单独学习发展到团队学习)进行调试以贯彻课改理念、提升教师的专业素养成为越来越多的幼儿园课程研究者和行政管理者关心的事情。可以说,当前的课程改革更多地表现为一种适应性变革,而非技术性变革。"每天人们在工作过程中都会遇到问题,而部分问题实际上有适当的解决方法和程序,我们把这些问题称为技术问题。但是,有一系列其他的问题是专家或者已有的标准操作程序无法解决的,也无法由上级主管提供答案来解决。我们将这些称为适应性挑战,因为这需要进行实验,需要有新发现,需要调整组织机构或者社区中的多个环节。不通过学习新的方式、方法——即改变态度、价值观念和行为,人们就无法获得适应性飞跃,无法在新环境下获得繁荣发展。"②

从管理目的来看,德性课程管理以对儿童的德性生命的成长和发展的关怀为最终目标和宗旨,以对教师的德性生命发展的关怀为核心,以对管理者——园长的德性生命发展的关怀为基础,以德性伦理学为哲学基础,强调管理中德性生命的共生、共存。德性课程管理观主张以德性发展为价值取向来调和不同利益主体之间的矛盾。例如,家长可能希望幼儿园就"教孩子一些入小学时需要的知识、能力、习惯,使孩子能很快地适应小学的学习环境就行了",幼儿园不需要费太多的精力组织各种突显自己个性的活动,这样一来,家长也就不需要"动不动就被老师叫到幼儿园参加活动、交纳各种活动费用";教师可能希望园方多购买一些流行的教材及相关资源,"多给教师提供外出观摩的机会",这样一来,在班级教育活动

---

① 参见杨启亮《一种假设:以新课程理念导引新课程管理》,载《当代教育科学》2003 年第 19 期。

② Heifetz R., Linsky M. Leadership on the Line: Staying Alive Through the Dangers of Leading. Harvard Business School Press, 2002, p. 13.

组织、实施时,教师不但思路开阔、能跟得上潮流,而且"工作负担也会比自编园本教材相对降低一些";而园长要综合考虑幼儿园的经济承担能力、市场效应、家长意见,可能或侧重于幼儿园的经济创收,或侧重于创设幼儿园的市场"特色牌""精品牌",或侧重于应对上级检查,园长会在不同的侧重点基础上采取管理措施。无论是家长的"适应学校"(实质上是应试的价值取向)的观点、教师的减负观点,还是园长的生存观、发展观,都没有将管理过程中作为主体的人的德性发展作为思考问题、解决问题的出发点。正如本书所言,德性是人之为人的关键,是人在社会生活中人性的升华,是教育机构区别于社会其他机构的关键。因而,幼儿园课程不只是育人,更要成人;幼儿园课程管理不仅是用人,更要发展人;幼儿园不仅是要生存,更是要更好地生存与发展。德性发展应该成为幼儿园课程管理的出发点,以德性生命观观照幼儿园课程,调和幼儿园课程管理中不同利益主体之间的矛盾,这是本书幼儿园课程管理德性观的基本主张之一。

由于对德性生命的关注,幼儿园课程管理的运作就不再仅是对课程事件流畅性的承诺,而更多地体现为教师教育的过程,是教师专业发展实现的过程。

三、德性课程管理观与人本主义管理观的区别

德性课程管理观与人本主义管理观,因其对人性的认识不同而不同。德性课程管理以德性人性观为理论基础,其核心管理思想就是点亮人性中德性的光辉,回归生命的价值,共创繁荣和幸福。而人本主义管理的哲学起源最初是产生于文艺复兴时期的人本主义。① 这种人性取向是一种只看到人的"生物性"因素、忽视人的"社会性"因素,只见个体、不见群体,忽略社会实践对意识的作用的人性观,因而人本主义哲学的致命弱点使得人本主义管理观存在不可克服的问题。②

众所周知,近代西方的历史进程就是人本主义取代神本主义的过程。于是,我们常说,由于近代人本主义的推进,人的地位和价值被极大地提

---

① 参见敖永胜《浅析"以人为本"的企业管理思想》,载《现代管理科学》2001年第5期。
② 参见[德]马克斯·舍勒著《人在宇宙中的地位》(中文版序),李伯杰译,贵州人民教育出版社1989年版。

高了，人的本质要用生物学、心理学、历史学来解释，而非神学。于是，人本主义成功地将基督教的价值伦理排挤到边缘，取而代之的是以人的自然欲求为主的世俗伦理。在一个只要提到"爱心"就会被反问"爱心值几个钱"的时代，现代基督教位格主义和基督教社会主义的理论代表人物——舍勒（Max Scheler）挺身而出，对近代人本主义的价值观念及其现象宣战，指出贬低人的地位和价值的思想绝非基督教思想，而是颠覆基督教价值观的近代人本主义。舍勒认为，人的真正价值和本质是其"位格"，即"一个向上超越的动姿（bewegung），即意向性的趋于某种存在、关于某种存在的行为；质而言之，这一超越的意向性就是爱——永不止息的爱，这种爱源于上帝，又奔于上帝"。于是，舍勒用宗教性的"位格"观批判了从近代到20世纪初的各种理论——理智实体［笛卡儿（Rene Descartes）、斯宾诺莎、康德］、制造工具［马克思（Karl Heinrich Marx）］、生物本能［达尔文（Charles Robert Darwin）］、强力意志［尼采（Friedrich Wilhelm Nietzsche）］、心理能量［弗洛伊德（Sigmund Freud）］，这些将人的本质及其价值视为一种自然事实的自然延伸的观点和理论，最终导致人的价值的可怕颠覆。他认为，人本主义的"爱人学说"宣称爱人，其实质乃是剔除爱的价值行为中的不可见的精神、灵魂和神圣的成分，只求人的肉身财富和肉身幸福，爱成了追求现世福利的手段。随之，衡量一切价值行为的标准，不再是较高的质和较纯净的价值充溢，而只是数量上的效用而已。于是，价值最高的东西成为价值最低的东西的效用工具，价值序列被颠倒。在批判的基础上，舍勒着手对人进行定位。人的位置在哪里？舍勒坚信，它绝不在生物冲动、心理能量、强力意志的系列上，也绝不在单纯的理智和观念的系列上。换言之，人的定位既不在自然生命之中，也不在纯粹的精神上，因为"人的本质及人可以称作他的特殊地位的东西，远远高于人们称为理智和选择能力的东西。使人之所以为人的新原则存在于所有我们可以在最广的意义上称为生命的东西之外，无论是在内在——心理还是在外部——活力的意义上"。人绝非一个物件，而是一个趋向，他能够自己超越自己，从一个时空世界的彼岸中心出发而趋向这个中心。人的位置在于没有定位和趋于定位之中——X，这个趋向于定位的X犹如一条生命力的洪流由下而上奔涌，把生命强力奉献给精神价值，使天生无力的精神价值充溢着生命。本书认为，舍勒极富批判力且具有极强基督教色彩的观点对我们理解德性问题很有帮助，但是我们更愿意从人本身而非人之外的上帝之处寻找人的超越自身的趋向品质。

客观地说，产生于文艺复兴时代的人本主义哲学确有致命的弱点，但是伴随着近现代科学技术的发展，人本主义大量吸取了现代唯物主义哲学的合理成分，特别是在现代西方管理理论的滋润下，人本主义管理的人性观越来越深化和全面，充分肯定了人性中生物性、社会性和精神性等特征。人本主义管理就是指"树立整体人本观，既重视人的价值与自由，把满足人的需求和人的全面发展作为出发点和目的，又充分发挥人的主动性和能动性，实现人的全面发展以及学校与社会的共同进步的一种分权管理范式"①。也就是说，人本主义管理观关注人性中的所有方面。在具体操作上，人本主义管理虽然主张赋权、分权、激发被管理者的主动性等，但是这些具体措施背后往往暗含着管理者更高明的潜台词，无论是行为还是动机，教师都要与管理者的要求一致才能提升人格魅力与道德水平，才能获得专业更高水平的发展。所以，尽管被激发了动机，但管理者与教师在管理实践中仍然是"二元对立"的关系。

而德性课程管理观是从特定的讨论范围——发展型幼儿园的课程建设问题出发，以对儿童、教师、管理者的德性生命成长和发展的关怀为最终目标和宗旨，强调课程建设过程中的教育价值审议、判断和选择，否认管理对人的控制和约束，而是对人完整、自主、可持续发展的德性生命的创造与提升。这种德性生命是在管理者与被管理者之间交往的过程中生成和表现的，是对人与人之间相互创造与提升的认可，通过管理者与被管理者之间的德性交往，使管理者与被管理者都成为一个"可持续发展的自我"。

应该说，对科层制管理的批判和否认是人本主义管理观、德性课程管理观的共通之处。但是，德性课程管理更强调人性中的卓越成分，因而更符合幼儿园课程管理的"以园为本""自主性""价值诉求"等特征。

---

① 袁小平著：《从对峙到融通：教师管理范式的现代转向》，湖南师范大学出版社2004年版，第2页。

第三节　课程发展与教师专业发展同构

一、早期教师专业发展研究的特点

"自近代捷克大教育家夸美纽斯（J. A. Comenius）提出'将一切有用的实际知识教给一切人'的泛智理论和班级授课制诞生以来，教师即教学任务执行者的单一角色定位逐渐根深蒂固。如果说这期间对这种角色有不断的注解的话，也只是在不同程度地强调这种执行和操作的技艺应当如何的炉火纯青。教师与'教书匠'之间角色的等号成立延续了几个世纪。正是这种对教师职业的创造性、研究性和学术性的误解性忽视，致使教师的职业地位连同对教师的研究长期以来被边缘化：教育作为一项事业，学校作为这项事业开展的场所，它们都不约而同地只是关注教育的对象、教育的质量，教师发展的历程成为'被遗忘的角落'。"[①]

20世纪开始，欧美主要的发达国家掀起了一场关于"教师的教学是否是一门专业"的讨论，于是，教师专业化的问题从研究领域的边缘逐渐走向主流。但是，早期关于教师专业化的探讨主要集中于专业角色问题上。教师的专业角色是社会对作为一种职业的教师的期待和规范，在教师的专业角色中包含一定的对社会关系的认识、权责认识，而成为教师就是把自己置于相应的社会关系中，找到、认识社会对教师的期望，并按照该期望去采取行为。所以，以角色和专业角色来审视教师就是用特定的社会期望、社会规范去界定作为"教师"的标准。在我国教育史上，教师的"传道、授业、解惑""先人后己""忘我""蜡烛精神"特征是如此为人们所熟悉，以至在文化上对教师的角色了解被视为理所当然。从西方学校教育的演进过程来看，20世纪初，对教师的规定是符合学校要求、个性诚实、友善、礼貌、知识丰富、教学态度认真，显然这是从教师身心行为特质来界定教师的角色；20世纪下半叶，被认为能够理所当然地完成教育任务的学校和教师开始受到质疑（对该现象的批判以"科尔曼报告"为代表），在随后的"有效学校""效能学校"的研究背景下，"好教师"成为"有

---

　　① 上海市教师成长档案袋研制与推广项目组著：《捕捉教师智慧：教师成长档案袋》，教育科学出版社2006年版，第2页。

效能的教师",于是,具有对学生产生影响的实证指标和教师的具体行为成为教师的"专业角色"内涵,显然用"效能"界定教师,可能是将教师设定为负责教授知识技能的学校流水线的工人,也可能是将教师看作促进社会变迁、维持社会控制秩序的个体,教师本人只要按照实证指标和事先规定好的具体行为来表现就是好教师;后来的专业主义者将教师看作具有自主权、能够做出专业决策的专业人员,于是支持专业决策的专业知识(包括理论知识和实践知识)成为教师"专业角色"的核心。直至当前,无论是教师的职前培养还是职后培训、学习都是以知识为学习对象,教师的专业发展过程中只考虑共性的外在的因素,教师个人的发展被排除出去。所以,教师专业发展过程就是成为完成社会、学校教育功能的过程,"成为一位教师"就是成为他人所期待的角色,具有他人认定的技能和知识,而成为一名好教师就是按照社会文化规定的规范和要求"出色"地完成任务的过程。

通过阐述上述内容,我们可以看出所谓教师的"专业角色"是将教师群体区别于其他群体的因素,是外在力量强加于教师个人的规范和期待。用"专业角色"描述教师,不管其具体内容如何,都是以一种类似于"宏大叙事"(grand narrative)的形式将所有教师纳入统一的框架中,从这个意义上来看,教师的"专业角色"会形成一种专业上的刻板形象,于是"成为一名教师"就是承担一类角色,成为"不是自己的人"。

二、现代教师专业发展研究的转向

古德森(I. Goodson)的研究指出,随着现代教育观念的转变,从用"专业角色"的标准来界定教师转变为注重教师个人的自我认同是教师研究的一个重要转向。20 世纪 60 年代的教师研究主要是透过大规模的调查分析教师的社会地位,以集体性的统计结果来界定教师应扮演的角色,以符合社会对其的期望;70 年代的研究将学校教育看作社会控制的过程,其潜台词是同情学生,而将教师视作恶徒,70 年代末开始看到教师作为社会系统愚弄的牺牲品的一面;80 年代后,现代思潮的影响更为深远,教育系统中的每个人都被逐渐看作独特的个体,所有个体都有权为自己出声申辩,教师的特性问题开放为"如何看待自己的工作与生命"这样的问题,教师是建构自己历史的主动者,而不是集体界定的统一角色。[①]

[①] 参见周淑卿著《课程发展与教师专业》,九州出版社 2006 年版,第 84~85 页。

专业身份认同视野下的教师是一个个的人，而不仅仅是拥有专业知识、技能的集体人。"教师的专业身份认同是一个人追问'我是否是一位专业教师'的历程。这个历程不是朝圣式的，不是先确定'专业教师的客观标准'再努力符合所有标准与期望的，而是旅行式的，要经历与'教师'所处社会关系中的他人（如学生、家长）的互动，并与社会所赋予的'专业教师'意义磋商。"①

专业身份认同视野下的教师专业发展是一个行进的历程，这个历程由于受到众多因素的影响，而致使每个教师的发展是各不相同的，因而教师的专业发展可谓是动态化、个性化的过程。现任美国霍布金斯大学的费斯勒（R. Fessler）教授和圣露易斯大学的克里斯坦森（J. C. Christensen）教授，从教师职业生涯的角度论述了影响教师专业发展的因素，即个人因素和组织因素，其中个人因素包括家庭支持结构、积极的临界事件、生活危机、个性特征、业余爱好以及教师经历的生活发展阶段，组织因素主要涉及学校的规章制度、行政领导和教学视导人员的管理风格、社区公众给予的信任度、社区对教育系统的期望、专业组织和专业学会的活动以及学校系统的工会氛围。教师的专业发展不是按照线性方式发展的，而是在对个人和组织环境的影响因素做出反应中以动态方式前进的。②

专业身份认同视野下的教师专业发展与课程发展同构。20世纪80年代以来，随着课程理论的日益成熟，越来越多的学者开始研究课程开发与教师专业发展之间的关系，并趋于达成共识：一方面，强调教师应该参与课程开发，这一思想要求"把课程还给教师"，同时也向教师提出了更高的要求；另一方面，教师在课程开发中获得的专业发展又会有助于他们更有效地投入新的课程开发过程。③ 教师参与课程开发的过程是教师对课程内涵的意义进行重构的过程，是教师接受、理解、选择和再创造的过程，在这个过程中，课程本身不仅获得了实践发展意义，教师的专业发展还得到实现：在参与课程开发和课程建设活动中，教师要逐渐摆脱对外在课程文本——教材的过分依赖和崇拜，而要积极、自主、合理地选用和开发课

---

① 周淑卿著：《课程发展与教师专业》，九州出版社2006年版，第87页。
② [美] 费斯勒、克里斯坦森著：《教师职业生涯周期：教师专业发展指导》，董丽敏、高耀明等译，中国轻工业出版社2005年版，第36～40页。
③ 参见霍力研、孙冬梅等著《幼儿园课程开发与教师专业发展：比较研究的视角》，教育科学出版社2006年版，第7页。

程资源，应对活动情境中的种种不确定性，这些都意味着教师不再是课程建设活动中的被动适应者，而是积极的开发者和参与者。由此，教师对课程的理解和参与从经验、直觉的过程上升到理性、反思的过程，实现了专业自主发展。正是由于认识到课程发展与教师专业发展的同构性，越来越多的研究者和实践工作者将如何实现课程发展和教师专业发展的良性互动研究作为探讨的焦点问题。[①] 应该说，当代人文教育的回归和新课改运动的要求对课程发展和教师发展提出了同构性的要求。一方面，教师要提高课程意识和课程建设素养，与专家、家长共同合作，实现课程开发和课程建设活动的任务；另一方面，新课改也要求教师专业发展能实现以下三点：教学能力的提升（教师要能够理解、领会并运用新的教学理念和方法，提高课程实施能力）、课程开发能力的发展、课程与教学评价能力的发展。[②]

德性课程管理观就是从课程发展与教师发展同构的角度出发，强调在管理中通过课程发展，让教师参与课程建设活动、体验活动的意义、感悟自身的价值来获得教师的专业发展，通过教师的专业发展实现课程发展、幼儿发展等目标。这样的过程必然是享有德性发展、精神自由、追求生活意义的过程。当然，德性课程管理过程中德性发展、精神自由应当体现在管理双方，而绝不仅仅只是关注教师这一方面。事实上，只有充分享有德性发展、精神自由、追求生活意义的管理者，才会意识到并提升教师的自由与德性，这也是辩证法的体现。而当人的个体精神自由、意义追求充盈课程管理过程的始终，就是德性课程管理的最好注解。因为人的存在与自由是本然同一的，教师只有享有精神自由，才能说明其教育是尊重生命进而蕴含发展生命的可能的。当课程管理不再仅仅以效率为根本目的，更不以权威、荣誉、利益为转移，而是来自于对人的生活意义和课程意义的观照，或者说是通过释放自由以直达幸福的境地，追求并力求达致这种德性

---

① 例如，2005年4月在香港中文大学举行的第七届"'两岸三地'课程理论研讨会"就直接以"课程发展、教师专业发展和学校更新"为题，对课程发展和教师专业发展的良性互动进行了集中而充分的讨论，形成了以下观点：当代教育研究应注重并走向教师的生活体验；课程变革的真正意义在日常教育生活中，提倡反思；教师的赋权增能的必要性和可行性；教师专业成长与伙伴关系的建立；等等。

② 转引自叶澜主编《中国教育学科年度发展报告2005》，上海教育出版社2007年版，第185页。

发展的管理就是德性的课程管理。

德性的课程管理本身并不是要求在管理过程中处处强化道德体验，在课程建设过程中，不管是德育渗透，还是人生观、价值观引导，都远不如作为一种生活方式给个体（包括园长、教师和幼儿）的影响更持久、深刻。也就是说，德性的课程管理要让人学会生活，且过好生活。因而，德性观念观照下的课程管理过程就是一种生活的过程、教育的过程。

当然，德性的课程管理不一定要排斥伦理规范的作用。人类发展的未完善性、人性的不完美性，以及作为客体底板的课程建设活动的客观性、社会性，都需要伦理规范适度的约束，但重要的是，规范的目的及其设定一定是基于人性的、民主的考虑。总而言之，规范是为了更大的自由和更长远的生活意义的追求，而不是限制自由。或者说，德性的课程管理不是倡导、纵容个人化的自以为是，"怎么都行"；相反，规范在很大程度上保障着课程和课程管理的德性品质。

纯粹的德性课程管理是完全以教师为中心，并且时刻为教师的德性发展着想，教师可以在心理安全的氛围中自由诞生精彩的观念，沉浸在认知的、审美的与探究的情趣之中，尽管活动的秩序缺乏"井然"，节奏不够流畅、连贯，甚至难免出现"冷场"和"突发事件"，但参与者却不会觉得有什么异常，因为一切都是真实而自然的。

有许多问题是不受权威和标准操作程序控制的。

——海费茨、林斯基

第三章 幼儿园课程管理的现实把握

——"控制论"的主宰与德性的迷失

本章的主要目的是逐步呈现现实中的幼儿园课程管理事件是如何发生、发展的,特别是在课程管理过程中,管理者和教师是如何实现行为、认知和情感的表现与变化的,这将是我们描述管理者和教师在课程管理过程中建构、体验生活意义的关键。为此,在本章中,笔者将以现场看到的课程管理事件为主,结合笔者在研究阶段一、阶段二所做的问卷调查资料、访谈调查资料,对幼儿园中所发生的园长与教师之间的互动行为及影响因素做出相对贴近现实的描述和解释。

第一节 幼儿园课程管理状况的现实分析

在前期的大量访谈及后期的深入幼儿园的参与式观察的基础上,笔者发现,无论是教学活动管理,还是教科研活动管理或游戏活动管理,都是日常运作的管理,如果在日常运作过程中出现了各种问题,那么这些问题可能就会上升为幼儿园中各类研讨活动的主题,即成为管理者和教师共同关注、讨论和集中解决的对象。幼儿园课程管理的对象在横向结构上主要包括教学活动、游戏活动、教科研活动及日常生活活动,在纵向结构上则主要体现为日常运作的活动和集中解决问题的活动。接下来,笔者对幼儿园课程管理事实研究结果的呈现是在纵向结构上进行描述,即描述日常课程活动的管理是如何展开的、如何从日常活动中形成问题、如何解决这些问题。

一、典型场景的描述

（一）集体备课

尽管集体教学并非幼儿园教育的全部，但其重要性却是任何一个幼教工作人员不能忽视的。于是，集体教学活动在幼儿园保教工作中的地位决定了其准备工作的管理——组织集体备课必然是幼儿园管理工作的重心。

一般来说，作为幼儿园日常管理形式之一的集体备课活动，在具体组织形式上主要有两种开展形式：一是在学期初组织的活动，主要目的是确定本学期需要开展的主题活动有哪些，即大致确定一学期的课程内容和课程组织形式；二是在日常进行的集体备课，或两周一次，或一个月一次。幼儿园管理者要求教师在集体备课前自己先备课，集体备课时需要做的就是由管理者来帮助教师解决各种"疑难困惑"。无论是学期初的总体备课，还是日常集体备课，发起者往往都是管理者，管理者对集体备课功能的预期定位直接决定了管理者在其中的管理风格、行为表现，也影响了教师在集体备课活动中的反应，这种影响甚至能延续到教师的带班活动中。我们以 L 幼儿园的一次日常集体备课为例，展现集体备课场景。

笔者进入 L 幼儿园的第一天恰好碰到小班组教师的集体备课。在征得管理者的同意后，笔者进入会议室旁听。以下是笔者的记录。

集体备课与教材的选择

由于上午笔者通过班级中的任课教师知道她们将在中午十二点半进行集体备课，于是笔者十二点二十分到达幼儿园大门处，门卫阻拦说："园长和 M（业务园长）都不在。"就在笔者犹豫再三、决定离开时，M 匆匆赶到。

"我上午在某幼儿园参加区里组织的教研活动。结束了就往回赶，到现在还没有吃午饭呢，你有什么事？"

在笔者说明事由之后，M 坦言："我都忘了中午的备课活动。行，来吧！"

在带笔者去二楼会议室的短短一两分钟时间内，M 不断接听电话，处理上午没有开机而耽搁下来的事。到达会议室门口时，笔者听到 M 对着手机说："我已经到门口了。"进入二楼会议室之后，笔者找了一个青年教师旁边的座位坐了下来。M对在场教师解释说:"我刚回来,还没有吃午饭呢!"然后她看了看手机,随即离开。

(这时,会议室内除了笔者作为外来旁听者之外,已经有五位教师就座。其中,T与Y是小一班教师,L与I为小二班教师,R是小三班教师,小三班的另外一位教师去体检,40分钟后赶到。在这6位教师中,除了T是教龄为7年的老教师外,其他5位都是教龄在4年之内的新手教师,幼儿园规定教龄在5年之内的教师需要在集体备课之前写出当月中下旬所有教育活动的详细教案。)

笔者问旁边的一位青年教师L:"你们中午备什么课?"

L简洁地回答:"就是这本教材。"

笔者问:"能借给我看看吗?"

L随即将两本教材递给笔者。

浏览过后,笔者将书还给她:"谢谢!"

L仍旧简洁地说了声:"不用客气!"

这时,另外一位幼儿园的负责业务的管理者W进入会议室,坐下来后,说:"我们开始吧。你们都已经备课了吧?那就谈谈在备课过程中有哪些问题?"

有教师提出:"我们先签到吧!"

W回答:"备课结束后再签到也行。"

T先说:"这本教材我们现在用的只是后半部分,在这部分中,有的要求复习,可是复习什么呢?我觉得只要复习本学期前面月份我们所教过的就可以了。不能按照书上规定的来。"

其他人表示认可。

T继续说:"这本教材中的很多内容,我们都已经上过了,而且这里面的很多内容很简单,特别是美术,我们很多内容都上过了,这个不太好处理。"

W说:"美术的内容好处理啊,这里面讲的就是技能的问题,同一个内容虽然都上过了,但是幼儿不一定掌握技能了,对于这些内容中的技能可以进行重复练习嘛!"

接下来,有教师提出"叶脉画""爬呀爬"等具体活动设计中的问题,W都一一给予解答。期间,M吃完午饭后也到了会议室,在教师们谈论时她大部分时间都是不参与的。就在W询问是否所有教师都没有要问的问题了的时候，M提出："你们只是解决了自己备课遇到的问题，那么班级环境怎么布置？共同的话题是什么？"

T说："等会儿再谈这个问题。先说说下周我们小班的亲子运动会的事情。"接下来，小班教师及W一起确定了亲子运动会的时间、场地安排、活动项目、需要准备的材料、主持人的角色要求和位置、具体活动组织的规则。这些问题基本确定后，M继续说："那继续讲环境布置的事，这个不是主题活动，不需要你们用以前主题活动的方式考虑环境，只要找几个点布置就行了。"

于是，教师们开始翻看自己的教案，逐渐提出树叶、叶脉画、油泥制作的水果、大小分类、认识标记等区角活动的布置内容。

M在大家提出布置主题后，问："这些活动的材料准备得怎么样了？"

T说道："差不多了。"

M追问："差多少？"

T："教案可以给你了。"

M："那大家就把电子稿给我，按照拷给你们的表格填写。手写的详案不要交，自己留着，前面一段时间上的课程的教案也交上来。每个班要填写一周的课程表，如果是自己准备的，就在上面注明'见电子稿'；如果是教材上的，要写清是哪本教材的多少页。"于是，大家就怎么填写电子表格提了一些自己不清楚的事项，最后基本同意按照M要求的去填写。

最后，M确定大家交材料的时间："给大家一周的时间，到时交给我，可以吗？就是下周，不对，是下下周周一，一周多的时间，行吗？"看到所有教师表示认可，M又说："每次集体备课的主持人应该是T老师啊！"

T笑道："我今天做记录的。"

备课结束后，笔者访谈了管理者W老师和M园长：

笔者："你们为什么备课时只用这一套教材？"

M将教材的最后几页打开给笔者看，教材后面附有各种教材的表格，并解释说："我们以前是这样子的——老师备课会用很多教材，有综合的、主题的、领域的、渗透的，比如设计一个活动的时候，老师就要把这些教材中所有与这个活动有关的内容都比较一下，再确定用哪个。很多老师反映这样备课特别累。我们也综合了老师的意见,觉得这套教材比较适合我们幼儿园,所以我们幼儿园决定本月开始统一教材。而且,我们幼儿园的上属研究中心在研讨时,也反复讨论要不要统一教材,到底统一用哪一套教材好。后来我们确定还是要充分利用某校的教育资源(即该套教材就是由某校编著的),就用这套教材了。"

笔者继续问:"那你要求老师交的材料是什么?你收上来有什么用呢?"

M回答说:"前面呢是我们自己的研究课题(我理解的就是类似园本课程建设的课题),我让老师们交上来后,可以整理成一套现成的,后面小班的老师就可以直接使用了。现在我们统一教材了,老师备课就不用这么烦琐了,只要在(教材提供的)原有教案上改改就行了。"

笔者稍犹豫后说:"可能我的了解不够客观,但是我觉得像今天这样的备课,如果只是集中于解决老师备课中碰到的问题,似乎是有些问题的。我们可以在这个基础上再向前走一步,特别是今天备课过程中,像T老师等老教师身上的闪光点,如果仅从备课遇到的问题的角度进行讨论,很难把她们的闪光点的核心剖析给新手教师看,也很难把她们的闪光点向上提升。如果向前走一步,不仅分析问题,还分析问题背后的价值观念,这样备课就可以从教师的角度转为幼儿的角度了。"

W解释说:"我理解你所说的意思。但是,我们幼儿园新老师很多,对于她们来说,备课时写详案,详细考虑自己(在组织活动时)可能会碰到的问题,这是首先要解决的问题。而且老师即使从上课内容的角度来备课,也不仅是教师的角度,如果不从幼儿角度备课,不考虑幼儿理解程度的话,也很难说就把握了内容、备好了课。"

M接着解释:"对于新教师来说,即使我们要求她备详案,有时她们也只是把教材上的内容抄一遍,也不会进一步思考的。上有政策,下有对策。所以,没有办法,集体备课时,要提醒她们不仅考虑碰到的问题,还要考虑环境、资源、区角,(我)要完成上面(更上一级的行政管理)的要求。"

这样的集体备课场景在很多幼儿园中都存在，集体备课的目的本来应该集中于帮助教师组织好活动、上好课，即实现教育活动的有序进行，这是新教师适应工作环境的必要前提条件，所以备课要解决教师遇到的问题和感到困惑的地方是无可厚非的。同时，管理者以保证日常教学活动的有序进行为标准来组织备课活动，无论对于园长来说还是对于教师来说，由于其繁杂的职业生活状况和有限的时间，采取这种管理方式也是可以理解的。但是，我们也不可否认，这样的备课活动在维持和强化教师原有行为模式及生活方式的同时，也限制了管理者自己的视野。

（1）在整个备课过程中，管理者侧重于强调教师关注"怎么做"——备课过程中有哪些技术问题、如何解决，而忽视"为什么"的意义体验和感悟，所以，整个交往事件基本就是循着管理者预先设定的目的进行的。

（2）在上述较长篇幅的记录中，关于管理者 W 教师的言行描述并不多，笔者在分析时将有关 W 教师的描述做了画线处理，发现其外部言行表现主要就是询问与解释，"在备课过程中有哪些问题？""美术的内容好处理啊，这里面讲的就是技能的问题，同一个内容虽然都上过了，但是幼儿不一定掌握技能了，对于这些内容中的技能可以进行重复练习嘛！"显然，询问与解释的行为表现反映 W 教师对自己在集体备课中的角色定位——行政领导和问题解决者。也就是说，她在组织集体备课的过程中更多运用了行政权威和专业权威的力量。这种自我角色的定位与其对集体备课活动功能、教师角色的认知及对活动结果的预期——"我们幼儿园新老师很多，对于她们来说，备课时写详案，详细考虑自己（在组织活动时）可能会碰到的问题，这是首先要解决的问题"，共同决定了 W 教师在整个活动过程中的基本情绪基调为中性。

6 位参与备课的教师，虽然教龄和经验不同，但是在整个活动中都表现得较为积极，从电话催促、主动签到，到诉说备课中的各种问题、讨论亲子活动的诸多注意事项、正面应对 M 教师的书面任务要求，无不显示出她们对集体备课的较为正面积极的态度。而之所以持积极态度，是由于多数教师为工作经验不满 4 年的青年教师，她们既存在专业发展的空间，也存在自己较难解决的实际教学问题（通过她们所提的各种问题可以推断），更重要的是对自己状态的认识决定了她们想利用集体备课的机会让管理者帮助自己解决问题。也正是由于这样的认识，6 位教师在备课过程中较少彼此学习，而是将目光更多地转向了管理者。

我们对管理者与教师的描述虽是分开的，但无论是外部行为表现，还是内隐活动，双方参与者的反应都是在互动中根据对方的反应及自己的认知、情绪体验而选择的表现。(见图3-1)

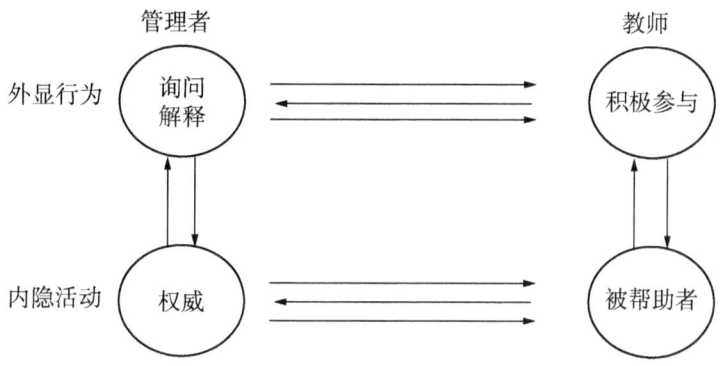

图3-1 集体备课中管理者与教师的互动行为

(3) 备课活动的结果是实现原定活动目标，同时也维持了原有的人际关系类型。① 如图3-1所示，管理者与教师之间的外在行为互动是询问—提问—解释回答，即单向互动的人际关系，是管理者面向全体教师的单向互动过程。在这个过程中，除了亲子活动的讨论外，关于备课中的问题的解决，教师彼此之间的眼光投视被忽略。借助于外显行为，参与者的认知强化了此种情景下的情绪体验，所以，活动的结果是解决了教师的备课问题，也体现并维持了原有的单向人际关系。

---

① 美国社会心理学家琼斯、西鲍特根据行为主体在交往中所持行为动机、彼此期待而将成人交往行为分为四种形态：假相倚型互动、非对称性相倚型互动、彼此相倚型互动、反应性相倚型互动。其中，假相倚型互动是双方交往主体在交往过程中从自身角度出发进行交往，其出发点就是自己的想法或倾向，而不考虑对方的意图；非对称性相倚型互动则是一方交往主体在对交往双方有较充分了解，具有调控、引导交往过程的能力的基础上，根据自己的计划实施交往，同时另一方也以对方的计划作为自己行动的根据，处于交往中被支配、被引导、被帮助的地位；彼此相倚型互动是指交往双方既根据自己的计划做出交往反应，也考虑对方的行为意图调整自己的行为反应；反应性相倚型互动是指交往双方在交往前没有明确计划，即使有计划也并非不可改变，交往双方都具有从对方行为反应做出独立选择的能力，这种交往具有较强的生成性色彩。（参见 [美] 巴克主编《社会心理学》，南开大学出版社1984年版；刘晶波著《师幼互动研究：我在幼儿园里看到了什么》，南京师范大学出版社1999年版，第234～235页。）如果要对本案例中管理者与教师之间的人际关系做类型界定，最为贴切的就是非对称性相倚型互动，即由管理者单向决定活动内容和活动目标的活动过程。

集体备课后，教师的执行情况如何呢？对此，管理者会采用各种日常检查的方式，如随时的推门听课等方式来进行，这时的管理互动多以一方在场、另一方不在场的形式呈现，于是作为互动事件而出现的课程管理活动过程就变得相当漫长而复杂。在这个漫长而复杂的过程中，管理者与教师的反应如何及彼此之间如何互动、如何建构自己的相关观念与其对日常课程管理制度的认知、情绪体验密切相关，因为日常管理制度在幼儿园正常工作运转过程中起到代理管理者的作用。所以，为了更清晰地理解课程管理的互动机制，我们需要进一步分析幼儿园日常课程管理中的管理依据：日常管理制度。

（二）日常管理制度

组织活动和组织行为的有序进行，需要建立一定的行为规范或准则，幼儿园作为一个组织，其有序运行也是建立在相应规章制度基础之上的。幼儿园的规章制度是在对幼儿园各项工作和对各类人员的要求加以条理化、系统化之后制定出来的，它主要通过设定各类人员必须遵守的行为准则和工作规程而体现其相应职能。

在研究过程中，通过访谈，笔者发现各种类型的幼儿园由于各种原因都非常注重幼儿园的日常管理制度建设。其种类的繁多和细致曾令笔者大开眼界。例如，N 市某示范园所建立的制度包括教职工考核细则、教职工工作细则、教师说课制度、教师代课制度、家长委员制度、伙委会制度、多功能厅等场地使用制度……（教职工的工作细则和考核细则参见材料1、材料2），涉及方面涵盖了幼儿园工作人员在每一个场合下的行为约束。应该说，管理制度的有效执行是幼儿园各项工作有效进行的基本前提。对此，很多幼儿园教师都是认可的。

笔者曾访谈过一位幼儿园教师 A，她有着从小学教师转变为幼儿园教师的经历。该教师认为自己所在的幼儿园的管理十分混乱，并认为规章制度的正规化是改善幼儿园状况的重要途径。该教师积极推荐我找另外一位教师访谈："我们幼儿园的管理是很混乱的，没有什么可谈的，我们区的×××幼儿园才好呢，管理正规，Z 老师是那个幼儿园的业务园长，我们都说她们幼儿园好，你要了解管理的情况的话，可以找她聊聊！"于是，我与 Z 进行了深度访谈，并收集了她所在幼儿园的管理制度。

在这份规章制度中，对于管理者的管理职能界定主要集中于对行政、财务、人事方面的计划、组织、协调职能的描述上；管理者的每项工作都有相应的考核标准，期末的时候，园长与业务园长的表现可由所有教师按照该制度中所规定的标准打分。如果从基本的管理职能界定来说，该规章可谓较为全面，只要管理者按照该规定执行，基本能够实现维持、保障幼儿园管理工作的有序进行的目标。但是，如果幼儿园的管理目标不仅是维持有序进行状态，而是希望能够自我管理、主动创造、承担责任，那么该规章制度中尚缺乏对幼儿园课程建设方面的管理描述，显然，这种对管理者的管理职能的界定是基于"就低不就高"的规范思路的。从语言的方面来分析，该制度中大多使用了一些用来描述基本行为表现的功能性语言。例如，关于园长的工作细则和考核细则中所使用的"贯彻……方针与政策""执行……的有关指标性决议"等。较为客观地说，管理制度中功能性语言的使用可以使得他人对管理者行为是否符合该标准进行判断时一目了然，而且管理者在实现其本职职能时也能做到目标明确。但是，犹如对管理体系中的一个环节的描述一样，在这种功能性语言中，作为人的主动性和意义理解之处却往往被忽略不计了，于是，行为化和操作化的语言由于缺乏中介环节而将表达的事物与功能之间直接等同，制度规范中的概念失去了其语言表现力。这一点在业务园长的职能描述中体现得更为明显。例如，"完成有关行政事务工作""制订……计划""审阅教师工作计划、记录""指导教师填写……""订购教材"等，从这些词汇中，我们似乎找到管理者对自己角色的定位——行政权威和专业权威的制度性根源了。马尔库塞（Herbert Marcuses）曾在《单向度的人》一书中阐释过管理领域中的功能性语言的操作主义特征——使概念的意义等同于相应的一组操作。他认为"词和概念势必走向一致，或更确切地说，概念势必会被词吞并"，正是由于工作细则和考核细则中对园长职能的功能性描述，而功能性语言"交流阻碍了意义的真正发展"[1]，于是，管理者对课程管理活动效果的期望只能是维持和有序。

---

[1] [美]赫伯特·马尔库塞著：《单向度的人：发达工业社会意识形态研究》，刘继译，上海译文出版社2006年版，第80～81页。

材料1：某幼儿园园长工作细则以及园长和业务园长工作考核细则

一、园长工作细则

（一）依法办园

1. 严格按照国家的有关法律、法规、方针、政策和上级主管部门的规定办园。

2. 每三周组织一次政治学习，及时将上级主管部门的办园思想及改革动向传达给每一位员工，准确地公布各种信息。

（二）组织管理

1. 全面主持幼儿园的行政工作（人、事、物）。

2. 全面考虑幼儿园未来的发展方向，做好"五年规划""年度计划"的制定与总结。

3. 以"教工大会"的形式建立健全幼儿园各类工作规范和岗位细则，并进行考核评估，给予相应的奖惩。

4. 负责全园人员的聘用、调配，做好每学年的班组组合安排。

5. 负责幼儿的招生、分班。

（三）财物管理

1. 统筹考虑幼儿园经费的合理使用，满足幼儿园未来发展的需要和国家规定的教师福利的需要。

2. 监督财务人员规范做好收、支账，保管好物品。

3. 负责幼儿园第三产业的决策与创收工作。

（四）其他工作

兼任幼儿园党支部书记，负责园团支部、工会、妇委会、退休的工作。

二、园长和业务园长工作考核细则

园长工作考核细则

总分：200分

序号	内容
1	在上级党组织和行政部门领导下，贯彻党的教育方针与政策，执行上级党委和教育、卫生部门的有关指示性决议，全心全意做好工作，得30分

(续上表)

序号	内容
2	负责制定幼儿园管理目标、质量标准、规章制度与岗位责任,制订全园计划和管理方案,统筹全园工作,做出正确决策,得30分
3	组织领导全园政治、业务、文化方面的学习,帮助全园职工提高思想、文化素质和专业知识技能,关心职工的工作、生活与健康,合理安排人力、发扬民主,调动全园职工工作积极性,坚守岗位,完成全园工作任务,得30分
4	勤俭办园,管理好全园的财力、物力,做好年度预算,统筹全年经费开支,加强经济管理,得30分
5	做好本园内部关系的协调工作,处理好各种行政、业务事项,对工作要有预见性,得25分
6	定期召开园务委员会及全体职工会议,研究园内的主要工作,得25分
7	协调本园与外部的关系,争取社会和家庭的密切配合,抓好家长学校和家长学习班的开办,向家长传授科学育儿的知识,使幼儿园教育、家庭教育和社会教育结合起来,得30分

业务园长工作考核细则

总分:180分

序号	内容
1	当好园长的助手,努力完成保教业务及有关行政事务工作,得30分
2	负责制订保教工作计划、业务学习计划,审阅教师工作计划、记录。指导、帮助教师填写幼儿在园联系卡和期末评语,得30分
3	经常深入班级,调查研究,检查幼儿掌握知识技能和智力发展的情况,发现问题要及时总结和调整,用科学研究方法,提高保教质量,得30分
4	认真组织保教人员参加各类学习,督促保教人员在工作中严格遵守规章制度,履行职责,保证工作质量,得30分
5	做好教材订购、教具添置、招收幼儿入园及送大班幼儿出园等保教工作,得20分
6	配合总务部门做好幼儿园膳食营养、卫生保健、环境设置等工作,得20分
7	做好家长工作,协助园长召开家长会,办家长学校及家长学习班,利用校报、专栏向家长宣传幼儿教育的有关知识等,平时要做好家长来访的接待工作,得20分

材料2：某幼儿园班组长工作考核细则以及教师的工作考核细则和工作细则

班组长工作考核细则

总分：40分

序号	内容
1	按时完成各种计划并做好总结，得2分
2	按要求对幼儿进行阶段性评估、小结（每月一次），得5分
3	按要求进行常规检查，得2分
4	按要求做好本班教师考核工作，得2分
5	按时组织各种会议，得2分
6	按要求组织教师观摩活动，班内每月2次，得2分
7	按要求完成园内教科研任务，得3分
8	保证教育教学常规工作正常开展，得4分
9	培养幼儿良好的行为习惯，得4分
10	积极做好家长工作，赢得家长赞誉，得3分
11	做好本班财产管理工作，得4分
12	做好幼儿安全工作，得4分
13	做好本班卫生管理工作，得3分
说明	①加分说明：幼儿参加省、市、区、园等各级比赛获奖项，则参照《成果奖励方法》加分。 ②扣分说明：采用双扣分办法。

教师工作考核细则

总分：80分

序号	内容
1	按要求完成计划并做好总结，得2分
2	按要求完成备课，得2分；课前准备缺一次，扣2分。备课不完整，扣2分；缺一节，扣2分；未备课上课一节，扣5分；连续一周未备课，全月无奖
3	按要求配班，得3分；缺一次，扣2分
4	按要求进行观察、组织评价，每周2次，得3分；缺一次，扣2分

（续上表）

序号	内容
5	按要求完成教育笔记每周一篇，得3分；缺一篇，扣2分
6	按要求完成自制教学玩具，得3分；缺一件，扣2分
7	按要求每月对幼儿家访至少4次，得3分；缺一次，扣2分
8	按要求对幼儿进行阶段性评估，并做出真实、客观、恰当的评析、小结，得3分
9	按时更换墙饰、家长园地，得3分
10	根据教学需要及季节特点，定期更换、增设自然角材料，得3分
11	按要求每周参加业务学习1次，有记录，得2分；缺一次，扣2分
12	按要求参加观摩活动每月2次，有记录，得2分；缺一次，扣2分
13	按要求青、蓝小组教师相互观摩、指导，记录一次，得3分
14	按要求积极参加教科研活动，得3分
15	尊重孩子的个性特征，因人施教，不将成人喜好强加于孩子，得4分
16	坚持积极、正面的评价，多表扬、鼓励，少指责、惩罚，得4分
17	平等对待每个孩子，无偏爱、歧视、虐待、体罚和变相体罚、侮辱幼儿人格等行为，得6分；有上述现象且在园内造成一定的不良影响的，全月无奖
18	严格遵守作息时间，按计划组织各类活动，得6分；连续一周未按计划组织活动的，全月无奖。餐前及起床后的组织，三位教师必须在岗，无故离岗而未造成严重后果的，一次扣5分；造成严重后果的，责任自负
19	教育活动内容的选择基本体现《纲要》中的三个原则，得4分
20	能根据幼儿的发展需要不定期地更换、扩充游戏内容，丰富游戏材料，得4分
21	一日活动的组织能做到五个交替，得4分
22	教师坚持说普通话，幼儿80%说普通话，得4分
23	能与幼儿做朋友，师生关系愉快、融洽，得3分
24	带班教师能坚持始终与孩子在一起，不让孩子做危险的事，得3分
25	每班每学期组织社区活动至少2次，得2分

教师工作细则

一、教育教学

1. 认真制订计划：每学期初，在上学期对儿童的评价和现在全面观察、了解全班幼儿现有发展状况的基础上，根据本年龄段幼儿的教育目标，制定合乎本班幼儿的学期发展目标；每周五，主班教师及时填写本周周记，评价幼儿发展情况，供下周主班教师参考；主班教师要在儿童上周发展的基础上，制订本周教育计划，不照抄教材。

2. 认真备课：主班教师周一前需完成规定的活动设计（小班5篇、中班10篇、大班10篇）。活动设计需包含以下要素：①目标应能体现认知、情感及技能方面的发展要求；②与本学科相关的重点、难点的解决；③对不同发展层次的儿童在材料、指导上的满足；④字数在400字以上。每周要对两个以上的活动设计有重点地进行效果分析。

3. 认真观察与评价：每周有计划地对个别儿童实施跟踪观察或小组活动观察3次，并进行评价。评价包括：儿童行为与目标是否一致？可以采取哪些补救措施？下一次开展类似活动时应注意什么？

4. 认真制作教学玩具：①自制教具每月不少于2种；②自制晨间活动器械每学期不少于5种；③每月自制区域游戏材料不少于2种。

5. 认真总结：每周针对本周教育教学中的特殊案例进行剖析与思考，写一篇教学笔记，其中包括：发生了什么事？是什么原因造成的？怎样解决？给教师什么启示？

6. 认真履行职责：主班教师在所承担的一周的教学中，应全面地承担各类教学工作，不得与其他教师分科教学。

二、对待孩子

1. 尊重孩子：尊重每个孩子的个性特点、兴趣爱好，不轻易指责幼儿。

2. 鼓励孩子：对每个孩子的评价以正面、积极的评价为主，善于使用不同词汇表扬、鼓励孩子，每天表扬与批评的比例应在4∶1以上。

3. 平等对待孩子：平等对待每一个孩子，不歧视、不偏爱，允许儿童之间存在差异。

4. 与孩子做朋友：经常与孩子聊天，善于用情感性动作与孩子进行身体接触；每天与每个孩子的接触要达10次以上，鼓励孩子主动接触自己。

5. 保护孩子：主班教师始终与孩子在一起，各项活动中要考虑到各种保护儿童的措施，不让孩子做危险的事情。

三、教科研及学习

1. 参加课题：在保证教育教学正常开展的前提下，每位教师应参加教科研工作。其中，工作3年以上的教师参与区级课题的研究，工作5年以上的教师参与市级课题的研究，工作10年以上的教师参与省、市级以上课题的研究。

2. 勤于写作：凡参与教科研的教师，学期前需制订教科研计划，学期末撰写总结报告。做到每学期投一次稿（投稿前送教科室备案），每学年交一篇文章参评。

3. 青蓝结对：每位教师根据自身情况拜1~2位有专业特长的教师做师傅，徒弟每月观摩师傅1次以上的教学活动，师傅每月指导徒弟1次以上的教学活动。每次听课，师徒双方均要做详细记录，并进行交流。

4. 业务学习：教师每周参加业务学习1次，学习应有记录。

5. 教学观摩：每位教师能准时参加园内的一切观摩活动，做到认真观摩，认真记录，积极参与评析，每学期观摩活动达10次。

6. 继续教育：每学年中级职称的教师需完成42课时的学习，高级职称的教师需完成72课时的学习。

四、日常工作

1. 提前一周制订完成下一周的教学目标、教学计划、活动设计等方案，并更新家长园地，提前一天做好第二天的教学、游戏材料准备，不得擅自修改计划。

2. 新小班开学前对所有孩子进行家访，平时每学年保证对每位幼儿的家访不少于1次，幼儿在园3年间家访要达3次以上。

3. 每学期召开1~2次家长会（半日活动汇报、期末汇报等），每学期组织社区活动至少2次。

4. 每学年制作班级墙饰，每学期根据月工作重点更换墙饰2次。

5. 每月定期更换家长园地，要求内容丰富，值得阅读。

6. 根据教学需要及季节特点，定期更换、增设自然角材料。

7. 根据幼儿发展需要，每月不定期地更换、扩充游戏内容，丰富游戏材料。

8. 每学期编排2套操（一套徒手操、一套轻器械操）。

9. 每年编排歌舞、娱乐、运动节目参加节日庆祝活动。

10. 每年承担1~5节公开课任务。

在工作细则和考核细则中，教师工作职能是怎样的呢？

（1）强化执行的职能角色。笔者通过统计材料2中教师职能的描述词汇，发现在班组长的工作考核细则中，13项中有7项是以"按要求"或"按时"开头的，其余6项则是对正常班级教师要求的体现，如"保证教育教学常规工作正常开展""培养幼儿良好的行为习惯"；在教师工作考核细则的25项考核点中，前14项为"按要求"的达标性描述，第18、19、21、25项则属于变相"按规定"或"按要求"的描述，所谓"规定"或"要求"无非就是幼儿园的规定或更上一级的管理部门的规定，如区教育局的考核要求；只有第15项和第20项要求教师按照幼儿的个性或需要实施教育影响。笔者认为第16、17、22、23、24项较多偏向于教育状态的描述，其使用的描述性语言与前述的功能性语言有很大区别。

这一系列规章制度具有较明显的强化教师规则意识的特征，即一名合格的幼儿园教师就是"知道自己在什么场合下、在什么时间段做什么事是合适的"的专业人员。确实，幼儿的身心发展特点决定了幼儿园教育是保教结合的，教师要负责幼儿一日生活中"吃、喝、拉、撒、睡"全部的责任，没有明确的岗位职责意识，幼儿园工作有序、有效地开展是很难想象的，更不用去谈课程建设的问题了。然而，如果规则成为教师注意力的主要投射点的话，那么教师就会一心想着要符合规范，因而教师在活动中大都会反复提醒孩子"站在点子上""小手放在膝盖上"，反复提醒不见效果的情况下，教师也会做出强行制止、个别"照顾"等反应。一心想着规则的教师，何以感受教育的意义、感受幼儿的纯真、感受现场的气氛？正是由于规则意识的无处不在，我们的教师发出这样的感慨："当我面对着一个孩子的时候，觉得他很可爱；而当我面对一群孩子的时候，就感觉很烦躁。当我自己带班的时候，面对孩子，觉得很疲劳；当我下班的时候，再看到孩子，就觉得很可爱。"教育过程的纠错色彩与教育的规训历程相辅相成，在这个过程中，教师所体验到的只能是烦躁，因为"过分明确的事情是索然无味的"①。规章制度成为教师在教育过程中意义体验消失和消极情感产生的罪魁祸首，这可能是我们的管理制度制定者在制定制度时所始料未及的结果。

（2）强调教师的反思意识和笔头任务。在这份考核细则和工作细则中，对教师的反思要求和笔头工作比较明显。例如，教师工作细则的第5

---

① 转引自［法］埃德加·莫兰著《迷失的范式：人性研究》，陈一壮译，北京大学出版社1999年版，第171页。

第三章
幼儿园课程管理的现实把握——"控制论"的主宰与德性的迷失

条要求:"每周针对本周教育教学中的特殊案例进行剖析与思考,写一篇教学笔记,其中包括:发生了什么事?是什么原因造成的?怎样解决?给教师什么启示?"在对提供该规章制度的Z教师进行访谈时,她提到除了规章制度中明文规定的这个反思要求外,幼儿园的其他反思要求也很多。比如,"现在我们的备课全部不用手写,都是用电子稿了。但是,我们不允许在去年备课基础上修改。举个例子,假如你是这个学科的特长老师,年级组长就安排你来备这个学科的课,备完后给大家说课,大家听后要在这个备好的课(教案)上写三处反思,包括前反思、中反思、后反思,笔头工作主要集中体现为'五认真',即备课(提前2周完成)、教育笔记(一周一篇)、反思记录、游戏、观察记录(一周两篇)"。

当问及强调反思的原因时,几位被访谈者所给出的理由不外乎两类:一个是"现在上面检查时特别强调反思的材料",一个是"我们也觉得教师的成长需要反思"。而且访谈者都承认前者的支配作用更大,所以管理者和教师往往对反思材料的真实性都抱着心照不宣的态度,教师感觉"要求太多了,不抄怎么办",而管理者则表示"明知是抄的,也没有办法,应付一下(上面的检查)就行了"。

在教师的教育教学中,强化反思意识和笔头工作能力,是近几年教育改革在幼儿园中的表现之一,其目的是促进教师实现专业化发展。然而,无论是教师还是园长都发现这些对教师传统角色之外的要求已经成为教师职业困惑和倦怠的重要来源。例如,一位刚参加工作1年的新手教师提到:"现在要写的非常多,像台账(每个月的幼儿观察记录、教案、反思,每个月一次的公开课及其反思等)、论文、反思等,烦死了。新教师被要求要写笔头的详案,还要求有一定的创新性以及一定的反思修改,有时候觉得特别烦。而且我们上学时也没有接触过类似的活动,没有写这些材料的经验,所以觉得很累。"这样的现象除了可以给我们的教师职前培训带来反思之外,管理者也可以借此思考教师专业发展和职业幸福感的新生长点。"现在幼儿园给我们老师越来越多的其他任务,写各种各样的材料,完成园本化建设的工作,定期上公开课、评比、比赛,不断反思。尽管如此,我们老师如果能从这些所谓的负担性的活动中找到自己的价值,证明自己的能力,并不断提高自己的能力,可以得到家长对我的信任、领导对我的信任,那么就不会感到职业的倦怠。虽然很累,但是仍然有乐趣。"

(3)强调数量化的考评方式。制定制度只是管理工作的开始,制度能否发挥作用还在于其执行情况。为保证该规章制度在实践中顺利实施,该幼儿园采取了现在大多数幼儿园都在使用的一种方式:绩效管理,即将教师的每项职能表现分解为可直接观察或测评的行为或结果,赋予每一项行为或结果一定的分值,如"按时完成各种计划并做好总结,得2分",月末,每个教师的表现将以分值的形式张贴在公告栏,最后分值与奖金挂钩,直接影响月奖金的多少。

从行为动机的角度分析,这里所谓的"绩效管理"就是通过物质激励——奖金来激发个体工作的动机,于是,奖金作为一种物质报酬与每个教师的工作表现形成了价值交换关系,"多劳多得,少劳少得",更加高明的管理者还可能在报酬类型中增加情感、学习机会、升迁机会、提升政治地位等情绪或政治因素,但都没有脱离交易式的思维模式。因此,究其实质,如今幼儿园常用的绩效管理就是管理者与教师之间彼此为实现各自的目的而相互交换需求的过程,如教师以自己的工作成绩和忠诚换取管理者的奖励、赏识或提拔。在这个过程中,管理者不知不觉地将奖励、赏识或提拔的资源据为己有,教师被降格为被"赏赐"的对象,于是,管理者与教师成为管理的两极而走向对立。绩效管理有效实施的关键因素之一是管理者要使教师相信他们的付出和所得回报是公平合理的,在A教师所描述的幼儿园中,管理者的失败在一定程度上是没有做到"等价交换"而造成的。

如同考试是当前教育中较为适宜的人才选拔方式一样,对于很多幼儿园管理者来说,在没有其他更为适宜的管理方式的前提下,选择绩效管理是明智的。但是,我们也不得不承认,这样的绩效管理仅能称作"绩效考评"。该制度从一开始就对人性持低估的态度,忽视人性中物质奖励之外的因素是这种管理思路在组织有序运行之后无能为力的关键原因。

从我们对十几名园长的访谈材料来看,幼儿园较为普遍地存在用教学常规、工作制度代替课程管理制度的现象。郭元祥教授曾从价值引导、行为引导、程序文明三个角度对课程制度的内在结构做过分析,提出课程制度是学校共同遵守的落实课程计划和课程方案以促进学校课程实施与课程开发、课程管理与课程评价有效性的一系列规程和行为准则,是学校实现课程自主更新的机制。[1] 尽管幼儿园课程管理与中小学学校课程管理存在

---

[1] 参见郭元祥《论学校课程制度及其生成》,见崔允漷主编《课程·良方》,华东师范大学出版社2007年版,第241～251页。

着诸多区别，但价值引导、行为引导、程序文明的价值分析角度对我们思考幼儿园课程管理制度问题也颇具启示。根据对上述幼儿园日常管理制度的分析，可以发现，幼儿园日常管理制度的制定与运行一方面维持了对立性人际关系和强化了行为导向课程管理思路，另一方面也做出了价值引导、程序文明的尝试。但是，当课程中的"责任"价值越来越突出时，当在幼儿园课程建设中对教师言行的"责任"要求越来越明显、课程建设越来越依靠参与者之间的协商、共同探索时，当课程管理者不能也不可能比教师更高明时，强化行为导向的管理思路必然会限制其课程建设价值探索的尝试。于是，幼儿园课程管理的基本思路就需要我们从其思维的源头来思考和再定位。

（三）重复体验的突破——幼儿园教科研活动

如同我们前面分析所言，青年教师在集体备课中的行为反应与其内隐认知因素、活动中的情感体验有关，基于青年教师的自我定位——存在诸多"问题"的被帮助者和实际专业发展状况，强化规则意识、执行意识的日常管理能帮助教师尽快适应工作。但是，当教师已经熟悉、适应了基本的工作流程，过于关注执行的日常管理则会致使教师对日常教育过程产生重复、单调的体验感。在前期研究中，调查问卷中的一道开放性题目——请描述您的工作动力发生变化的历程及其影响因素，96%的教师（113人）认为自己在刚参加工作的第一年动力最强，但是到了第二年，就出现了动力消减的现象，除了认为工作琐碎之外，相当一部分教师将原因归结为园长的不公正、偏心、只有批评而没有鼓励以及园内人际环境的钩心斗角等管理问题；当动力消减之后，能够再次提升动力的人数只有23人，只占到总人数（118人）的19%，并且这些教师都将动力提升的原因归结为"园长的赏识、认可""园长的重视"。也许我们的调查设计存在各种问题，但是这些结论也在一定程度上说明，教师的工作动力、工作激情与管理者的管理水平密切相关。当教师都在渴望得到管理者的青睐以提升自己的工作动力时，我们不得不思考"依靠别人改善自己"的这种思维方式本身的问题：意义的体验是靠自己还是别人？管理中过多强调评价的外部标准而非自身的体验也许就是问题的症结所在。

如同尼莫（J. Nimmo）、琼斯（E. Jones）所言："学校因为未能把教师看作思考者而失去了太多的创造力，有想法的人应该保持人与人之间的交流。同样的情况也出现在孩子们的中间。儿童被要求保持安静，根据教师的要求去做，不要相互交流，学校常常使人'变笨'了。"① 我们的教育和教育管理不仅使孩子"变笨"了，也驱赶了教师的智慧和激情。

富兰曾指出，现代教育变革需要的不仅是教师个体的激情，还需要其专业性激情，"我们需要的不是个别教师的孤立的激情，我们需要的是一种包含个体但又超越个体的激情。它是更大规模的更具有群体性的行为，每一个个体都自发地做出他们每一天的努力和贡献；同时又把自己看作与其他人相互关联的个体，不只在局部，而是超出局部"②，这就是一种专业生活中的意义追求，是对德性的践行。于是，"帮助教师专业成长"的各种教研活动成为各级管理者帮助教师实现专业成长、突破重复体验、获取意义感的重要途径之一。

以行政控制的方式进行的价值引导性的幼儿园教研活动开展的情况如何呢？让我们做一个介绍。

1. 教学研究活动管理——听课、研讨

如果以活动开展的场地来进行划分，幼儿园的教学研究活动有两种形式，一是在幼儿园内部进行的，二是在幼儿园外部进行的。访谈中，笔者发现很多幼儿园管理者是将两种形式的活动结合起来进行管理的。

笔者：你们幼儿园的教研活动有哪些？怎么开展的？

T：我们幼儿园的教研活动是这样的：园长会指定一些小年轻（年轻教师）去美术组、音乐组或游戏组，让她们参加区里面的教研活动，一学期有那么几次活动要去外面参加，回来就是"超级模仿秀"了，照搬照抄地把她们看到的课展示一下。

笔者：也就是说，你们幼儿园的教研活动是按照区里的教研方式进行的，上面开展什么，你们幼儿园就开展什么？

T：对。

笔者：这些教师在自己幼儿园展示所学过的课后，其他老师要不

---

① ［美］约翰·尼莫、伊丽莎白·琼斯著：《生成课程》，周欣、卢乐珍、王滨译，华东师范大学出版社2004年版，第99页。

② ［加］迈克尔·富兰著：《变革的力量：深度变革》，中央教育科学研究所、加拿大多伦多国际学院译，教育科学出版社2004年版，第16页。

要进行点评啊？

T：是有点评的，但是都是一个幼儿园的，抬头不见低头见，所以我们都说一些好话，例如"教态自然""教具形象"之类的话，都是一些冠冕堂皇的话，谁也不好意思说批评性的意见。

如果以参与教研活动的人员来进行划分，幼儿园的教研活动可以分为有专家参与的和无专家参与的。访谈中，许多教师都认为无专家参与的教研活动价值不大，无论是主动要求参加的还是被要求进行的，在这些活动中，参与者的热情都不高，如同上述案例所反映的一样，大家只是说些"冠冕堂皇的话，谁也不好意思说批评性的意见"，即使提出了问题，往往也无法总结有效的解决办法。所以，在很多情况下，无专家参与的教研活动"基本就是走形式""为了完成原定计划"。

无论有无专家参与，教研活动的流程都是听课—研讨，活动的价值导向都是以外部价值标准为主，上级行政色彩明显，特别在那些要"上等级"的幼儿园中，教研活动的行政化更加明显，因为"对照上示范的条件，缺什么补什么"。一位刚刚创了省级示范园的幼儿园园长说："这两年，我们连爬了两个台阶，可以说是连滚带爬，需要教研就上教研，需要课题就上课题，而真正沉下心做的事却不是很多。以园为本究竟是什么？是不是可以真正做一些幼儿园需要做的事情？比如：如何管理班级？如何开展家长工作？究竟什么样的教研是我们老师所感兴趣的？等等。"[①]

2. 对幼儿园教研管理的反思

课程管理目标的反思：访谈或观察中的多数幼儿园管理者都认可教科研活动的价值引导性功能，即在观念上强调对"反思""发展""提升"[②]等时代精神的贯彻，具体组织和人际互动上却遵循着行政管理的行为导向的管理习惯。

教研活动旨在建构一种学习性组织文化、促进教师的专业发展，因而教研活动的参与者在活动中需要有发自内心的共鸣并相互理解、支持，但管理的行政本位价值取向使得幼儿园的教研活动不得不服从于教育行政部

---

① 转引自张永英《幼儿教师儿童学习观变革之路探寻》（学位论文），南京师范大学2007年，第82页。

② 这是前期研究中园长和教师在接受访谈时最常用来描述教科研活动价值的几个词汇。

门、专家等权威,幼儿园教研活动在类型和内容上都无法摆脱形式化的结局,即问题—解决策略。

教研活动中的听课—问题—研讨问题—解决策略的形式,无不带有"权力强制""规范""再教育"的色彩,于是,教研活动成为强化教师的工具性价值的途径。这与教研活动本身的文化重塑、意义体验的生态化取向是相违背的。

当专家在场时,专家特有的地位和权力会使教师自觉或不自觉地走向顺从和服从的境遇。然而,"教育作为一种关系,一种义务的网络、与他人对话的基本方式;教育工作的机构作为承担义务的场所和道德实践的地方,其目的不是将他人同化为一样的人,而是与他人在一种关系中一起工作,在这种关系中,没有所谓的主人,每个人都倾听他人的思想"[1],如何使教研活动成为教师表达和倾听的途径,是我们需要深入思考的问题。

在关于教科研活动的一系列参与性研究中,笔者发现教师的状态和参与程度是不同的。其中两类教师引起了笔者的关注,一类是"人云亦云"型,一类是自我享受型。

"人云亦云"型的教师就是在教科研活动中跟随他人(特别是权威人物,或为行政权威,或为专业权威),口中所说的很多时髦话语细究起来空洞无物。他们或不相信自己的能力,面对要参加的教科研活动是能逃则逃,能不发言就不发言;或相信某些思想是正确的,但是在日常教育活动组织中完全做另一套。对这种类型的教师来说,参与教科研活动是出于听从命令的原因而非自觉自愿。在各类教科研活动中,自我享受型教师除了能力突出外,都表现得很享受"自我",即能够相对比较超然地活着,以自己的内在价值来自主、自觉地处理问题,并且即使在其他的课程建设活动中也是如此。

无论是科研还是教研,在当前课程变革的背景下,其定位都不应脱离时代的影响。在教育价值取向多元化的今天,对幼儿园教科研活动的管理同样应秉持多元化的价值取向:

教科研是教师发展的工具和手段;

---

[1] 赵振国:《从质量话语到意义生成话语的转变:园本教研与传统教研的生态学视角比较》,载《学前教育研究》2007年第11期。

教科研是教师个人的兴趣、爱好；

教科研是教师自我实现的选择途径；

教科研是当代教师的基本工作方式。

然而，当前幼儿园教科研活动的价值理解还停留在技术策略的价值取向上，只有我们扩展对教科研活动的价值认识，只有当研究能够与教育紧密结合，能够成为教师发展的工具、手段，成为教师的个人兴趣和教师自我实现的选择途径之一，教研活动才能成为教师的职业生活方式，成为幼儿园的基本工作方式。

教研不是摇椅上的学问，只有解决了教育实践中的问题，教研才有意义；只有改进了教师的教育行为，教研才有价值；只有成为教师的行为方式，教研才能获得生命。

（四）反思

相比过去来说，教师在各种管理活动中的个体精神自由得到了明显的改善，但仍然说不上很充分。具体而言，一方面，教师对活动过程的体验相比过去显得更加自觉、有意识和深刻，尽管体验的性质未必乐观，或者说很多教师的教学满意度与幸福感还有待提高，但从总的发展方向来看，管理越来越强调教育特别是儿童教育是对灵魂的教化；另一方面，教师的个人专业判断力在教育过程中有了普遍的提升，对教育活动的设计、实施、评价、幼儿及自身的教育行为的价值判断更加自觉、独立和辨证，同时，开发课程资源的意识和能力也有了明显的提高；教师开展自我教育反思的形式和自觉性也明显改观，很多教师已经将其作为专业生活的一部分。但是，从现实的观察和访谈中，我们也能看到，教师在管理中显得比较被动，专业角色意识淡漠，更多关注的是做什么，而很少关注为什么这样做以及实施过程中的体验。对于管理者来说，现代的课程变革背景让越来越多的管理者对于自身的幼儿园课程开发者身份有了深刻的体验，访谈中，尽管很多园长不习惯使用"幼儿园课程管理"这个词汇，但是她们对自身作为学前教育行政管理中的被动身份具有了更加自觉、更加辨证的认识，对于通过教科研活动而进行的价值引导尝试也更自觉、主动。

1. 课程管理过程中，交往目标以行为导向为主

管理者对于教师特别是青年教师的期望是有目标意识、有程序意识、能有序地组织好一日活动。因而无论是在日常教学管理中,还是在教研活动中,管理者强调的都是目标教学策略,在这样的生活背景下成长起来的有经验的老教师,往往就是具有熟练的教育策略使用能力的人。新教师成长为有经验的老教师与新手工人成长为技术熟练的老工人有异曲同工之处。当我们在教育实践中不断质疑教师的反思能力时,当我们在管理过程中不断批判教师的不思进取、不求上进时,为什么不反思我们的管理思路呢?如果我们从一开始就从技能着手培养教师的技能,而不是用眼睛看、用心灵感悟,有什么理由期望从这样一条技能路途走来的教师是心灵的感悟者呢!如果教师不能用理解和欣赏的态度去看孩子、用心灵去体悟孩子的心灵,那我们怎么能看到孩子的"一百种语言"?

于是,我们在唱着"孩子有一百种语言"的时代旋律的同时,也建构着规范化、制度化的自身。

2. 教师的价值体验和意义感的获得更倾向于他律性

受现行课程管理中价值标准的影响,教师对于课程建设活动的价值体验和意义感的获得更倾向于他律性,即其价值判断标准或来自于强调规范、等级的行政要求,或来自于权威专家。因而课程管理中"上"与"下"的关系的痕迹很明显,而作为课程建设主要力量的教师则往往是关系中的"下"方。

3. 幼儿园课程管理文化本质上是一种与教师的"技术熟练者"身份认同相适应的适应型文化

适应型管理文化将幼儿园课程建设看作理性化、技术化的"教育工程"。其价值取向是"效率取向、控制中心",教师作为"课程技师"的职责在于熟练地执行课程方案,遵守既有的操作程式与规范。在这种课程管理价值的指导下,判定教师专业成熟度的标准是适应而不是创造。适应型课程管理文化影响下的幼儿园课程建设在实践中就表现为职业性质的传递性、价值取向的保守性、课程实施的技术性和课程评价的他律性。

总之,在目标上,我们的课程管理认可活动的价值引导性功能,即观念上强调对"反思""发展""提升"等时代精神的贯彻,具体组织和人际互动上却遵循着行政管理的行为导向的管理习惯。

为什么会如此呢?我们需要寻找原因。

二、幼儿园课程规范性管理方式的反思

课程管理现实中的矛盾与困惑根源在于我们无法跳出管理主义规范的臼窠,我们一方面追求着理想,另一方面又用规范限制着自己的追求。

(一) 规范性管理的表现

总体看来,当前幼儿园日常课程管理实践的规范性主要体现为两个方面。

(1) 注重规章制度的制定与执行。管理者往往在规章制度的建设上大做文章,把规章细化、标准化,而且配合量化评分和经济制裁,把教师当成监管的对象。以"法"治园被转化为以"罚"治园。这种规章管理在一定程度上背离了幼儿园教育和幼儿园课程的本性,课程发展被程序化、机械化、标准化。课程管理成为种种按章检查,教师疲于应付,被迫做表面文章。

(2) 以"权"为本,行政权威至上。幼儿园管理"权力至上",管理者意志压倒一切。领导是权威,专家是权威,评估者是权威,教材是权威,老教师是权威。崇尚权威之风限制了教师工作的独立性、创造性和意义体验,教师所从事的教育活动失去了个性。

然而,制度规范本身是否是万能的呢?执迷于规范的管理对"以人为特征"的课程问题是否是适当的呢?

(二) 由规范到教师的规训式教育行为

管理者对管理规范的强调,让教师产生了"操作程序符合幼儿园规范是非常重要的"的认识,因为管理者希望老师们都能对自己岗位上的具体职责非常清楚,"知道自己在什么场合下、在什么时间段做什么事是合适的"。当然,教师在教育情境中体验变化的影响因素很多,但毋庸置疑的是,面对一群孩子或自己带班时,必须要时时考虑规范。

执行规范时忽视了规范背后的意义和意义体验,是引发规训式教育行为的重要原因。在管理过程中,规范最初制定时都是带着特定意义和目的的,随着时间的推移,在模仿性执行过程中(例如,在笔者的前期访谈中,当问及"园长为什么要做……之类的管理工作"时,有的园长就说"以前的老园长就是这样做的""别的幼儿园就是这样做的"。)规范可能

被简约化为一套特定的文字符号或程序,其背后的意义和意义体验则逐渐在众人意识中消退、放逐。所以,强调形式规范的所谓科学化管理由于重视管理工作的静态有序性,导致管理者力图把课程发展活动设计成严密的程序和环环相扣的流程,希望以此达到课程管理的目的,对幼儿园的课程工作实施自上而下的布控,处处有规范,时时有监控,同时强化权力与服从,强调量化考评,重在以严格的制度、冰冷的数字去量化考核和约束教师。这样一来,课程管理顺利实现了将管理手段置于管理目的之上的效果;与此同时,也把管理者推向了教师的对立面。对此,许多园长发出"业务园长在幼儿园中的人际关系最差"的感叹,因为大多数业务园长是幼儿园规范性制度的执行者和检查者。所谓的科学化管理,就是依赖于制度和规范的管理,是通过制定烦琐而刻板的制度、条例规范教师行为的过程,在这样的管理中,教师因为被支配、处置、压制、形塑而行为有序、按部就班,教师成为名副其实的"技工",因为其工作完全被异化为可以量化操作的技术活动,教师变成了可以描述、度量并能相互比较的数据。被规训的教师是不可能以自由、自主的精神气质去"教养"儿童的德性,而只能以相同的规训方式对待孩子。

金生鈜教授认为,"人在教育中的被规训状态是现代性教育的一种危机",规训化的教育放弃了对人们(包括教师和儿童,其实管理者也是其中一员)理性精神的培养,"人们没有权利或者无法意识到要把自己的理性公开地运用于实践生活的反思之中,他们缺乏超越现实的局限而追求美好生活的能力"。[①] 规训化的方式使得现代教育忽视了教育的生活本源,反而使教育越来越走向处置人、算计人的程序,成为造就现代人物性化的途径。在这样的教育体系和教育管理体系中,被规范、约束的教师不是在生活,因而也不会去寻找生活中的更高的目的,不再也无意审视自己的生活,不再也不会考虑什么是值得过的生活。

规范性管理在忽视课程的生活本源的同时,也消解了作为教师和儿童的个体。日本学者深谷昌志曾分析过在意义体验缺失的状况下"孩子的孤立化"情况:"信息化社会的到来,不仅没有扩大孩子们的世界,反而缩小了孩子们的心理空间。孩子们除了家庭和班级以外,找不到生活的目

---

① 参见金生鈜著《德性与教化》,湖南大学出版社2003年版,第2~3页。

标,正在陷入社会性的自我封闭状况之中。"① 儿童在教育中的"孤立化"状态,其实也反映了教师的"自我封闭状况"。儿童的发展是教师发展的再现,教师的成长和儿童的成长是一致的,甚至教师的发展是超前于儿童发展的。② 正如尾关周二所分析的,人在社会中的孤独状态、意义感的丧失并非今天才出现的,其根源在于近代"大写的自我"主体性确立及其价值序列的变化。

"我们的生活已经被各种知识、权力所侵蚀,我们几乎无法看清它原本的意义,我们的时间被作息时间表所割据,我们做的事情被课程表所限定,我们的行为都有统一的操作规范,甚至孩子们吃饭也被定量食谱所规定。我们就这样被安排、被处置,我们又同样地安排着和处置着孩子。生活的意义被肢解得支离破碎。孩子,那就是我们工作的对象,日复一日,他们的悲哀也是我们的悲哀。""这样的生活面貌确实需要改变,我们需要做有意义的事,过有意义的生活。这是我们对'善'的向往,是生命的自然冲动。"③ 我们需要生活,我们需要用生活的眼光看自己、看他人、看彼此之间的交往,我们需要反思制约我们体验生活的管理规范。

(三) 反思规范

对于管理学来说,规范是管理的最基本形式,尽管现代管理对规范问题也做出了诸多反思,但是从更为根本的角度——人性来反思规范问题,现代伦理学则更具有启示。

在伦理学家看来,规范更多是对人的禁令,"无论是表述为'应该'还是'不应该'的句型,规范的功能都是禁令性的,都是否定某些自由,它是为了使人们在利益之争中做出某些让步,以保证各自能够获得某些现实主义利益"④。虽然对于人的正常生活来说,规范是必需的,规范有助于人的生活的有序化,然而,人们不仅需要有序的生活,还希望有好的生

---

① 转引自[日]尾关周二著《共生的理想:现代交往与共生、共同的思想》,卞崇道、刘荣、周秀静译,中央编译出版社1996年版,第35页。
② 参见吴安春著《德性教师论》,人民教育出版社2003年版,第139~140页。
③ 张永英:《幼儿教师儿童学习观变革之路探寻》(学位论文),南京师范大学2007年,第195页。
④ 赵汀阳著:《论可能生活》,中国人民大学出版社2004年版,第16页。

活,"尽管好的生活通常是有秩序的,但仅仅有秩序远不足以造就好的生活"①。可是,现代社会生活中的规范越来越全面而系统,借助于规范,现代人只是得到了利益而没有得到人的待遇,"人设立规范本来是为人着想的,如果变成只为规范自身着想,又如何能尊重人?规范是必需的而且是应该遵守的,但却不值得尊重,因为道德价值落实在规范之外而不是在规范之中。我想这大概就是老子批评儒家对规范寄予过高期望的理由。根据老子的论证,我们似乎还可以把它发展为一个'规范生效条件'的悖论:一方面,是为了使人们变好;可是,另一方面,只有当人们本来是好的,他们才有可能遵守规范。规范本身既不是好的也不是坏的,问题在于必须为规范找到一个恰当的基础,它不是共同利益,共同利益是靠不住的,这个基础必须是幸福"②,这就是德性的追求过程或生活意义的追求过程。规范是做事要关注的问题,而做人必须符合人的概念——德性。正如卡西尔所言,"人的突出特征,人与众不同的标志,既不是他的形而上学本性,也不是他的物理本性,而是人的劳作(work)"③。也就是说,人的本性在于人的创造活动,于是,对人之所以为人在于人的问题的探讨不仅停留于利益问题,人的德性追求、人性的卓越性趋向使人必然要超越规范的层次而思考幸福的问题。由于课程是人的课程、是人性化的课程,因而课程管理中更核心的是人的问题——人的发展,而不能简单还原为对课程事务的管理。课程管理需要规范,更要超越规范;课程管理中的教师需要执行行政职能,更需要从生活的角度出发体验意义、审视意义、追求意义。

即使从规范的角度审视课程事务的管理,我们也要注意到规范背后的问题,即其秉持的假设:只要人为规定活动的最低要求,明确伦理底线,保证其不犯最基本的错误,则更高要求的、更善良的和崇高的行为自然会发展出来。"事实上,由低要求的价值是不可能推出或者发展高要求的价值的,在价值上,如果把低要求规定为基本要求,低要求马上就变成了最高要求","通常人们在价值上总是就低不就高的,因为低标准比较容易做到,比较省心"④。对我们的幼儿园课程管理来说,带有禁令意味的各种教

---

① 赵汀阳著:《论可能生活》,中国人民大学出版社2004年版,第34页。
② 赵汀阳著:《论可能生活》,中国人民大学出版社2004年版,第41页。
③ [德]卡西尔著:《人论》,甘阳译,上海译文出版社1985年版,第97页。
④ 赵汀阳著:《论可能生活》,中国人民大学出版社2004年版,第224页。

学规范并没有在实际上帮助教师体会教育的本真内涵,而恰恰相反,似乎规范越多,大家的反感情绪也越强烈,每个人头顶都被悬置了一堆规范,教师渐渐地感到上课变成一种任务,工作变成个性的束缚之源。说到底,规范伦理存在的"就低不就高"的思维障碍根本上是因为高估了人的本性。

规范伦理占据主流与整个社会的价值走向、思想领域的发展以及伦理学的时代发展息息相关。从启蒙运动时代确立起来的理性主义诠释了一种新的价值走向:有用价值超越生命价值,可以说,近代理性主义所带来的"价值序列上最为深刻的转化就是生命价值隶属于有用价值",于是衡量人与物的关系、人与人的关系甚至人之所以为人的标准定位在血淋淋的可描述、可操作的"成功"和"有用"。价值序列的颠覆和转化推翻了人的精神价值和生命价值,人的德性价值消解在人追求的有用性中。在近代思想领域中,以有用价值为核心价值取向的实证主义、分析哲学等成为流行话语的代表,然而,实证主义、分析哲学的流行本身就标志着单向度思考方式的胜利,秉持这种思维方式的人不再追求与现实生活不同的另一种生活,不再是在否认、批判和超越中寻找生活意义的个体。"实证主义、分析哲学本身就是单向度的思考方式、单向度的哲学,因为它把语言的意义同经验事实和具体的操作等同起来,并把既定事实无批判地接受下来,从而把多向度的语言清洗成单向度的语言。"[①] 这种状况是具有相当普遍意义的全球化现象,在这种哲学观的一系列转变背后,蕴含的则是一种技术理性与行为哲学对人文性的侵略,是人自身的价值在由人发动的活动中的退隐,相应地引发人的活动目的甚至生活目的的迷失。[②] 其结果往往是人用活动的成功反证了自身的最终失败。于是,在超越规范中寻找人自身成为现代人寻找自我的途径之一。

(四) 超越规范

美国人类学家爱德华·T. 霍尔把人的交往区分为"高语境的文化"

---

① [美] 赫伯特·马尔库塞著:《单向度的人:发达工业社会意识形态研究》,刘继译,上海译文出版社2006年版,第3页。
② 参见刘万海、李倩《试论当代教学伦理研究路向的转换》,载《全球教育展望》2008年第2期。

和"低语境的文化"两种类型,其区分依据是在人的交往中由语言所依附的以及存在于语言背后的东西对于文化来说的重要性程度。换句话说,交往中语言表达所赋予语境的重要性程度是区分这两种文化的重要参考点。所谓的"高语境的文化",就是由语境传达的意志比语言表面所传达的意义更重要;所谓"低语境的文化",就是与语境相比,意义更加依附于语言。可以说,前者不怎么依靠语言的说明而是谋求相互的意志疏通,后者若不通过语言极其详细地说明,那就不能充分表达意义。康登在此基础上进一步指出,在交往活动中所反映的这两种文化类型,与人际关系、集团、共同体的状况有着密切的关系。[①] 幼儿园课程管理中对于规范的过多强调,所折射的是对"低语境的文化"的依赖心理。而需要借助于详细的语言说明来表达意义的"低语境的文化"价值取向与当前的教育发展和目标定位是相左的。现代幼儿园教育不仅要教给幼儿一定的知识、技能,更要将目标锁定为"成人",幼儿园课程不仅强调符合性知识,更重视解释性知识,因而幼儿园的课程建设就是给幼儿创造一个鲜活的生活世界、意义世界。幼儿园课程管理不仅要重视教师教育言行的效率,更要重视其言行背后的责任内涵。从这个意义上来看,幼儿园课程管理更需要借助于"高语境的文化"价值取向:课程管理不仅要着眼于规范管理,更要超越规范。

什么是超越规范呢?对于超越规范管理的问题,上海市打虎山路第一小学就曾对此做出了相关探索:

> 教师的工作在相当程度上是一种个体的智力操作,他需要管理,但又不能完全靠管理,最主要的是靠教师个人对事业的追求。如果一个名牌教师是靠制度管出来的,那一定是个笑话。
> ……
> 超越规范的管理模式绝对不是不要规范,而是要在规范的基础上对教师提出更高的要求,只有这样才能体现出人创造规范、道德规范而又不囿于规范的自主性……超越规范的管理实质上是教师的素质管理,它要求教师在平时的言行中体现出自己身为教师所具有的职业修

[①] 转引自［日］尾关周二著《共生的理想:现代交往与共生、共同的思想》,卞崇道、刘荣、周秀静译,中央编译出版社1996年版,第93页。

养，并由此产生一种人格魅力。我们注重教师的工作情绪和良好的进取状态，使教师的工作动机与学校管理者的要求相一致，把学校的要求转化为教师的自觉行动，使教师从制度约束下的被动转化为超越规范的主动。因此，从这意义上说，超越规范的管理是一个过程，而且是一个由低级到高级的过程。

就学校环境而言，超越规范的管理模式以创造良好的人文氛围，充分发挥校园文化的价值导向作用为目标。我们希望大家用共同的智慧和汗水，包括彼此的一份真情，营造出一个大家共有的、具有人文思想的精神家园。希望每位教师都能在这里感到充实，尽管常常会有一种因工作带来的压力和疲乏，但也能同时获得一份成功之后的喜悦和由此而来的精神享受，并由此获得成功。[1]

上述超越规范的管理思路强调从形式规范转化为制度内化，强调教师的专业发展从被动转化为主动，强调教师的独立思考、判断而不仅是"听话"，强调过程而不仅是目标的达成。这些对于笔者探讨幼儿园课程管理中的问题是颇具启示的。但是，由于该小学的管理者更多从行政管理的角度探讨如何超越规范，因而在其表述中暗含着管理者更高明的潜台词，无论是行为还是动机，教师都要与管理者的要求一致才能提升人格魅力与道德水平，才能获得专业更高水平的发展。所以，尽管内化了规范，但管理者与教师在管理实践中仍然是"二元对立"的关系。

当幼儿园课程建设定位在建构生活世界、意义世界时，我们会发现这个生活世界、意义世界的教育效果的达成并非依靠教师的有序行为简单叠加就能实现，而且幼儿的身心发展水平决定了他们无法对意义世界做出直接而全面的评价与反馈。从这个意义上来说，课程建设的价值不仅是教师言行有序性即效率的问题，更主要的是教师言行背后的责任问题。所以超越规范，更主要的是探讨规范背后的责任问题。然而，当课程管理仅定位在追求有序而忽视责任的话，教师的意义体验和幼儿的体验就变得无足轻重。于是，幼儿园课程建设就可能走向结果大于过程的方向。

所以，萨乔万尼断言，由于"我们逐渐把领导视作行为而不是行动，

---

[1] 卞松泉等：《"从建立规范到超越规范管理"研究报告》，转引自胡惠闵著《超越规范》，山东教育出版社2006年版，第40页。

视作心理学方面的而不是心灵方面的，视作与人有关的而不是与理念有关的"，并且"我们过度强调了科层的、心理的、技术的和理性的权威，而严重忽视了专业的和道德的权威"，所以当我们用规范的思路去限制价值引导性的幼儿园课程建设活动时，无论是管理还是领导，都是失败的。①解决的途径只能是回到管理的源头，首先从生活的角度进行审视。

第二节 幼儿园课程规范性管理的影响因素分析

一、建构主体的课程建设意识和能力的限制

（一）注重技能、技巧的教师专业化发展价值取向

无论是职前还是职后，我国教师的专业化发展价值取向都是注重技能、技巧的培养和塑造。

有关调查显示，我国当前教师教育的内容，基本还是以培养学科专家型的教师来定位的，大致由学科教育、教育理论和教育实践三部分构成，其中，学科教育占90%～92%，教育理论占5%～6%，教育实践占3%～4%。② 在我国目前的教师教育中，主要的方法仍然是接受式。这种教育方法强调师范生或在职教师的教育任务——传授知识与技能，这是学习者个体单独即能完成的任务，而学习者之间的合作与交流相当缺乏。

对于学前教育专业的学生来讲，无论是本科、专科层次，还是中专层次，学校所设定的培养计划中的技能、技巧课程的比重都非常大。以某校专科层次的学前教育人才培养计划为例，音乐（包括琴法、乐理、视唱练耳等）、美术、舞蹈三大类课程从大一到大三的六个学期均有开设；而涉及学前教育观念、课程意识和课程设计类的课程（如《儿童心理学》《学前教育学》《幼儿园课程论》《学前教科研方法》等课程）则只有180节左右。可以说，这种培养计划代表了当前大多数院校的学前教育人才培养

---

① 参见［美］托马斯·J. 萨乔万尼著《道德领导：抵及学校改善的核心》，冯大鸣译，上海教育出版社2002年版，第5页。

② 参见辛涛等《从教师的知识结构看师范教育的改革》，载《教师教育研究》1999年第6期。

思路。笔者曾做过相关的非正式访谈调查，在调查中，大多数学生承认自己把课余 2/3 的时间用于钢琴、美术、舞蹈等技能、技巧的学习，而至于课余时间是否思考专业课程教师所提到的观念性问题或看专业教师所建议的相关书籍，多数学生都表示很少能够做到。有一位学生提到这样一种情况："对于学前教育专业的学生来说，我们经常感到既忙碌又无聊空虚，也就是说，我们要经常赶点完成各种美术作业、弹琴、练功，好像很忙碌，可是做完这些事情后就觉得很无聊，没事可干了，所以，很多同学晚上就在宿舍做十字绣之类的。"而鉴于学前教育专业学生这样的状况，一位任课教师感慨地说："学前教育的学生只对唱歌、跳舞感兴趣，其他的基本上就是免谈，如果这样培养幼儿园教师，家长又怎么可能放心地把自己的孩子交给他们呢？"对于该教师的感慨，笔者所理解的是我们的培养计划可能在所蕴含的价值引导、价值取向等方面出现了问题。然而，多数培养计划设计者会给出如此理由："我们也没有办法，现在的幼儿园在招聘老师时就是要看基本技能（包括音、美、舞和教育活动组织能力），而且现在高校教育中就业率是非常重要的事情，我们要让学生具备能够找到工作的基本素质。"也就是说，现代教师教育更多考虑市场需求的因素，而逐渐放弃教师教育的价值引导功能。

让学生首先具备基本的技能、技巧，并将此作为幼儿园教师职前培训的主要任务，这本身是无可厚非的，因为这是成为教师的基本前提，但是，基本前提并不代表全部和核心。现在学前教育职前培养是一种就低不就高的思维方式。对于学校热衷于培养学生技能、技巧的做法，在教育实践一线的园长是如何看待的呢？"我们是否招聘你，不是看你有多高的技巧，并不要求对方达到钢琴十级的水平，我们又不用开什么音乐会，这些够用就行。比如拿到一首儿童歌曲后能即兴伴奏，这样就可以了。那么，什么样的老师是好老师呢？我们认为，有爱心、有责任心、认真、敬业的老师是优秀老师。而这些其实从应聘者的言谈举止中就能看出来的。"反过来看，现代学前教育、职前教育的培养定位与教育实践需求并不完全一致，而仅仅是从自己所设定的实践需求出发。这在一定程度上也说明，我们的职前培训的价值定位需要重新审视和反思。

职前培养是这样的，幼儿园教师的职后培训是否有变化呢？幼儿园教师职后培训以园内培训和园外培训为主要形式。园内开展的主要有新教师上岗培训、教科研培训；园外的培训可以是行政管理要求的区级或市级的各类培训，也可以是自愿参加的各种研讨会，或者是由于各种原因而开展的函授学习或自学。上述这些职后培训也多侧重于关注教育活动的形式、方式和方法。

当代教师教育提倡引导教师关心"为什么如此教育"和"还可以怎样更有效地教育"等问题，关注教师探究、反思、批判能力的培养，注重教师参与课程事务决策的能力和课程建设能力的养成，① 但是，实际的教师职前、职后培训对教师课程建设意识和能力的有意、无意忽略，使得幼儿园教师往往呈现出课程观念和课程建设行为相分离的现象。也就是说，教师可以一方面在观念上接受"新理念"，另一方面在课程建设行为上却面临无所适从、不知道如何做的困境。观念与行为相冲突、分离的境遇，在一定程度上促使教师放弃了课程决策、建设和体验的自主权，于是高控性的课程管理乘虚而入，成全了教师的自嘲与放弃。教师在课程建设意识、能力方面的薄弱成就了高控性课程管理。于是，教师一方面赞同美好的东西和理想，另一方面却追随着更坏的习惯。②

（二）园长的课程观、管理观

由于性质不同，我们可以把我国幼儿园的类型划分为三种：公办园、私立园和社会力量办园。显然，不同类型的幼儿园园长选拔、培训方式是不同的。以访谈中笔者所接触的 Q 园长、W 园长为例。Q 园长毕业于某中专院校，1997 年开始在无锡市某公办园工作，直至 2002 年自费脱产学习，获得大专文凭，2004 年毕业回原单位继续工作，由于家庭原因，1 年后辞职回老家南通市自己出资购买当地转制后的一所私立幼儿园，任园长；W 园长，1996 年从某中等职业技术学校毕业后进入 N 市某社会力量所办的幼儿园做保育员，1 个月后调至另外一个班做带班老师，在做带班教师的 4 年中当过班级组长，2000 年竞聘上园长助理员，2005 年被任命为副园长，负责业务管理，也就是说，W 园长是位草根式管理者，是一步一步从一线的老师走过来的。

---

① 参见曾文婕、黄浦全《美国教师"赋权增能"的动因、含义、策略及启示》，载《课程·教材·教法》2006 年第 12 期。

② 参见［美］汉娜·阿伦特著《精神生活·意志》，姜志辉译，转引自张永英《幼儿教师儿童学习观变革之路探寻》（学位论文），南京师范大学 2007 年，第 86 页。

第三章
幼儿园课程管理的现实把握——"控制论"的主宰与德性的迷失

由于专业成长和职业生涯历程的不同,访谈中,我们发现Q园长和W园长虽然皆为函授本科在读,但是她们对幼儿园课程、幼儿园管理的理解是截然不同的。

笔者:你怎么理解课程和幼儿园课程?你们幼儿园实际运作的课程是什么样的?

Q园长:老师,虽然你上课时给我们讲了那么多课程类型,但是在实际工作中,我们是理解为教学的。我们幼儿园用的就是五大领域那套。

笔者:你是怎么来管理这一块的?

Q园长:我的幼儿园现在还是起步阶段,我现在是一人多职,业务、后勤、财会全部我一个人来处理。但是放在业务方面的精力还是很多的,因为我招聘教师的时候,大部分来应聘的都是刚毕业的或工作几年的新教师,管理起来比较费力。所以,我往往从很细小的环节入手,给她们规定得较为细致、详细,在某一时间内要做什么,我都有非常详细的规定。否则,这些小年轻(年轻老师)一出事就会扯牛皮,必须要责任到人。当然,现在感觉也很累。

笔者:如果管理过细、过严的话,会不会影响教师的工作状态?

Q园长:这是肯定的。我来上课前几天,刚处理过一件事,我的幼儿园有6位老师集体跳槽,跳槽的理由就是在幼儿园工作太累了,工资不高。说实话,我要运转幼儿园,当然不能给她们非常理想的工资,但是我出的已经是在当地私立幼儿园中较高的了,所以,我也不担心,来这里上课前,我先发了一份招聘启事,用不了几天就能招到新老师。

通过Q园长的表达,我们可以了解她对幼儿园课程的管理是相当高控的,教师在课程决策、课程设计、实施、评价方面的自主空间是相当小的。在管理过程中,Q园长更多依靠她作为管理者的"行政""经济"地位来与教师沟通。这种管理方式也许符合她所在的幼儿园的状况,但是Q园长的课程观念、管理观念在一定程度上也决定了其课程管理的首要目标不是幼儿发展,更不是教师的发展,而是生存和赢利。

借助同事的帮助,经过"大"园长的允许,笔者终于访谈到了该区最年轻的业务园长——W园长。由于访谈是在中午幼儿午睡时间进行的，所以整个过程中W园长的声音较轻，并时而被个别班级事务工作所打断。当访谈开始时，笔者询问能否录音，W园长婉言拒绝。

笔者：现在许多幼儿园都在谈园本课程、园本课程文本开发等，请问你是如何理解课程和园本课程的呢？

W园长：我们幼儿园谈不上园本课程开发，最近我们幼儿园许多课题结题时给我留下的印象是：课程（包含的内容或内涵）很大，幼儿园的所有活动、一日生活、幼儿的学习经验都是课程。而我们幼儿园课程谈不上园本课程，我们只提园本特色，最近我们幼儿园申报了三个课题："生活习惯""科学小制作""建构游戏"。在结题时，我看了很多资料，专家给我们的建议就是将"建构课程"改为"建构活动"，因为课程太大，虽然我们也有目标、活动内容、评价等，但是还达不到课程的高度。课程，我认为就是孩子所感受到的……在我们的目标指引下所组织的活动中，孩子所感受到的就是课程。我们幼儿园选择现有的教材，像实验幼儿园的大苹果、南京师范大学开发的、华东师范大学开发的，在借鉴这些教材时，我们也会生成、建构一些新的活动。

笔者：确实，现在我们对课程的界定和理解是非常宽泛的，在宽泛的课程基础上，你怎样理解课程管理呢？你现在进行的课程管理主要包括哪些内容呢？

W园长：我认为课程管理就是日常教学管理。应该包括教师的管理，比如备课、教材、教学内容、孩子的发展状况评价等；还有游戏的管理，像晨间游戏、上午游戏、下午游戏等；教科研的管理，主要是课题管理，这些课题研究往往是对外或向上级申请的，需要按时完成，对幼儿园整体的发展有帮助。管理还有日常教学管理、教研管理，这个是对在一日活动中发现的问题而开展的，对改进教师班级工作中的各种问题是非常重要的，因而我认为教研比课题研究对教师来讲更具有价值，还有就是教育资源的管理。

笔者：就总体而言，你认为这些管理活动的总体目标是什么呢？

W园长：我觉得应该是发展，是全面和谐的发展。不管是教学管理，还是教科研管理，都离不开教师和孩子的发展。所以，不管什么样的管理活动，应该是集中在发展的目标上。

笔者：所有的管理活动都是为了提高活动的效率的，幼儿园课程管理也不例外，你认为在管理中哪些因素会提高或降低幼儿园课程管理的效果？

W园长：我觉得教师本身的因素应该是非常重要的。比如，如果幼儿园的大部分老师都是青年教师，那么管理就会有些影响。当然，青年教师有青年教师的优点和劣势。再比如说，教师的职业倦怠，当然不止我们幼教有这种现象，所有的职业都有，我们幼儿园就有很多老师在考虑自己三四十岁时还要像现在这样蹦蹦跳跳吗？很多老师到了30岁左右，职称大概就到顶了，后面如何发展？这里牵涉一系列问题。现在有很多幼儿园都存在这个情况，我们业务园长学习时就会交流这个问题，很多幼儿园采用了竞争机制，用竞聘的方式来激励老师，效果不错，像教研员、班主任、年级组长、教师等岗位都可以竞聘，在这里面，有工资方面的改变，也有隐性的面子问题——提高自己在幼儿园的地位。目前，我们幼儿园（由于自己的编制方式）运用竞争方式比较多，加上青年教师较多，所有老师的状态都不错。

笔者：竞争的方式，从管理学的角度来看，应该说有优点，也有缺点。假设幼儿园中这部分青年教师经过竞争达到了一定的位置，而且年龄也步入30岁以后，幼儿园从管理角度来看，应该怎样做呢？

W园长：这个我们还没有考虑好，不过我们觉得，教师的状态应该从大的社会背景来考察，比如说以前我们做一线教师时，尽管领导没有详细规定做了什么事就给什么样的奖励或惩罚（即规范管理和竞争机制），但是我们就是想把自己承担的班级带好，充分展示自己；而现在的老师，应该说在这种大的社会背景下，当规范了管理活动时，她们就是做好自己分内的事情，而不会有新的追求和充分展示自己的想法。

笔者：确实，当大的社会背景提倡功利时，小的幼儿园微观环境的管理也只能限于这样的方式。西方教育管理理论中，有些研究者就是针对这种现象，提出激励教师的另外一种方式，如果说竞争用的是外部激励或奖励措施，那么还有内部的、因为喜欢孩子或教育而工作的一种管理。另外，也有研究者提出树立"为美好的东西而做"来激励教师，我将之称为德性管理。你认为，这种德性管理在幼儿园可能进行吗？

W园长：应该是可以的，但是对教师的要求会很高。

笔者：你觉得作为幼儿园的业务园长进行课程管理应该具备什么样的素质？

W园长：我觉得主要是自身素质，其中一个就是做人的基本素质，还有就是能力，这个能力不只是专业能力，还有管理方面的能力、人际交往方面的能力。作为一般教师时，就要能提出具有建设性的东西，要不断地展示自己，要被管理者所认可。

笔者：作为课程管理者，你的管理学方面的知识和技能是怎样获得的？课程论方面的认识是如何形成的呢？

W园长：管理方面的主要是在实践中摸索，开始自己也不知道如何做管理，我们地区的业务园长会定期进行业务管理的交流，我们可以通过交流学习怎样进行管理，管理什么。还有就是我和C园长进行了"行政管理"的本科学习，会看一些管理等学科的书。课程方面的认识主要是通过研究课题、读一些关于幼儿园课程的书来获得。而且，区教研组要求我们业务园长每周二带半日班活动，每学期会有一定的带班要求，这些都是来自实践的一些收获，会影响对课程的认识。

笔者：你会以什么样的方式来反思自己的课程管理的合理性及其效果？

W园长：我经常会在管理过程中反思自己什么地方做得对、什么地方做得不对，反思自己的管理策略、儿童发展方面的认识。每周我会写一份总结，虽然区里没要求我们上交，但我每周都坚持写。

像很多幼儿园业务园长一样，Q园长因为"业务"优秀而一步一步地被提拔为领导，而这样的成长经历也影响到了她的课程管理观念和方式。无论是管理经验还是幼儿园课程建设方面的经验，W均受益于上级培训、老园长的"传帮带"和自我摸索，这既成就了她的草根式情节——关心一线教师、理解一线教师，同时也限制了她的课程管理思路——以经验养管理、以有序带发展，所以，她一方面承认管理的目标是发展——教师和幼儿的发展，同时又标榜绩效管理、竞争机制的有效性。

无论是来自私立园的Q园长，还是来自社会力量所办的幼儿园的年轻有为的W园长，尽管两者的职业历程和所处环境不同，但是她们的课程管理却具有共同的特点,以控制代替引领。

扎雷兹尼克(A. Zaleznik)认为,强调控制的规范性管理只要求管理者致力于过程、结构、角色以及间接形式的沟通,而忽略了理念、情感和对话,这是被领导看作秘诀的管理观念。当管理秘诀成为教育管理标榜的科学途径时,萨乔万尼反思道:"如此坚信管理控制可以作为克服人的缺点和提高产出的方法,也使控制变成了目的本身,其结果是强调把事情做正确,而牺牲了去做正确的事情。在学校中,改进计划变成改善结果的替代物,教师评估体系的得分变成优良教学的替代物,课程的和在职培训班中的学分积累变成在实践中进行变革的替代物,纪律变成对学生控制的替代物,领导风格变成目的和本质的替代物,关系良好变成团队精神的替代物,协作变成承诺的替代物,屈从变成工作结果的替代物。"[①]

二、学前教育行政管理的影响

幼儿园的业务管理受各市、区托幼办以及教师进修学校幼教教研室领导。这些直接领导幼儿园的机构人员会借助于一定的方式、方法规范幼儿园的业务活动,并定期进行各种形式的检查、指导以及监督。于是,这些来自外部的行政管理力量在相当大的程度上会影响幼儿园的课程管理的规范性取向。

在规范幼儿园业务工作方面,M区为每所幼儿园提供了一套记录本。我们从一个幼儿园的角度来分析M区的行政管理如何影响幼儿园的课程管理的。

B幼儿园,最初为某小学附属幼儿园,使用的是某小学的校舍;后由N市经济开发区注入2000多万资金进行重建,成为公办园与社会力量办园的混合体,即由区教育局安排编制,但是要服务于开发区的居民;再后来,该园被教育局收回。所以,幼儿园的C园长这样描述自己幼儿园的上级管理部门:"我们幼儿园在独立之前归N市开发区管委会、教育局、街道办管,有三个'婆婆';独立后归教育局直管,剩一个'婆婆';但是教育局里面有很多部门,那每个部门就都是一个小'婆婆',比如教科室、教研室、托幼办等等。"而这些部门负责管理哪些内容呢?"托幼办主要负

[①] [美]托马斯·J. 萨乔万尼著:《道德领导:抵及学校改善的核心》,冯大鸣译,上海教育出版社2002年版,第7页。

责创建、课程改革等等，只要大的活动都是由托幼办公室负责的；教科室是管教科研、课题研究；教研室是管教研组的活动，像语言组、艺术组、科学组等，各幼儿园园长或骨干教师在工作时间内需要参加区托幼办组织的各种活动，如园长沙龙组、科研组、游戏组，一般两周一次。"

M区托幼办硬性规定每个幼儿园都要订购如下材料：备课本、游戏备课本、观察记录、听课记录，每份材料的封面会盖有"某区托幼办公室"的印章，代表这是属于他们管理的材料。其中，备课本中需要教师填写的有活动名称、活动目标、活动准备、活动重难点、活动过程、效果评析等栏目，而观察记录本中需要老师填写的则包括幼儿姓名、观察时间、目的、情况记录、分析、措施与方法等。

应该说，这样一套工作记录本在一定程度上体现了该区幼教管理人员扎实努力的工作作风，这些本子基本考虑到了幼儿园业务工作的基本程序和范围，为幼儿园业务管理者开展相关工作提供了基本思路，这套材料也将幼儿园的业务管理限制在执行的范围——抄教案、完成固定的工作程序，而排除了教师所参与的课程建设活动的管理，即将教师所做的事情的逻辑和意义的反思性体验全部摒弃，只要填满这些空格就行。正如C园长所认为的那样："这些本子都不太实用，我们现在有的就不用了。比如说备课本，就很像要完成的任务一样，是根据五大领域的思路延伸出来的备课本，基本上就是新教师、老教师用来抄（原有）教案、完成任务的一种思路，没有多少是可以用来设计课的。而我们幼儿园是怎么设计呢？我们是有'×××幼儿园集体备课'这样一张大的表格，就是我们先有集体备课，是按照一定的顺序或要求由某些教师先集体备课，然后教师可以上网下载已经备好的教案。在这些已经设计好的教案边上，我们设计了三个空白栏目，分别是'前反思''中反思''后反思'，将自己的设想和预改动的地方写出来，活动后要有效果分析。所以，像刚才说的上面发下来的备课本是不适合我们幼儿园的。"按照笔者的思路来分析的话，C园长所在的幼儿园已经超越了执行的水平，而更重视幼儿园的课程建设问题。当问及该园如何争得备课自由度时，C园长提到自己所充分利用到的一个契机："当时，我们要创'省示范园'，其中有一条是要求幼儿园建网络、进行现代化办公，必须达到这样一些高度，所以当时我们就提出来不用上面提供的备课记录本，而采用我们现在这样一种集体备课的思路，第二年我们又取消了游戏备课本。"但是M区的其他幼儿园则没有如此的实力和幸运，必须要用上级提供的思路完成相应的记录任务。但是当问到如何处理观察记录本和听课记录本时，C园长也表现出了无能为力的神情，"我们也无法完全违背上级的意愿，不可能做到一本都不用的，所以还是采用了观察记录本和听课记录本"。

　　行政管理者在进行相关管理时，除了体现注重执行的管理功能之外，还具有另外一个特点：重视园长素质的培养和园长的作用。从管理学和领导学的角度来看，园长确实在幼儿园的组织运行中扮演着重要的角色，关于学前教育管理的大部分书籍中都会开辟专门的章节介绍园长的领导工作，阐释园长的影响力等问题。我国学前教育法规中也对园长的角色、职责、权力着重描述。例如，《幼儿园管理条例》中直接规定我国幼儿园实行园长负责制，园长是幼儿园的法人代表。《幼儿园工作规程》第36条直接规定园长具有8条职责：①贯彻执行国家的有关法律、法规、方针、政策和上级主管部门的规定。②领导教育、卫生保健、安全保卫工作。③负责建立并组织执行各种规章制度。④负责聘任、调配工作人员，指导、检查和评估教师以及其他工作人员的工作，并给予奖惩。⑤负责工作人员的思想工作，组织文化、业务学习，并为他们的政治和文化、业务进修创造必要的条件；关心和逐步改善工作人员的生活、工作条件，维护他们的合法权益。⑥组织管理园舍、设备和经费。⑦组织和指导家长工作。⑧负责与社区的联系和合作。其中第4条既表明了园长的工作职责也界定了园长的工作风格：指导、检查、评估和奖惩。然而，作为幼儿园园长需要完成的一项重要工作内容——课程管理，由于幼儿园课程本身的体验性、建设性、生成性等特点，园长如果沿用指导、检查、评估和奖惩等管理思路是无法实现幼儿园课程建设的卓越性的。特别是在近现代，随着管理学和领导学研究的深入，领导者的领导角色定位越来越复杂。正如萨乔万尼所指出的那样，以往的领导理论常常要求领导者扮演这样一种角色：他借助人格的力量、科层的神通和政治的诀窍，单枪匹马地拽拉和推动组织成员们前进，因而领导必须是果断的、强有力的、有真知灼见的，能成功地操纵事件和人员以便使其卓见变成现实。[①] 也就是说，领导者必须是"领导"，必须要高人一筹。行政管理对园长的重视，造成了园长在课程管理中的管理习惯：行政、规范和权威。

---

① 参见冯大鸣著《美、英、澳教育管理前沿图景》，教育科学出版社2004年版，第65页。

三、市场经济的影响和我国社会转型的反思

(一) 市场经济的影响

尽管不同的经济学家关于市场经济的定义是不同的，但无论是资本主义市场经济还是社会主义市场经济，无论是传统市场经济还是现代市场经济，研究者都认可市场经济的典型特征是利润原则、自由竞争、优胜劣汰。在市场经济条件下，所有参加生产和交换的单位或个人，无不以获取一定的利润为目的。生产者通过生产和交换活动，不仅是为了生存，即换取自己生存所需要的物质资料和生活资料，更是为了取得利润，即以较少的劳动投入换取更多的劳动收入，以满足其进一步发展的需要；在市场经济条件下，自由竞争是维护不同产权所有者的合法权益、争取尽可能多的利润的必要条件之一；优胜劣汰，是按照价值法则调节生产要素和优化配置的集中体现。

在市场经济的背景下，我们的教育也表现出前所未有的繁荣与热闹，甚至在中国历史上也从未受到过如此重视。"不仅国家重视——教育已成为新的经济增长点，而且民众重视——教育已成为投资热点和消费热点。然而，表面的繁荣却难以掩盖其内在的浮躁。"[1] 但是，如果对教育文化的这种繁荣做一个深入的透析，我们很快就会发现"被重视的只是教育的工具价值，被提高的只是教育的工具性作用，被看好的只是教育所带来的经济效益及个人地位的彰显。除此之外，教育便没有了立足之地，没有了发言权，没有了立论依据"[2]。我们的教育文化也从来没有像今天这样迷失了自我、放逐了崇高、抛弃了品位、失掉了自尊，变得不再那么崇高与纯洁了，这里不再是净土。随着教育产业化的步伐加大，在经济利益的驱使下，教育变得如此的奴颜婢膝、满身铜臭。教育文化的堕落，将会给社会带来深重的灾难、危机与隐患，我们也将为此付出高昂的代价。学历主义、精英主义、贵族学校、恶性补习等现象以及教育管理方面的市场化、企业化、商品化的发展势头，已充分暴露出其有教无育及社会工具主义的特征，其负面影响不仅仅在于固化、合理化社会时尚价值取向，更为重要

---

[1] 郝德永著：《课程与文化：一个后现代的检视》，教育科学出版社2002年版，第132页。
[2] 冯建军：《让教育与生命同行》，载《人民教育》2006年第9期。

的是它断送了"人怎样成为人"的手段与途径。当教育本身成为达到某种目标的工具时，教育管理与其局部表现形态——课程管理必然也难逃工具主义的命运。

（二）中国社会转型①的反思

从更大范围的视角来看，当前我国的市场经济及人的生存状态的确立发生在世界转型的时代，因而中国的社会经济发展及状态必然受到更大的外环境的影响。如有些研究者所言，当代中国处于社会转型过程中技术理性与德性反思相交锋的历史际遇中。

当代中国的社会转型是在实现西方两次社会转型合二为一的历史际遇下进行的。西方社会第一次转型期，是指广义的文艺复兴时期，也就是西方近代人性理想和教育理想提出的时期，即从14世纪古典文化的发现和人文主义运动开始至17世纪理性主义、功利主义、个人主义兴起为止的这一历史时段。文艺复兴的实质是人文主义——以人为中心而不是以神为中心来考察一切。"人的发现"使追求现世幸福成为人生的主要目的，于是，以发展现世幸福为目的的市场经济逐渐形成，其标志就是城市、金钱、市场作为西方经济发展中的三个组织性因素在这个阶段逐渐成形。文艺复兴时期思想家们的理想就是希望作为感性存在的人能够以理智的方式去实现个体在尘世和现实生活中的自由、幸福和尊严，于是，对现实和尘世生活的重视、对自由的呼唤，要求在经济上建立市场经济体制；主体性和个体性确立，要求在政治生活上确立人的自由；对人的理智和科学知识的强调，要求人们的行为方式和社会制度日益理性化，并在此基础上建立一个

---

① 社会转型是社会学的一个术语，是指人类社会由一种存在类型向另一种存在类型转变的过程。社会是一个大系统，它由许多子系统有机构成的。社会转型作为一个整体概念，它绝不仅仅是有形的经济领域的转轨，而是以经济转型为基础，包括社会各个子系统在内的全方位的转变，它意味着社会生产方式、经济体制、政治制度、法律制度以及人的心理结构、价值观念、行为方式、生活方式等一系列社会内在系统的全方位的变革。在社会转型过程中，由经济转型带来的人性认识的转变是本书探讨的重点，因为经济转型是一种客观的社会力量，在它强力推进下，必然导致社会结构的变化，从而造成人的生存方式也发生相应的变化，而教育是把人培养成符合时代要求的人的伟大事业。所以，一方面，社会经济和人性观的改变必然带来教育的改变，另一方面，教育的改变又反过来推动着社会经济和人的生存方式的转型。可以说，三者始终处于互动的关系之中，因而考察当前我国教育管理及课程管理中人性观念的根源与影响因素，必然要从当前我国的社会转型背景出发。[参见李颖《教育中的人性追求：西方社会转型时期的教育转型及其启示》（学位论文），东北师范大学2006年，第3页。]

理性的社会秩序。所有这些梦想在20世纪中叶以后基本得以实现，但是伴随着文艺复兴理想的实现，在这种理想中所蕴含的对人性的理解的误区也逐渐充分地暴露出来。

特别是在第二次世界大战后，西方发达国家进入了一个新的历史发展时期：一方面，局部战争、恐怖主义、环境危机、社会分裂、信仰缺失等全球性问题迫使西方人对文艺复兴以来的人性理想、社会理想、教育理想进行深度反省；另一方面，网络技术、生物工程、纳米技术等新兴高科技产品深刻地改变着人类的行为方式、生活方式和价值观念，人类似乎进入了一种更新的文明，人类社会进入了又一轮新的转型。[①] 总体来说，以批判为表现形式的西方社会第二次转型中的人性讨论体现了对人生终极意义的关怀的价值趋向。

全球化把中国卷入这个历史的进程中，所以当代中国同时面临和实现着两次转型合二为一的历史际遇。在这样的历史际遇中，我们拥有怎样的社会转型历程呢？

自鸦片战争开始至今，中国都在力图实现着现代社会的转型。100多年来，中国数经变革，或局部修补，或脱胎变革，或激进运动。今天，我们重新回归理性和世俗，特别是1992年社会主义市场经济体制确立后，我们进入了一个平稳的社会转型时期。这一阶段在器物层面的转型，使中国老百姓的物质生活发生了翻天覆地的变化，从根本上改变着贫穷落后的状态；在生产方式和技术层面的转型，使西方现代先进的生产方式和管理经验被大量吸收和利用，中国人的企业组织形式和管理方式在不断地发生变化；市场经济体制的确立在历史上第一次在中国社会生根、开花、结果；在政治制度层面的转型，使民主、法制不断地健全，"立党为公，执政为民""依法治国，建设社会主义法治国家"成为执政党的治国方略，中国正在积极探索由人治走向法治的社会转型途径；思想文化方面的转型，再

---

① 自20世纪50年代以来，以丹尼尔·贝尔的《资本主义文化矛盾》（1978年）、马尔库塞的《单向度的人》（1968年）以及弗洛姆的《健全的社会》（1955年）为标志，西方诸多思想家对人类即将进入的后工业社会进行了冷峻的批判，尖锐地指出了现代人出现的"单向度"性精神危机，认为工业社会和后工业社会的流水线及自动化控制使人越来越机械、被动，人的各种潜能被埋没，甚至退化，人的完善性被肢解，人日益成为"单向度的人"。他们认为"现代性已经不再是一种解放的力量，相反地，却成了奴役、压迫和压抑的根源"，后工业社会来临的一个结果是精神分裂症成为20世纪西方的主要文化病症。人类进入了一个"人面对命攸关的根本变革所必须立即做出回答的问题：探问整个人生有无意义"的时代。

一次兴起了翻译、介绍和研究西方学术思想的热潮,多元文化、多元价值观映照着当代中国社会正在摈弃传统闭锁的思想观念,在全球化的信息时代更加解放,并且与时俱进。然而在陈述社会转型给当今中国社会带来了进步与发展的同时,我们也须思考市场经济所带来的新人性问题,直面现代中国人的精神层面的诸多纷扰:生命中的不可承受之重与生命中不可承受之轻的相互纠缠。[①]

所谓"生命中不可承受之重"主要强调三层含义:最表层的含义是强调生活节奏加快,生存压力加大,生命危险性加强,生命道德的风险加重,结果是人活得忙碌而疲倦。中层的含义是强调生命处在异化状态,人为了金钱而疲于奔命,人感到深深的不自由,人活在偶然性中,人的内在价值感和幸福感在异化状态中消失,人变得忙碌地活着却是无意义的存在,这就造成了一种沉重的压抑感。最深层的含义是强调人失去了选择的价值标准,人为了摆脱上述的无意义感,要去寻找某种价值作为自己生命的依归;但是,在当代中国,由于对超越性力量敬畏的消失,使得这种选择失去了标准,这种无标准状态使选择成为冒险,而且这种冒险和一般的冒险不一样,它不仅仅是拿自己的整个生命去赌,更为重要的是它涉及人生命的尊严与价值,而人们又不得不去选择,因此,这种选择显得格外的沉重。这是当代中国人存在的"生命中不可承受之重。"

所谓"生命中不可承受之轻"主要是强调生命处于漂浮状态,因为生命没有皈依,精神附着于外物,而外在的存在却是一种偶然性的存在,人的精神生命一旦附着于外物,生命也就变成偶然性的生命。个体只是社会流水线上的一个零件,缺少谁,社会都照样运转。这样一来,精神不能回归自身,也就无法获得自由;无法获得一种内在的必然性,也就无法获得真正的幸福。因为幸福是自由与德性的统一。对当代中国人来说,既没有自由,又没有德性,因此也就失去了真正意义上的幸福,最多只能获得一种感性的快乐。但是,感性的快乐是一次性的、偶然的、表面的,如果它失去了意义之根,也就变得飘忽不定。这样的生存状态是一种让人难以忍受的漂浮状态。这是"生命中不能承受之轻"的含义。

当代中国人一方面在承受着生命中不能承受之重,从而忙碌疲惫、焦

---

① 参见李颖《教育中的人性追求:西方社会转型时期的教育转型及其启示》(学位论文),东北师范大学2006年,第117~118页。

虑恐慌；另一方面又在承受着生命中不可承受之轻，从而在无意义体验中迷惘飘忽、孤苦浮躁。生命的沉重与漂浮感皆说明个体在社会转型中逐渐消失。个体消失的年代，教育和教育管理也无法避免批量化生产的轨迹，无异于意义体验和生命认同的规范性课程管理是经济性价值取向、制度化组织管理在教育中的体现。

庆幸的是，历史际遇让我们在借鉴西方二次转型的基础上思考现实，德性反思让我们在市场经济背景中寻找自我。当课程改革高举"多元主义教育价值观、教育民主化与教育公平的理念、主体教育观、生态伦理观、个性发展观"的大旗时，我们不禁要问：非制度化的课程改革怎能借助制度化的管理得以实现呢？[①] 于是，寻找个体，寻找课程管理中的个体，寻找拥有存在论意义的教师个体，成为德性课程管理的出发点。因为只有"当教师能追寻、建构自己的认同，才可能有负责任的自主行动和不断成长的动力；这样的教师才能找到自己和学生的主体性"[②]。

[①] 参见杨启亮《一种假设：以新课程理念导引新课程管理》，载《当代教育科学》2003年第19期。

[②] 周淑卿著：《课程发展与教师专业》（作者序），九州出版社2006年版，第2页。

真正的人存在于智人——狂徒的辩证法中。

——埃德加·莫兰

第四章 德性的坚持
——课程管理即德性生活的走向

人对自身的认识是作为人类存在的一部分的。在古希腊哲学中，人类对自身的认识和追问有"人是什么""人应该是什么""怎样做才能成为应该成为的人"在苏格拉底（Scorates）看来，"哲学的唯一问题就是人的问题"，"只有坚持不懈地认真审视自己、审视别人、审视人类的生活方式，才能获得对人的洞察"①。然而，对自身的认识与追问也往往是人类难题产生的主要原因，"人的难题产生于我们意识到了存在与期望之间的冲突或矛盾，即'人是什么'与'人应当是什么'之间的冲突或矛盾"②。近代以来，教育之所以成为问题，可以说是由于人们开始意识到教育作为一种存在与人对其期望之间产生了矛盾。换句话说，教育本来是打着促进人的全面自由发展、为人谋求幸福的旗号，然而，作为现实存在，它却束缚、限制、扭曲了人的发展状态，阻碍甚至剥夺了儿童的幸福体验，教育在给人提供了一种处境的同时，也使人深陷这种冲突与矛盾之中；于是，人们开始反思教育如何兑现提升儿童生活幸福的承诺，新课程改革、新课程理念大致就是围绕着这样的一个目标而开展的。然而，当现实生活中的教育管理者和课程管理者以约束、控制、限制的方式管理我们的教育，同时又向教师提出教育新理念时，如何引导教师实现这种转变呢？于是，以彰显人的精神自由为特征、以追求卓越和生命特征为根本表现的德性观成为我们重新审视课程管理和课程管理中的人的出发点之一。

德性是人在不断超越自身自然属性的过程中所获得的一种"内在的卓

---

① 转引自金生鈜著《理解与教育》，教育科学出版社1999年版，第3页。
② ［美］赫舍尔著：《人是谁》，陈仁莲译，贵州人民出版社1994年版，第2页。

越或优秀的人性",从德性出发,重新审视课程管理的问题,我们需要重新对课程管理中的人、课程管理现象、课程管理方法进行分析和认识。德性课程管理就是管理者为着教师的德性发展而以德性的方式进行的管理。在这个过程中,管理者和教师不仅不断体验着生活的意义和幸福,而且也不断实践着自由和理性,教师的专业发展有了新的突破,课程的德性品质也真正落到了实处。

由于对德性的坚持,课程管理实践着对德性生活的走向。

第一节 寻找教师德性生活的空间

一、德性之于个体确立的意义

在强调人对利润追求的市场经济大背景下,我们的教育和教育管理逐渐引入自由竞争、优胜劣汰的管理机制。这种管理机制强调在管理中对有序性和高控性的追求,教育被看作塑造技术的过程,教育被视为社会经济发展的手段,文化在这种管理机制中迷失了自我、放逐了品位。于是,升学率、文凭、金钱成为学校、家庭、社会相互追逐的终极目标,对于人性、人格、道德、能力、创新的培养成为一种实实在在的口号或装饰,虽口号喊得响,却无任何实际意义。无论是作为受教育者的儿童,还是作为教育者的教师,其自我体验、表达、创造都被掩盖在有序化的教育事务运作中,个体的消失成为现代教育中的普遍现象。

然而,人不同于物,"人是社会的存在、共同的存在,具有对共同性的欲求,甚至可以说,这种依存性和依存感是人的本质。问题在于它是哪种类型的依存性,我们必须克服对国家、企业、家族制度、大众媒体等种种权威及迷信的依赖。但是,困难的是每个人在具体的人际关系中,源于人性的依存性和由权威及迷信派生出来的依存性盘根错节地纠缠在一起"[①]。尽管人性中的依存性具有极其复杂的特征,但是,今天看来,"个体的确立"已成为人们共性的话题。"所谓今天的个体的确立,就是把自己的信念及生活方式的基础,不是委托给归属集团,而是通过独立的思

---

① [日]尾关周二:《媒介、信息与人》,见尾关周二著《共生的理想:现代交往与共生、共同的思想》,卞崇道、刘荣、周秀静译,中央编译出版社1996年版,第104页。

第四章

德性的坚持——课程管理即德性生活的走向

考,拥有重视普遍价值之普遍的、批判的精神;同时,更重要的是认为作为这种普遍的、批判的精神的支柱,也要重视以自由、平等精神结成的友爱的共同关系"①。个体的确立是一个改变依存性和使依存性向共同性转化的统一过程。

个体的确立并非个人主义和利己主义,而是在具有独立思考和批判能力的基础上对共同关系的追求。因而,个体的确立就是共在、共生的过程,这个过程需要借助德性之智来实现,同时,德性的追求过程就是实现共在、共生的过程。

亚里士多德指出:"我们探讨德性是什么,不是为了知识,而是为了成为善良的人。不然,这种辛劳就全无益处了。"② 人作为道德的存在、价值的存在,总是要不断地追求自身多方面的发展和完善;而德性则可以很好地体现人性发展的状况,规定人精神发展的方向,同时又在人们日常的道德生活中支配着人的选择,使选择尽可能地合乎道德、合乎人性。离开德性的生成,人精神的超越和存在的完善就必定会落空,就很有可能导致自我心灵的封闭乃至窒息。可以说,德性是使选择趋于完善的核心所在。

人的德性是享用美好世界的"器官",德性可以使人体验到实际存在着的他人的善良,洞察到人性中向善的可能、求善的潜能,相信人类与社会走向理想与完美的趋势,只有一个德性得到充分发展与完善的人才能对生活充满美好的感觉,这样的人心里充满着理想与希望,才能充分地享受生活,才能处处体会到他人对自己的爱意及善行,从而经常对他人心怀感激,使自己沐浴于人间美好的情怀之中。现代许多人的孤独、失落与痛苦正是由于缺少德性而引起的。我们可以这么说,德性使人成为人,德性体现了人之所以为人的尊严,是个体确立的根本所在,德性使人回归生活。

当然,我们对价值、生活意义进行审视、选择是离不开理性引导的。如果说个体的确立是为着对好生活和生活意义的追寻的,那么人的德性作为人的内在品质则从根本上体现了人的理性本质。真正合乎人性的生活体验和价值选择其实是德性和理性共同作用的结果,"人因为有理性,才分享了善的理念,灵魂才能向上飞升,领受灵魂的完美与和谐,才有正义的

---

① [日]尾关周二著:《共生的理想:现代交往与共生、共同的思想》,卞崇道、刘荣、周秀静译,中央编译出版社1996年版,第104页。

② 转引自苗力田《亚里士多德全集》(第8卷),中国人民大学出版社1994年版,第29页。

生活，因而理性是德性的根源，有了理性，人才属于精神的存在，才是向善的；同时，人也有肉体的欲望和冲动，所以人也属于自然界，连接人的神性与兽性的是心灵的激情，它是对理性的敬畏，支持理性对欲望的克制"①。

二、个体生活相对于课程管理的优先性

课程管理中，无论是园长还是教师、幼儿，他们都必然首先作为一个个活生生的人而客观存在着，课程管理中的个体是有着自己独特生活的个体，因而课程管理的进行首先是把握其中个体的生活意义，管理者和教师都只有先经营好自己的生活、明了生活的意义，才能真正领悟教育的意义，寻求教育对于儿童发展的力量。如果课程管理失去了生活意义的根基，必然会带来教育远离生活的结局：教育变成处理知识和技能的一门技艺。所以，我们说儿童教育是"成在教师，败在管理"。

生活之于课程管理的优先性是建立在生活之于教育的优先性基础上的。教育是使教师和儿童都接受来自生活的积极影响，并时刻发生于生活中的活动，对此，福禄培尔（F. W. A. Frobel）阐释："学校是什么？学校应是什么？要明确地阐明这两个问题，必须进一步了解如下真理，即：儿童作为一个人，不仅应教给他学习的对象本身，还应教给他与该学习对象有关的知识。否则，教也好，学也好，都是没有思想的游戏，它们对人的头脑和心灵、精神和情感不会发生任何作用。"② 接受生活的影响，并时刻谋划着为生活考虑的教育，是真正自然、自由的"如其所是"的教育，作为教育者，尝试将儿童的日常真实状态包括兴趣、疑问、冲动以及喜、怒、哀、乐等情感都完整地引入到教育活动中，使他们每个人都表现一致，这才是真正面对一个活生生的立体的人的教育，全面而充盈的教育。③

个体生活相对于课程管理的优先性主要表现为两个方面：一是个体日常生活是课程管理的背景；二是课程管理不仅要解决秩序和效率问题，也要解决生活幸福问题。

---

① 金生鈜：《德性教化乃心灵转向：解读柏拉图的德性教化理念》，载《湖南师范大学教育科学学报》2002 年第 2 期。
② ［德］福禄培尔著：《人的教育》，孙祖复译，人民教育出版社 1991 年版，第 90 页。
③ 参见刘万海《回归德性生活》（学位论文），华东师范大学 2007 年，第 452 页。

第四章

德性的坚持——课程管理即德性生活的走向

每个个体都有自己独特的生活,在生活的过程中,个体逐渐建构了自己的价值观念和体系,这既是生活的结果,也是生活的过程,因而个体无论何时都是在用自己的价值体系去审视生活、评判生活、诠释生活事件、塑造生活角色和理想。课程管理中的个体——园长和教师也必然是带着自己生活的痕迹而参与到课程管理活动中的,其活动形式必然沾染着自己的生活气息。然而,现代社会因为对外在目的和利益的关注而摈弃了生活意义:"随着社会机制日益发达,尤其是现代的生产、分配和传播制造了大量的表面目标和利益而掩盖了生活的真实意义,各种体制和标准把生活规划为盲目的机械行为,人们在利益的熏染中失去了幸福,在社会规范中遗忘了生活,就好像行为仅仅是为实现体制的规范目标,而不是为了达到某种生活意义,社会成功了而人失败了。当然,伦理学无论如何不是为了反对规范和社会,问题仅仅在于任何规范和社会安排都必须以生活的理由去解释,而不能以规范和制度自身的程序合理性去辩护。以程序合理性(形式)去回避或掩盖实质合理性(内容)问题是现代社会的一个特征,这种现象在法律、管理制度、教育体制、考试标准、审查制度中比比皆是。"[①]在这样的社会生活中,社会规范成为目标,人们习惯于用各种"可计算的指标"来引导自己、代表自己,于是,生活变成了别人的生活,这样的生活失去了生活的"本意(telos)"[②]。因而,社会规范只能是生活的必要条件,而生活本身的意义和质量才是生活的"本意"。近代管理学的发展进程似乎精确地演习了这个"去生活"的过程:随着管理科学的精致化,人成为管理中实现某种目的的手段,成为社会大机器中的一个组成部分,逐渐遗忘了对生活意义的思考和对生活幸福的体验。但是,课程管理因其教育性和责任性而更需要关注生活的意义,因而课程管理不仅要解决秩序和效率问题,也要解决幸福问题。从特定的情境入手分析,课程管理必然要处理秩序和效率的问题,然而在秩序和效率的背后又是什么呢?如果要对生活的问题进行层层分解,可能会涉及诸如荣誉、利益、身份等功利目的,当我们不停地分解,就会发现生活的最后是幸福,幸福是人的生活终极性目的。为此,以生活为背景的课程管理必然也要在观照秩序和效率的

---

① 赵汀阳著:《论可能生活》,中国人民大学出版社2004年版,第9页。
② 在《论可能生活》一书中,赵汀阳先生用"本意"一词来说明生活的整体性目的,是在生活中永远不会有结局或实现的一种追求。

同时，关注生活的终极意义，因而任何有效的课程管理和自主性管理都只有让主体体验到生活的幸福才真正有效和自主。

可以说，课程管理是以生活为出发点并为着生活的实践活动。

生活相对于教育和教育管理的优先性并不等于说教育和教育管理都要变得像日常生活那样随意和充满偶然性，而是从生活的意义性着手考虑教育和教育管理，要使教育和教育管理时刻渗透着生活的意义性。教育"是教师、学生以知识为中介的价值活动，也是教师与学生组成的人的世界"，教与学"是教师与学生的一种存在方式，教学世界也是教师和学生在自己的生命活动中创造着有意义的'生活世界'"。① 我们的教育在关注儿童学习中的生活意义性的同时，也要时刻关注教师对生活意义的体验；教育管理者不仅要引导教师提高教育教学技能，更重要的是养成合理的职业生活态度、方式，尤其是创造职业幸福生活的意识与能力。

在课程管理过程中，尊重生活的优先性，不仅会使教师和园长的发展受益，更重要的是对儿童生活的唤醒。教师"只有把自己当作儿童，才能帮助儿童成为成人；只有把儿童的生活看作自己童年的重现，才能使自己日益完善起来；最后，应当全心全意地关怀儿童的生活，才能使自己成为一个人道的教师"②。从教师的职业生活中引出课程建设问题，将所谓的"科研任务""教研任务""笔头工作""反思任务"等课程建设任务与教师自己的经验世界建立联系，由此产生德性互动、情感共鸣，这应当是我们在此提出"生活相对课程管理具有优先性"的基本出发点。对课程管理来说，观照教师的生活和生活体验，注重教师对职业生活意义的探求，是有效管理的终极目的；只有如此，教师才能优先地观照儿童的生活，从生活出发开展教育，发挥教育机智的较高境界。

同时，教育应该对每个人的生活负责，不仅要对未来生活负责，更要对当下生活负责。课程管理不仅要对儿童的生活负责，也要对教师和管理者的生活负责；不仅要对教师和管理者未来的生活负责，更要对其当下生活负责。只有如此，教师在教育活动中才会关注儿童的生存状况，管理者才会采取人道的管理方式；教师才能在管理的大环境中既执行传导者的角

---

① 参见迟艳杰《教学意味着"生活"》，载《教育研究》2004 年第 11 期。
② ［苏］山·A.阿莫纳什维利著：《孩子们，你们好!》，朱佩荣译，教育科学出版社 2002 年版，第 36 页。

色，也追求做人的道德、审美和自由的精神体验，在领悟和体验生活的过程中自主成长。这些都是生活在课程管理中所延续的价值。

于是，坚持德性追求的幼儿园课程管理观必然先将教师置于生活的视野下，课程管理过程成为管理者引领教师进行价值和意义探寻的生活过程，德性课程管理过程就是促进教师德性发展的德性生活过程。

三、德性课程管理：一种为着教师德性发展的可能生活

"可能生活"（possible lives）是我国哲学家赵汀阳先生伦理学思想中的一个概念。他对此概念的解释是："如果一种生活是人类行动所能够实现的，那么就是一种可能生活。"[1] 或者说，"可能生活就是每个人所意味着去实现的生活"[2]。在他的理论体系中，"可能生活是现实世界条件所允许人们进入的生活，但不完全等于现实生活，因为现实生活只是可能生活的一部分，还有许多可以进入的生活是能够创造出来但尚未创造出来的。于是可能生活具有理想性，它可以在现实生活之外被理解，但必定是能够通达的（accessible）"[3]。人的未完成性和开放性决定了人的可能生活是多种多样的，实现更多的可能生活会意味着更加丰富的生活状态，但是在众多的可能生活中，有些是实现幸福生活的必需条件，没有这些条件，生活可能就有缺陷。"对于大多数人来说，终其一生也无法实现太多的可能生活，但只要他实现了某种能够带来生活意义的可能生活，他便是幸福的，因而这样的可能生活也便是他所必需的；反之，如果某种必需的可能生活没有被实现，便意味着现实中生活意义的阻隔，以及相应的幸福感的失落。"[4]

我们借用"可能生活"一词来说明，作为德性课程管理过程的"德性生活"是基于对教师现实生活反思的基础上而提出来的一种理想生存状态。对于课程管理实践中的个体而言，"德性生活"不是唯一的可能生活，而是个体作为一个德性主体能够实现的一种生活，是对现实生活的突破，是以追寻和体验生活意义为本质特征的获得幸福体验的可能生活。将德性

---

[1] 赵汀阳著：《论可能生活》，中国人民大学出版社2004年版，第22页。
[2] 赵汀阳著：《论可能生活》，中国人民大学出版社2004年版，第148页。
[3] 赵汀阳著：《论可能生活》，中国人民大学出版社2004年版，第148页。
[4] 刘万海：《回归德性生活》（学位论文），华东师范大学2007年，第157页。

德性课程管理论

课程管理作为一种"德性生活",是基于课程发展与教师发展同构的基本观点的。

在本书的语境中,德性生活的核心就是追寻生活的意义,是对课程管理中的个体的现实生活的突破。处于德性生活中的教师就是德性主体,是开放的、进行中的、追求生活信念的人,在这个追求的过程中,个体不断践行着自由、理性,在创造性的活动中实践着对生活意义的追求。这种德性主体绝非完成时态的人,而是在德性生活中不断进行着意义探寻的"体验者"。所以,德性生活也不是对终极理想状态的描述和界定,而是对生活意义的接近和体验过程。同时,德性生活和作为德性主体的教师是无法分开的,我们通过描述德性生活而描述德性生活中的人。

自由作为有意义生活的基本条件,也是获得幸福感的关键特征,因而德性生活首先意味着自由,然后由自由来担保理性精神的发展与创造性活动的实现。因而,处于德性生活中的教师,就是生活在精神自由状态下的不断体验着理性精神的从事创造性活动的德性主体,德性生活就是彰显教师精神性的一种可能生活。

(一) 德性生活就是获得自由的过程

什么是自由?普特认为"自由是主体间所建立的能够在不受干预的情况下共同生活的关系状态"[①],但是作为关系状态的自由并不是人生下来就拥有的,而是个体在生活的过程中不断获取的,所以,作为状态的自由必然包含着实现自由的能力,即自由不仅是价值观念,也是一种在自由生活的历程中获得的生活能力,这种能力不仅表现为对外的自由诉求,也表现为对自我内在惰性等障碍的屏除。[②] 可以说,获得自由的过程既是观念上的转变,更是自我生活能力的提升过程。

德性生活对人的生活和生活意义的关怀就是对自由的实践和操作。处于德性生活中的人要不断审视自己并追寻生活的意义,而生活的目的和意

---

① 普特:《共和主义自由观对自由主义自由观》,刘宗坤译,载《二十一世纪评论》1999 年第 54 期。
② 金生鈜教授认为,自由"不仅仅是向个人的外在的条件提出了自由的诉求,也是向自己的自我提出了实现自由的内在能力的要求;自由既要去除外在的阻碍自我实现的东西,又要驱除内在的障碍。那些自我的欺骗,那种心甘情愿的奴化,那种没有自我价值感的自卑,那种自我认识的欠缺,那些自我控制的缺乏,都是个人实现自我价值的内在的障碍"。

第四章
德性的坚持——课程管理即德性生活的走向

义只能在生活的过程中显现出来。其生成性和体验性决定了每个人的生活都是由每个人自己过出来的。因而每个人在寻求、体验自己生活的意义时，首先要认识自己当前的生活状态，并为着生活的终极意义而努力摒除内外障碍，在生活的过程中趋向自我实现，德性生活是自己过出来的，而非别人教出来的。

在课程管理过程中，作为德性主体的教师对自由的践行[①]可表现为三个方面。

（1）认识当前的自我状态，并表达自己在课程建设活动中的认识、观念、体验，积极追求一种适合个人的发展道路。自由首先就是要认识自己。"人，最重要的是能够意识到自己是一个有思想、有意志而积极的人，是一个能够为我自己的选择负起责任的人。只要我相信这一点是真理，我就觉得自己是自由的，而如果有人强迫我认为这一点不是真理，那么，我就觉得在这种情形下，我已经受到奴役。"[②] 在德性课程管理过程中，作为德性主体的教师努力认识自己，在认识的基础上寻求一种适合自己的方式和发展道路，这是其践行自由的表现之一。现代幼儿园教育理念支持下的"帮助教师专业成长"的各种教科研活动，在组织学本意上就是引领教师认识、了解并改善自己及自己组织的活动，尽管有许多幼儿园在教科研组织上出现了各种偏差和理解的误区，但同时也有很多闪光点值得我们驻足审视。

以笔者曾参与观察的某幼儿园教研活动为例。

研讨主题　六色花俱乐部
活动环节
一、两个教育活动的组织和观察
二、核心小组的讨论
讨论主题：确定环节三的活动流程和讨论主题。

[①] 德性课程管理作为帮助人发展自由的内在能力的可能生活方式，首先是不能以不自由的方式对待人，如限制人的表达、进行全景性的监控、要求服从等，即德性生活首先不能破坏人的消极自由；同时，德性生活对每个主体的生活和生活意义的关怀也为其自我实现提出了发展要求，即德性生活也践行着积极自由。本书接下来探讨的更多属于对积极自由的践行。

[②] ［英］柏林：《两种自由概念》，见刘军宁等编《市场逻辑和国家观念》，生活·读书·新知三联书店1995年版，第210～211页。

参与人员：环节三的两位活动主持人、两位幼儿园的老教师、环节一中的两位执教教师、业务园长和外请专家、笔者等

讨论内容：

1. 主持人介绍环节一——两个教育活动与以往活动相比，在组织和教师关注点上的变化。

2. 关于环节三活动流程的初步想法：主持人提出"白、黄、红、黑、绿、蓝六种颜色代表人的六种不同思维方式"，因而可以围绕着"每种颜色到底代表什么样的思维方式""这些思维方式对于我们的研讨活动有什么启示"等问题进行讨论，这样一种讨论过程可以用探秘、寻秘、揭秘、解秘四个环节来概括。

3. 观念碰撞：参与者提出以下几点建议。

（1）与其说黑色代表寻找教育活动中出现的问题，不如说是代表活动过程中所出现的令人感到遗憾、不满意的地方。

（2）建议环节三中要重点讨论这样的问题：当幼儿在语言活动中讲述的声音太小，执教教师应该如何给予幼儿支持或建议？

三、参与环节一的全体教师研讨活动

研讨内容：

1. 主持人先出示并介绍白、红、黄、黑、绿、蓝六种颜色，人的六种思维方式以及幼儿园教科研活动的六大环节，请教师思考如何配对，然后请部分教师到台前演示配对结果（见附录）。

说明：接下来的研讨活动就是沿着这样的顺序进行：执教者的历程阐释、执教者的感受和自我评价、可借鉴之处、不满意之处、改进的建议、最值得关注的核心问题及分析。

2. 请两位执教教师分别介绍自己的教育活动设计思路、自己三次试教中的调整和反思。

3. 请参加讨论的全体教师分组讨论以下问题：两个教育活动中值得肯定的闪光点、遗憾之处有哪些？可以提出哪些改进建议？当幼儿在语言活动中讲述的声音太小，执教教师应该如何给予幼儿支持或建议？即环节二核心小组所确定的"最值得关注的核心问题"。

4. 各组推荐代表阐释自己的见解。

5. 外请专家的总结：当孩子在活动中出现了让教师感觉不满意的表现时，教师要先考虑自己的教育支持是否恰当。

第四章
德性的坚持——课程管理即德性生活的走向

附录：

颜色	对应的思维方式	对应的教研活动环节
白色	纯粹的数据事实	执教者的历程阐释
红色	直观的情绪和感觉	执教者的感受和自我评价
黄色	乐观、肯定	可借鉴之处
黑色	负面的判断	不满意之处
绿色	建议和创意	改进的建议
蓝色	冷静控制和分析	最值得关注的核心问题及分析

上述教研活动的安排具有很强的形式性和流程性，但是与以往教研活动组织相比，上述活动重心发生了较大的改变，即活动不是以以往教师所习惯的方式——看课、意见、改进策略来开展，而更注重教师对自己思维方式的反思和对教研活动的体验。看课、意见、改进策略的方式虽然有助于教师较快地改进教育教学技能，但也容易让教师形成"公开课即批判课"的认识。显然，"六色花俱乐部"的研讨重心不是教育活动组织中的问题，也不是如何改进教师的教学技能，而是以游戏的方式开展，即在提供辅助材料的基础上先让教师认识人的活动背后的六大思维特征——事实描述、直觉、肯定、批判、建议、抽象提升，并以这六种思维方式来理解"公开课"，感受教研活动。所以，在这次教研活动中，教师对"公开课"的认识和理解方式不再是有意无意强调负面的"批判课"，活动主持人（也包括活动背后的真正组织者、管理者）更多体现了对教师努力的接纳、理解和肯定——请两位执教教师分别介绍自己的教育活动设计思路和他们在三次试教中的调整和反思。同时，上述活动组织者也在努力转变教师对教研活动的认识：利用六种思维方式解释研讨的基本环节，而非仅仅集中于讲述缺点、建议。正如活动后管理者在访谈中所言：

> 现代的幼儿园管理比较重视教师的自我发展和自我反思，可是如果教师辛辛苦苦准备好的课被说得这不好，那也不好，即使我们反复强调这是为了提高她的专业能力，老师还是会感到很不舒服。不管哪个发展阶段的老师，只有自己讲的意见或经过思考而组织的活动能够得到认可，才会感到自信。所以，我们认为教科研活动不能只集中在讲述活动的缺点、建议上，更重要的应该是看到老师的闪光点，这应

该是教师发展的起点。为什么要利用游戏的方式呢？以前我们的教科研活动，往往都是一些骨干教师在发言，说一些建议什么的，因为骨干教师更有经验，能为课的改进提供有效建议。但是这样一来，就有很多教师会觉得"我没有什么高明的建议，我不讲"，其实每个人看过课以后都是有自己的印象的，即使是新教师也会有，哪怕是一些困惑或者不理解的地方。但是怎么组织活动才能让每个教师都参与呢？我们就想要改变活动的组织，利用游戏的方式只是我们激发大家参与的一种形式。

也就是说，利用上述案例中的游戏形式，管理者正在努力实现教研活动从资源博弈向自我认识、自我表达的转变。

与其说"六色花俱乐部"这样的游戏教研气氛因确保教师能够积极地应对情境，提高教师的教学技能和教育机智，从而对其发展很有帮助的话，倒不如说其最根本的价值在于还原教师的真实性，使其得以将职业生活与自我真正统一起来，不仅自信地作为一个完整的人而且是独特的人，教师的情感体验、知识结构、认知兴趣到思维方式都是独一无二的，而这些品质的发展恰恰依赖德性生活的自由精神。

（2）能够面对完整、全面的课程建设活动中的物质、文化与心理世界，而不是压缩后的被剥离出来的枯燥的课程概念和操作步骤、程序。尼莫等人曾在《生成课程》一书中举了关于"开始了解你"的案例，在这个案例中，教师在日托主任即管理者的组织下展开对"万圣节"的讨论。在这个过程中，教师不仅逐渐明确了开展该主题活动所需要的物质条件，即操作问题，还较为深入地探讨了节日背后的文化价值和心理体验的问题。

> 鲁比（管理者）在组织教师讨论接下来的一个月的工作计划时，问："你们儿时有关万圣节的记忆是什么？"
>
> "哦，骷髅。"教师多勒瑞斯说，"逝者纪念日对我们家是很重要的。我们去墓地拔草，带去鲜花——金盏花。我现在能闻到它们的香味——向逝者致敬。我们在家里做了一个祭台——给逝者的祭品。它像一个节日，有好的食品，大家聚在一起。"
>
> "当我两三岁时，我的哥哥有一件骷髅的服装，我很害怕，"教师贝瑟尼回忆道，"我妈妈不准我和其他的孩子一起去进行'要恶作剧，

第四章
德性的坚持——课程管理即德性生活的走向

还是款待一下'的活动。她说这像是讨饭,我们家不做那种事情,我觉得不光彩。有孩子到我们家来,我妈妈叫他们走开。这些孩子就在家外面的窗子上涂了很多肥皂沫,我不得不去把窗子擦干净,我恨万圣节。"

"鲍比很喜欢这个节日,"鲁比说,"有南瓜和游行,鲍比说的万圣节的意义是什么?逝者纪念日的意义是什么?"

"它是有关死人的,对不对?"教师桑德拉问。"是有关对他们的回忆,或被他们吓坏了,或打扮起来去吓唬他们,鬼怪、骷髅、磷火,但是,南瓜与这些东西有什么关系?"

"我猜它们刚好上市——这是收获的季节,"贝瑟尼说,"有人觉得南瓜很合适在上面刻出可怕的脸。万圣节是不是只是美国的节日?我觉得南瓜只是美国的万圣节有。"

……

"我们这儿已经谈了不少,"鲁比说,"我们讲的哪些听起来是儿童感兴趣的课程?"

"没有多少!"教师萨莉说,"吓人兮兮的,死亡和鬼怪,还有巫婆。这些都不适合小孩。但是我们又怎么能对它们视而不见呢?不管我们做不做,大一点的孩子都会把这些东西带到学校里来。父母也会问我们有关服装的事。"

……

鲁比把教师讨论的内容写在了黑板上:

万圣节/墨西哥忌日	
好的东西	**不好的东西**
家庭成员团聚	感到害怕
家庭故事	巫婆的刻板形象
特别的食品(大家在一起吃)	往别人家窗子喷肥皂沫
纪念逝者	鬼怪
南瓜	买化装的服装(很昂贵)
穿化装衣服	面具(使人害怕)
制作节日服装	骷髅
面具(好玩)	有人不能参加
骷髅	因为宗教信仰问题

德性课程管理论

"我不要丢掉墨西哥忌日，"她解释道，"这对多勒瑞斯河的有些家庭来说很重要。所以，让我们考虑一下这两个节日。这两个节日中有哪些对孩子来说是好的？哪些是不好的东西——那些不能反映我们的价值观的东西。"

"看黑板的两边，有的内容是相同的，是不是很有趣？"鲁比说，"就拿骷髅来说，它们使你害怕就不好，但你在墨西哥忌日时能吃到糖骷髅，并能打扮成一个骷髅去吓唬别人就不错。"

"还有它们能把你的身体整合在一起，"贝瑟尼说，"现在看来，它是适合4岁和5岁的儿童的课程：我的身体里边是什么？"

"面具的后边是谁？"格罗里亚轻轻地说。

"哦，所有这些都是有关人类为了对付未知事物所发明的方法，对不对？"桑德拉说，"死亡——是一个重要的未知事件。它使人悲伤，感到害怕。生病也使人害怕，因为有时当人们生病时，他们会死去。所以，治疗的人和他们的魔力真的很重要。了解你的身体如何工作和如何照顾你的身体是重要的。"

"儿童和成人如何面对他们的害怕？"贝瑟尼边想边大声地说，"把害怕说出来，了解它们，在游戏中表现它们！这些节日都是把害怕表现出来，对不对？现在它对儿童来说，是一个真正要考虑的东西。"

"你们中间是否有人已经想到你们有可能要进行的活动？"鲁比发问道，她清楚地认识到，好的课程需要植根于教师自己对"什么样的主题对特定的儿童和成人是有意义的"的理解。

于是，大家对自己班级可以开展的活动及需要的物品进行了相关讨论。[①]

通过上述案例，尼莫等研究者力图说明"开始了解你"的讨论活动，可以将成人心理与儿童心理联结起来，教师能更好地了解儿童和生成课程。"'开始了解你'的讨论能帮助教师在对不同儿童的经验含义的理解上形成一种共同的基础。'你在儿时做些什么？''你对……还记得吗？'

---

① [美]约翰·尼莫、伊丽莎白·琼斯著：《生成课程》，周欣、卢乐珍、王滨译，华东师范大学出版社2004年版，第64～69页。

第四章
德性的坚持——课程管理即德性生活的走向

'当……时候,你感觉怎么样?'这些问题能直接勾起成人的重要记忆。这些问题没有正确的答案,每一个人是他自己经验的专家。共享儿时的故事能帮助教师找出共同的价值观,并在对别人的情感抱有同情的基础上,对他们的真正的不同的地方进行妥协。"而如果我们从课程管理的角度来看,在这个讨论活动中,管理者引领教师不断进行着全面的学习,在这个过程中,教师不仅同物质世界展开沟通与对话,也借助同他人的沟通与对话(形成朋友)、同自身的沟通与对话(形成自我)进行着学习,这时的管理历程就成为教师面对完整、全面的课程建设活动中的物质、文化与心理世界的学习过程,这是一个"借助同物质世界的沟通与对话(形成世界)、借助同他人的沟通与对话(形成朋友)、借助同自身的沟通与对话(形成自我),三位一体地实现'意义与关系的重建'的永恒过程"①。这样的三种对话性实践学习显然是生活化和自由化的学习。然而,这种学习并非轻易就能进行的,特别是在我们的幼儿园课程管理实践中,由于种种教育、课程、管理观念与机制的扭曲,往往阻隔个体同物质、他人、自己的自由对话。比如,为了追求效率的考虑,教材呈现的都是一些惰性知识,即脱离情境并被压缩与简化了的知识,这样一来,教师在备课时就无须考虑教材背后的生活意义,更不用去考虑自己在其中的意义体验;行政化和行为导向性的课程管理往往以各种监控方式出现,教师如何有心情、时间与精力去反思自己,与内心对话?教育者的权威、控制以及制造出来的同事之间紧张的竞争关系使每个教师与他人的对话困难重重。德性生活恰恰强调课程管理中每个主体要多一分耐心与舒缓,少一些急功近利;多一些自主判断,少一些被动服从。

(3)能够尽可能客观、全面地自我认识与反思,而不会受到外在评价的过多误导。先看一个笔者参与过的非行政性培训活动(参与人员均为女性)的记录。

　　N市D幼儿园教师培训(学期初课题研究启动)
　　培训地点:D幼儿园三楼。
　　主持人:外请专家X教授、X教授的两位硕士研究生XY1、XY2。

---

① [日]佐藤学著:《学习的快乐:走向对话》,钟启泉译,教育科学出版社2004年版,第332页。

参与人员：N 市 D 幼儿园 30 余名教师，F 幼儿园业务园长及 3 名教师，C 幼儿园业务园长及 3 名教师，Y 幼儿园 3 名教师。

培训目的：

1. 帮助教师了解幼儿在音乐教育活动中的表现，并帮助教师组织教室内的教学活动。

2. 了解儿童的现状并以此为教育活动设计的起点，了解幼儿的最近发展区，并为分析幼儿的活动水平提供观察框架。

3. 知道怎样界定儿童的最近发展区，知道怎样支持儿童的发展并能将这样的工作思路迁移到其他工作中。

培训过程：

1. XY1 先对该次培训活动的工具——剑桥项目进行介绍，重点强调评价观的转变及评价进行的场所。

2. 由培训活动所在的 D 幼儿园老师组织 3 个预先安排好的音乐活动：打击乐、歌唱和律动（每次活动中都包括大班、中班、小班孩子各 6 名）。

3. XY1 再次对幼儿音乐能力的 10 个发展等级及评价工具的描述性品质和评价性品质进行介绍。

4. 请第二个教育活动的组织教师再次展示其所组织的音乐活动中音乐的节奏特点，并体验节奏的变化。

5. 请三组教师（自愿）以幼儿身份再现如何利用打击乐器表现音乐的节奏变化。

其中第一组的两位老师，尽管主持人一再强调能力强的教师不要太主导另外一名教师，但是两位教师还是出现了分工与合作。

第二组通过明晰的分工、合作，利用不同的打击乐器表现了音乐特点。

第三组在 X 教授所指导的访问学者参与的情况下，3 人通过分工协作更"精彩"地完成了音乐的打击表现。

6. 组织教师讨论"上述三组'幼儿'的表现，什么地方是让你觉得印象深刻的？"

7. 教师分组自由组合（不限人数、形式），用舞蹈来表现音乐。

三组中有两组在第二遍音乐播放时已有较为成形的合作舞蹈动作；另一组正在进行较为严肃的讨论（有约 2/3 的教师抱臂旁观），

不久，该组分为两小组，一组练习，另一小组仍在讨论（后面的表演表明这是她们商定的一个舞蹈剧里的两个小组），第三组活动幅度较小，但是后面的表演则证明她们的分工是相当明确的。

8. 各组兴高采烈（表演时的面部表情是愉悦状态，且作品是成形的）地展示自己的"成果"。

9. 请教师说说哪一组的表演对自己有启发、感触大些。

培训效果：

X教授：我觉得已经达到了培训目标。

参与培训的D幼儿园教师：我觉得活动中孩子的合作是非常重要的，但是这个表格中基本没有涉及，我不知道应不应该在观察和提供支持时关注这一方面。（后来经过讨论，结论是该框架本身的问题）

F幼儿园教师：在这个活动中，我们可以知道，在活动中给孩子提供合适的支持是非常重要的，并且认识到在音乐教育活动中，孩子的享受、舒适是第一位的，在享受的基础上让孩子掌握一定的技能也是非常重要的；还有，在活动中，支持也可以来自观众，观众的支持对于孩子的表现和自信心具有相当的影响力。

D幼儿园教师：上次周老师看了Y幼儿园组织的活动后回来告诉我们，当时我们都是糊里糊涂的，不清楚在组织活动的过程中到底要不要给予孩子支持。通过今天的活动，至少我们知道了给孩子的支持资源是很多的，不仅教师可以给孩子支持，还可以有其他给予支持的人，同伴的支持不仅可以大的给小的，小的也能给大的。还有X教授刚才谈到的物质的支持。对于把支持写在黑板上，我们都基本清楚，但是怎样给孩子更高级的支持还是需要进一步探索的。而且今天我们老师的活动组织得非常原始，没有什么干预和措施，结果我们发现孩子还是有很多我们没有想到的表现的，比如摇铃的搓、刮等操作，这些对于我们组织教育是有很多启示的。

C幼儿园教师：我觉得这个培训活动不是单纯追求几个观察指标的内化，而是关心我们教师是带着什么样的观念去评价孩子；通过我们的相互评价，我们可以树立一个积极的评价观，评价不是找别人的缺点却忽略优点，而是吸取别人的优点。我原来就比较倾向于这样的一种评价观，但是这个培训后，我可能就会比较明确地确立自己的评价观，今后我去组织各种教育活动时就要改变一点。原来是关注三点：找出一个亮点、指出一个缺点、提出一个建议，应该说，后面两点还是关注缺点。我现在可能就要改变，我就要强调：找出亮点、吸纳一个有益经验。

Y幼儿园的教师：这个培训活动可以为我们后面的音乐教育活动的组织提供一种思路，比如以前组织律动活动时，我可能更多关注孩子的创新、创造意识，看了研讨时所画的表格后，发现原来这个旋转、落脚、空间移动等也是需要我关注的，包括在音乐中很沉醉、很投入的感情也是我应该关注的。我们原来的活动是这样的，比如我在我们幼儿园也上过这个律动活动课程，当时就觉得在这个课程中，一点也体现不了我们老师的价值，我们老师在这个课程中就好像只是活动的组织者，不是合作者，也不是孩子的支持者、引导者，因为现在不是讲老师要退位嘛？老师都退位了，就是让孩子去表现。当时，我就不理解这个课程，今天听了主持人的介绍，知道这个课程的目标就是让孩子表现，便于老师进一步评价孩子，看孩子的原始状态，可以为我们下一步教育活动的组织提供依据，所以这个框架可以为我们提供观察孩子的思路。X教授提到，有的活动是用来评价孩子的，而有的活动是用来教学的，评价是为教学提供参考的。一学期有这么一次评价活动（开展），就可以为我们一学期的音乐教育活动的组织提供关于孩子发展水平的参考了。

笔者的印象：通过观察、练习、体验、对话等途径，大部分教师慢慢形成观察儿童，给儿童提供合适并且有利于发展的支持，支持的途径方式、来源是多样的的观念。

在上述培训活动中，教师不是因为被告之了具体评价标准而获得相关教学技能，在整个活动中，培训者特别强调教师参与，或以幼儿的角色参与，或以教师的角色参与，或参与具体游戏活动，或参与讨论与表达。正是在参与中，教师通过自己的体验、感受而理解"教学与评价的关系"、教师支持对幼儿发展的价值、教学中教师的基本角色定位等观念。这个观念转变的过程不是因为外部权威的讲解而实现的，而是基于自我的认识和反思而达成的。

(二) 德性生活就是理性精神的提升过程

理性的含义尽管有多种，但它们有一个共性，即理性是人类独有的、其他动物身上都不具备的特性；同时，理性也是人类身上普遍存在的特性，即只要是正常的人，都具有理性思维的能力，都具有自觉地调节和控制自己行为的能力，只是这种能力高低的程度不同而已。理性精神就其实质内容来说，不外乎是人的一般理性的具体表现。这种理性精神具有以下几种核心价值观：追求真理，崇尚科学，提倡实事求是、一切从实际出发的现实主义态度，推崇自主、自觉、敬业、进取的价值观。这些内容是理性精神价值观的主要表现形式，或者是理性精神的纯粹形态和典型特征。在现实生活中，理性精神又会在不同的社会形态中打上该社会历史条件的印记，从而表现出不同的具体特点。[1] 在我国当代课程改革的时代背景下，鉴于课程的主体性价值需求，德性课程管理中的理性精神主要体现了知识与德性、工具与价值、科学与人文的统一。而且，这种理性精神是有理性的人在教育活动中的自然需求，它不仅是指以概念、判断、推理等思维形式或思维活动为主的认知理性，更蕴含一种实践理性（道德理性），从而提升作为主体的教师在教育活动中的行为合理性。其目的不仅在于新课程理念的传递、教学技能的提高，更在理性人格的养成，以及一种合理职业生活方式的获得。在德性课程管理过程中，作为一种生存方式的德性生活，主要通过不断实践对教师求真、自主、反思、探究等精神品质的塑造而彰显出理性精神。

德性生活对求真精神的观照，具体表现为教师对待课程建设活动的一种科学态度与科学信念。求真精神对于教师而言，大体包含两层意思，一方面，要充分认识幼儿园课程的复杂性，坚持一种动态、开放、建构的课程观，为此，在教育活动中坚持从情境的独特性与幼儿的差异性出发，真诚而求实地与幼儿、与文本对话。另一方面，能根据幼儿个体差异性提出合理期望和要求，并能客观公正地评价幼儿。"你真棒！""真能干！""××小朋友，向他/她学习！""这种想法与别人不一样！""谁还有与众不同的想法！"……这种随意表扬与一味鼓励求新、求异的做法，是新课改

---

[1] 参见吴增基《理性精神的核心价值观及其在当代中国的意义》，载《南开学报（哲学社会科学版）》2004年第4期。

背景下在幼儿园教育活动中常见的现象，但是从本质上来看也是缺乏理性精神的现象，是我们需要谨慎思考的问题。对于幼儿来讲，求真就是能在活动中怀着理智的好奇心去探索、把握现实，并表达自己的感悟和想法；对于教师来讲，求真的过程就是了解幼儿并帮助其求真。也就是说，德性生活对于教师而言不仅是要在观念上塑造，更要在实践中贯彻，从而在教育中塑造幼儿的求真品质。

自主精神意味着教师在幼儿园课程建设过程中能够自主选择、自由发展。一方面，教师依靠自己的理性思维能够自主建构自己的教育活动并形成自己的教育信念，而不是完全听从他人的安排，有勇气为自己的观念、行为辩护、做主；另一方面，教师在课程设计和实施中从自主的角度审视幼儿，把孩子看作有着自主发展需要的个体，在教育观念上真正意识到教师的"支持者、合作者、引导者"的角色，使课程活动成为幼儿与教师、幼儿与环境、幼儿与知识、教师与文本之间的对话过程。无论是哪方面的自主性，都需要教师"运用专业知识诊断、分析事情的前因后果，思考各种可能的行动方式，并评估行动及决定可能产生的长远后果"的判断决策能力。专业判断决策能力的形成与教师对课程意义的追寻有着密不可分的关系，正是在对意义的追寻过程中，教师形成了自主能力和自主决策的意识，而自主能力和自主决策意识的形成验证了其对生活意义的追寻。因而，德性生活是不断实践着自主精神的过程。

作为推进学习有效进行的思维品质，反思成为现代教育中一项非常重要的培养任务。心理学家们在探究反思内容时受德国哲学家哈贝马斯人类兴趣理论影响，推导出反思的三个层面：技术的、实践的和解放的，[1] 具体到教师的教育活动来看，技术的反思就是教师考察自身是否遵循了既定的教育方法、规范并有效地实现了既定的教育目标；实践的反思是教师探寻自身行为、观念所依存的教育理论及知识体系，大致涉及儿童观、教育观、教育价值、倾向等；批判的反思是教师根据自身独有的指标衡量整个教育行为及其所处的环境，提出批判性意见，并着手改造现状的过程，主要涉及道德、伦理以及政治层面。在当前的幼儿园教育实践活动中，大多数幼儿园的反思活动还是停留于第一个层面，"我们在日常教学过程中主要反思的就是教学环节和教学设计，例如教师的教学环节的完整性、教学

---

[1] 参见熊川武著《反思型教学》，华东师范大学出版社1999年版，第54页。

环节的设计、选材、教学目标是否符合幼儿的年龄阶段特点和个别差异、教学活动形式等",而德性生活凭借对生活意义的追寻而使教师不仅考察其教育行为的规范性,更重视对行为背后教育观念和价值序列的探寻,甚至探讨幼儿园教育行为背后的社会、政治处境。所以,德性生活是对反思品质的全面实践。

在德性生活中,教师的反思可以从最司空见惯的现象和行为入手,如教师每天都会对孩子说的"小朋友们好!"这句话,也许有人说这是一句并不值得我们绞尽脑汁去思考、去反思的问候语。然而,在阿莫纳什维利看来,"如果我力图显示出自己对儿童的真正的爱,我就必须以最完美的形式去显示它",即使是一句问候语,如果是"令人产生好感的,和蔼可亲的,慈祥的,激起精神振奋、学习快乐和交际幸福的语气",那么问候语也可以成为培养人对人的爱和信任、对人的期望的一种课程实施途径,就应该是值得反思的重要内容。所以,阿莫纳什维利提出反思问候语时,反思问题:"不在于这句话本身,而在于我将用怎样的语气说这句话,在说这句话的时候应该有怎样的表情。不用说,我的语气应该是和蔼可亲的、慈祥的、令人感到愉快的,我的面部表情也应该是这样的。似乎这都是一清二楚的事,但实际上能够真正做到这样,我仍然没有把握。我对自己向孩子们说这句问候语总觉得不满意:有时过于严肃、死板,有时声音太高、故意做作,有时应付了事(我羞于承认)。"①

在幼儿园课程建设过程中,探究精神主要体现在证实与创新两个层次,前者意味着教师在开发与创生课程,运用理性思维的判断与推理以及教学实验对课程知识进行验证,同时体验问题解决的思维方法;后者意味着在教育中新知识、新观点与新方法的获得。② 崇尚探究的主体应该容许错误观念的产生并重视其价值,在与他人(同事或儿童)一道对错误的讨论和分析中把握知识的本质,并且不会因对时间的吝惜而牺牲必要的证明、推演过程。从教育中意义的重新理解着手,德性生活通过对课程建设中意义与关系的重建而重塑教师的理性精神。

---

① [苏]山·A.阿莫纳什维利著:《孩子们,你们好!》,朱佩荣译,教育科学出版社2002年版,第16～17页。
② 参见刘万海《回归德性生活》(学位论文),华东师范大学2007年,第174页。

教师的真正的成长不是来自对某种新课程或模式的简单移植和模仿。教师需要对幼儿和他们自己的实践不断地观察、记录、反思。而教师们在这些过程中应具有冒险精神,能做出重要决定并能从错误中学习。①

尼莫等人眼中的冒险精神、从错误中学习就是我们所说的探究精神。

德性生活对求真、自主、反思、探究等精神品质的观照只是德性生活提升理性精神的一种描述性表达。如同前文所言,生活及德性生活只能是一种生活的历程而非终极状态,居于德性生活中的主体也必然是不断进行中的人,他所体现的理性精神不仅是一种逐步形成和不断体验着的理智思考、独立判断的思维品质,更是一种自由选择的行动能力和创造能力。

居于德性生活中的德性主体不仅仅是对课程管理中一方的描述,也是对管理者和教师生活状态的共同描述。只有不断践行自由和理性的管理者,才能把课程管理看作自己与教师的完整生命的发展过程和生活意义的体验过程,而不仅仅是一种效率提高的过程,于是课程管理的视角从控制转向了生命和生活,从单一转向了互动和整体,从任务的传递转向了成长和创造。于是,体验着自由和理性精神的教师,对课程的理解也从任务转向了儿童意义体验的形成,进而真正关注儿童精神生命的完整性、丰富性和独特性,这时儿童人格的养成、内在精神的创生才真正走入教育者的视野中。

第二节　幼儿园德性课程管理的过程观

用德性观念来审视课程管理,幼儿园课程管理的过程就是德性交往实践的过程。作为一种实践现象,幼儿园课程管理不仅是主客体实践,更是一个以追寻生活意义(课程管理过程的生活意义主要体现为教师对课程意义和自身参与课程建设意义的追求)为根本目标的交往实践。

---

① [美]约翰·尼莫、伊丽莎白·琼斯著:《生成课程》(中文版序),周欣、卢乐珍、王滨译,华东师范大学出版社2004年版。

第四章

德性的坚持——课程管理即德性生活的走向

一、幼儿园课程管理是一种交往实践形式

（一）交往实践观是对"主体—客体"实践观和主体际实践观的超越

关于现代实践观的定义，典型的有：实践是人们对客观世界的改造活动，实践是人运用一定的工具改造客观事物的现实的、能动的、感性的物质活动，实践是主观见之于客观的社会活动，实践是人的本质力量现实对象化的过程，等等。这些定义都是典型的"主体—客体"实践观，都强调主体对客观世界的改造，强调主体对客体单向作用的过程。这种实践观产生于大工业时代背景下，是人类在对抗、利用周围世界的过程中体现自信心和自我价值的表现。毫无疑问，这种实践观由于抓住了人类实践活动的主要因素而对人类的实践活动意义重大。按照该实践观，人是实践活动的中心，人以外的世界可以按人的需要来改造，实践对象是可控的，人类可以借助科学技术和手段，根据自己的主观意愿来设计，因而"主体—客体"实践观体现了人的主体性的张扬与自我意识的觉醒。特别是随着近代科学技术的日益发展和广泛运用，这种实践观被越来越多的人所接受，对越来越多的活动领域产生影响。课程领域也不例外，早期课程研究规范化、课程设计、决策的权威化等特征无一不是"主体—客体"实践观的体现。然而，仅有主体、客体两个因素是否就构成了人类实践互动的全部呢？对此，随着后现代思潮的涌现，越来越多的研究者开始质疑、反思这种单向式、占有性的实践观，转向主体间性，试图以"主体—主体"的实践结构取代"主体—客体"的实践结构。

以哈贝马斯（Jürgen Habermas）、雅斯贝尔斯（Karl Theodor Jaspers）等人为代表的后现代思想家强调主体间关系与实践的紧密联系及其在实践中的作用，将两极或多极主体关系引入实践观中，主体间性成为该"主体—主体"实践观中的核心概念。所谓主体间性，是指在人与人之间的相互作用、相互沟通、相互影响、相互交流的关系中体现出的内在属性，[1]这种属性并非先天的自然存在，而是不同主体在相互交往的过程中共同建构起来的结果。虽然"主体—主体"实践观突破了"主体—客体"实践观

---

[1] 参见和学新《主体间性的研究：2001 年的进展述评》，载《教育科学》2002 年第 2 期。

单一主体中心性、占有性、权威性、独断性等特征，但是单一的"主—主"实践关系只强调语言与对话，只强调精神交往，只强调实践中主体与主体之间的关系，而忽视了同样重要的主体与客体的实践关系。于是，忽略作为实践对象的客体底板就成为交往实践观对"主体—主体"实践观批判的主要着力点。

自20世纪90年代以来，后现代主义课程观对我国课程变革及变革实践产生了较为显著的影响，后现代课程观对人与人之间交流和相互关系的注重，对陷入知识灌输的教育活动和以控制为主的教育管理领域无疑是一个全新的启示。但是，该课程观对客体——课程内容的忽视造成很多教师在课程设计中能"放"却不能"收"，课程内容体系成为许多教师和幼儿园课程管理者无法把握的难点。

例如，在本研究的一次访谈中，一位园长对于"课程管理中最大的问题是什么"的回答是："我们教师对幼儿园课程、课程内容体系与课程实施过程的认识存在很大的问题。幼儿园课程就是让孩子感到快乐的过程……教师就是要给孩子学习的动力，高明的老师要给孩子带来期待、快乐、活力、愉悦，但这也不能否认课程内容体系的完整性，所以，课程管理中最大的问题就是教师的课程观念的偏差以及课程实施中的偏差。"

（二）交往实践观："主体—客体—主体"实践观

交往实践是指多极主体间为改造和创造共同的中介客体而结成交往关系的实践活动。[①] 人类的交往实践不是单一的主—客关系，也不是纯粹的主—主关系，而是一个由要素结构和功能组成并时刻进行着物质能量和信息交换的复杂系统。它是动态的、多维的、非线性的，主体和客体是交往实践的基本要素，主—客—主关系构成交往实践的基本结构，合目的性和合规律性是交往实践的基本功能。

交往实践观是对"主体—主体"实践观的超越。之所以这样说，其原因有三：第一，交往实践观能够包容和解释"主体—客体"实践观中一切未受反驳的成分，从而取而代之。交往实践观包含了"主体—客体"实践观的所有积极成分，包括主体性、多极主体、主体际关系等。第二，交往实践观弥补了"主体—客体"实践观中忽略了客体底板的不足。实践活动

---

① 参见任平著《交往实践与主体际》，苏州大学出版社1999年版，第43页。

中主体际的交往之所以成为可能是因为存在着中介客体,这一客体向多极主体开放,与多极主体同时构成"主—客"关系,也正是通过这一客体建立起"主—客—主"的三极关系结构。可以说,实践中没有中介客体的主体际交往是没有目的和实践意义的。主体际的交往关系是建立在"主—客"关系之上的,通过中介客体而相关和交往,并形成互为主体的关系。第三,交往实践观超越了"主体—客体"实践观中精神交往的局限。交往实践观实际上是包含物质交往、精神交往和语言交往在内的交往体系。在实践活动中,多极主体间意义的理解和语言的沟通,不过是交往实践在精神层面的存在,其实质是对交往实践的反映和表象。[①]

批判地超越现代主体中心论、后现代多元主体论,并融合它们各自的合理因素,这就是交往实践观所蕴含的辩证逻辑。交往关系涵盖交往实践、交往精神和交往话语。交往实践不只是主体际形成理解与共识的话语行为,更重要的是,它是一种客观的交往活动,是产生和制约精神交往与话语交往的物质基础。社会生活的本质是实践的,人们既是创造历史的主体,同时也是被历史创造的主体,人们的交往实践要受到客观的社会规律和历史条件的制约。无论是主体对于客体的改造还是主体际社会关系的形成,也无论是共同创造和分享成果还是相互冲突、分离和对立,所有的一切都是在客观层面上展开的,因而,交往实践是交往关系存在的现实基础。

交往实践的实体结构是(主体1—客体1)—客体—(主体2—客体2)。交往实践的目标既不是单纯的客体,也不是单一的主体,甚至不单单是主体际,而是上述环节的统合:主—客—主结构。这是一个交往关系或交往社会的缩影,是以共同客体为中介联结而成的多元主体的统一。其中,辩证关系既不是单纯指向客体自身的存在与非存在,也不是单纯指向主—客关系中的主体性,更不是单纯指向主—主关系中的主体间性,而是主体性和主体间性的综合。它的合理性正是在于它的完整性,在于它包含了主—客与主—主两个方面及其辩证关系,如果撇开了其中的任何一个方面,它都将丧失其合理性。客体自身的存在与非存在当然是至关重要的,但是,它绝不可能再具有像古代哲学那样的本体论意义。它的意义只有在主—客与主—主的关联中才能够显现,只有进入人们的对象世界才能真正

---

① 参见任平著《走向交往实践的唯物主义》,人民出版社2003年版,第18页。

成为交往实践的一个环节。主—客关系并非不重要，主—客逻辑表明主体、客体之间是相互关联和相互作用的，是在实践中创造历史的，但是任何与主体、客体相关的关系都无法摆脱主—主关系的缠结。从微观层面来看，多元个体都是通过共同客体与他人实践相关联，以客体为中介成为相互联结的交往实践网络中的一个环节：主—客关系是主—客—主关系的内核、是主—主关系得以建立的前提，主—主关系的重要意义则在于它否定了单一主体性，更加注重社会交往关系，强调主体交往的平等性和共通性，这些都是其创新之处。但是，撇开客体中介和主—客关系的主体际关系，同样有失偏颇。任何主体际关系都必须以共同客体为中介通过主—客关系来建立。工具行为、战略行为等其实都是交往实践的一部分，都具有指向其他主体的社会交往性，交往实践强调的是主—客—主的辩证逻辑。交往实践的简单结构是主—客—主，其中的主1、主2除了共同的中介客体，由于对客体意义理解的不同，因而还有各自的客1、客2，即对客体底板的不同解释。所以，交往实践的完整结构应该是（主1—客1）—客—（主2—客2）。①

交往实践不仅仅表现为人与自然世界、物质世界的互动交往和人与人的互动交往，交往实践还是人对客体的意义进行解读时的意义层面上的相互投射。这个相互投射的过程因客体意义的客观性而得以进行，同时又因为客体意义的建构性而具有动态特征。相对于主体的需要、利益等因素，客体意义是交往实践过程中对诸主体的客观指向和利害得失，与各主体对客体的理解、领悟和自觉意识相比，客体本身的意义是客观的，意义的客观化特征使得多个主体之间的交往得以进行。如同在创造和使用世界上第一台蒸汽机一样，创造者当时并没有能够"领会""理解"这种创造活动对自己、社会、人类发展的客观意义，只有在漫长的蒸汽机使用过程中，人们才渐渐"读懂"了其价值和意义；而人们一旦理解了意义，还会去主动地设定意义，建立符合自己需要的符号系统。因而，客体的意义在交往实践中是双向建构的，是交往双方在交往中、在与客体底板的互动中不断获取体验、不断建构的。

---

① 参见王东海《主体性·主体间性·交往实践》（学位论文），湘潭大学2002年，第14页；沙琦《教育交往》（学位论文），南京师范大学2006年，第18页。

第四章
德性的坚持——课程管理即德性生活的走向

(三) 幼儿园课程管理是交往实践的过程

课程建设活动是一种交往实践形式,而且更大程度上表现为精神性的交往实践形式,[①] 而课程管理正是围绕着以精神交往为主要特征的课程建设活动而展开的,因而幼儿园课程管理就是交往实践的一种表现形式。

在课程管理活动中,管理者和被管理者都是管理活动的主体,而管理对象(在实际的课程管理中表现为课程建设、课程开发活动)就是中介客体。因此,作为交往实践形式之一的幼儿园课程管理就是在特定的课程改革背景下,管理者和被管理者共同作用于作为中介客体的课程建设活动,在客体建设的同时,彼此之间也进行交流、沟通,以此促进幼儿园课程发展,并不断构建管理主体精神世界的主体间交往实践活动。也就是说,课程管理实践不仅是课程发展的过程,还是园长与教师之间的心灵沟通与对话的过程,更是其相互交流、相互理解、共同提升的过程。因而课程管理活动要在两个层面上进行:一是管理主体对课程开发、课程建设活动的作用,即主—客互动的过程;二是管理主体之间的交流,即主体际交流。

用交往实践观来分析幼儿园课程管理活动,课程管理就成为从管理主体出发,借助中介客体——课程建设活动,最后再回到其他管理主体的过程,因此,中介客体——课程发展并不是课程管理的最终目的和终结,而只是课程管理中的一个环节,课程建设、课程开发成为管理主体共同面对的对象、中介。"中介思维的实质是强调联系,侧重于对对立面之间关系的把握和观照,它不再停留在对立面非此即彼的简单循环,而是从二者关系入手,动态调节对立面的关系,使对立双方处于一种动态平衡,从而达到促进事物发展的目的。"[②] 借助于交往实践观来分析和审视幼儿园课程管理活动,可以避免管理者过于关注课程建设与课程建设中教师行为执行职能,而忽视建设者——教师和管理者本人意义体验的倾向。

在课程管理实践过程中,活动双方都是管理主体,如果只强调两者之一,就会导致一方的主体性过度张扬,而另一方主体性缺失。这种情况在课程管理实践中往往表现为管理者的权威和主体性被肯定,而作为被管理

[①] 参见刘志军《走向理解的课程评价》,中国社会科学出版社2004年版,第113页。
[②] 毛亚庆著:《从两极到中介:科学主义教育和人本主义教育方法论研究》,北京师范大学出版社1999年版,第177页。

者的教师就成为管理对象之一，成为"美杜莎"目光中的客体，教师成为课程管理的防范性对象，于是制定制度及严格执行制度就成为课程管理的主要手段。这样的课程管理带有行政规范性，管理的目标就是禁止教师一切不"守秩序"的行为，最后塑造出"听话"的执行者。而在 20 世纪末开始的课程改革主旋律中，"课程开发的权力逐渐由专家手中转到教师手中，教师成了课程的开发者与研究者"①，"把课程还给老师"成为众多课程研究者和实践者的共识，于是，以管理者为主导的控制式课程管理思路越来越不能适应新的课程变革要求，如何调动教师参与课程建设的积极性成为很多管理者感到困惑的问题。而从交往实践观出发，肯定课程管理中多极主体的主体性和主体间性，认可课程管理中教师对诸多意义的建构性，对于解决上述问题应该很有帮助。

　　根据交往实践观对客体的界定，在课程管理实践中，客体是集中介性与对象性于一身的底板。客体规定着课程管理活动展开的基础和范围，联结着多极管理主体，使主体间尤其是园长与教师之间进行交往，并让某一主体可以理解、体验其他主体。教育交往实践中的中介客体——课程建设、课程开发活动本身具有自己的规律，对于该规律的不同的理解、领悟会直接影响着交往主体交往的深度和类型。因此，对课程建设、课程开发的选择应立足于双方的条件，尤其是教师的认识、能力基础之上，不能脱离实际，一味追求园本化、个性化、新异化。然而，在现实的课程管理实践中，课程建设、课程开发却并不完全甚至完全不呈现其底板与中介特性。事实上，课程建设本身已经被异化成课程管理本身的追求目标，特别是在课程变革的今天，"课程与教学上引进或创造的'新名词'愈来愈多"②，学校和幼儿园越来越忙于创编彰显其个性的校本课程和园本课程，"圣诞树学校""圣诞树幼儿园"是这种现象极为形象的写照。③ 如果把课程建设本身甚至是课程方案作为课程管理的目标，把客体的底板作用绝对化，课程管理活动就会随着客体的异化而变得僵化，管理者将课程建设作

---

　　① 叶澜、白益民等著：《教师角色与教师发展新探》，教育科学出版社 2001 年版，第 215 页。
　　② 周淑卿著：《课程发展与教师专业》，九州出版社 2006 年版，第 121 页。
　　③ 布莱克等人在对芝加哥教育变革的研究中发现，一些学校变革项目繁多，但是缺乏目的性、针对性和一致性，于是他们把这种学校称为"圣诞树学校"，用以说明学校的课程方案像圣诞树上的饰物一样多，其实只是金玉其外，并没有自己真正的教育目的。

为其管理中的一种终极成果，教师将各种课程建设作为自己要应付的工作负担，于是主体间的交往也就成为表面现象，所谓的民主管理只是表面的增权赋能。本该是两个紧密联系、合二为一的过程，由于双方不追求主体间的互动，只希望尽快完成课程方案，课程管理活动不再是"主—客—主"框架下的互动，而被分成两个不相关的"主—客"作用的过程。从交往实践观出发，肯定课程管理中幼儿园课程建设的中介性、客观性，对于解决上述问题具有一定的启示。

二、幼儿园德性课程管理就是德性交往的过程

德性课程管理是以促进课程管理中所有主体德性品质发展为目的的实践活动。其中，作为被管理者——教师不是园长告知就能正确做事的管理客体，而是一个能动的主体，教师的德性发展、对课程意义的追寻只能通过自己参与课程建设活动来实现。所以，在德性课程管理中，园长和教师都是管理活动的主体，课程建设构成他们共同作用的客体。其实践结构的模式是：园长—课程建设—教师。在课程管理中，教师作为德性主体，发生两种关系：一是与课程建设之间的"主体—客体"的对象性关系，这是教师的主要工作内容之一。在活动中，通过主体客体化和客体主体化的双向环节，教师在认识、掌握课程建设规律的同时，也建构了自身。二是教师和园长以共同的课程开发、课程建设活动为中介而建立的"主体—主体"的交往关系。这是主体间双向建构和双向整合的过程。也就是说，教师对课程建设活动的参与并不完全是自发的、自主的，它还要受到管理者的安排和影响。当他们对客体共同发生作用时，就产生了主体间的交往关系。

把德性课程管理本质定位为交往实践，不仅在理论上超越了传统教育管理的主—客范式和现代教育管理的主体际范式，而且对实践中的课程管理改革也具有极其重要的意义。

德性作为一种精神品质，其追寻生活意义的终极目的以及生活意义的生成性和主体间性共同决定了德性交往必然是多极德性主体之间以意义追寻为目的的互动过程，是获得生活幸福体验的过程。所以，德性交往就是德性主体以德性互动的方式追寻课程的意义并获得生活幸福体验的过程。

（一）德性交往目的观：审视并追寻幼儿园课程和幼儿园课程建设的意义

1. "意义"的意义

"意义"是什么？辛格（I. Singer）通过对以往哲学思想的检视发现，关于"意义"的理解有两个相反的哲学力量，一个是传统主义者（traditionalist），一个是荒谬主义者（absurdist）或虚无主义者（nihilist）。前者相信世界存在着可以被发现的生活的意义，就像所有的数学问题都有一个解一样；后者则相信虽然人们好像按照一定的意义在生活，但是一旦探究其内心，生活的意义并不存在。对于这两派学者把生活的意义看作一个存在的、统一的、涵盖一切答案的想法，辛格并不认可。他认为，宇宙并不是提供我们类似意义这样的东西，但是人和其他动物不同就在于我们可以创造生活的意义。一个人如果感受不到生活的意义，那么他的存在可能就有问题。而当人们思考意义或价值问题的时候，是由于他们发现适合他们的生活是不确定的，或者他们期望探察充满意义的其他可供选择的生活道路。生活的意义，究其实质，是特定物种对他所处的环境的创造性的反应，这个反应以他者的有意义的生活为借鉴，也是对自己所需要或所倾向的环境一致的价值的创造。[①] 辛格对于"意义"的解释大致有两层：一是意义起源于人的主动创造，是主客观相互作用的结果；二是意义和人们生活的目的和价值相连，前者指的是人对事物的理解，而后者则表达的是这个事情或事物对我们的价值和作用。本书所涉及的意义问题更大程度上是集中于前者——理解角度的意义来讨论的。

我们如何实现意义的理解呢？对于意义的"解释"含义，可以说，哲学解释学的观点是最具代表性的。伽达默尔（Hans-Georg Gadamer）等人提出，理解意义是一个"视界融合"的过程，就是个体的信念体系和视野在理解的过程中和理解对象所展示的事业或所表达的意义融合在一起，从而形成个体更加广阔的视界，获得意义。在这个过程中，理解者把理解对象的意义与自我联系起来，理解改变了理解对象的原意，也改变了理解者的信念，也就是说，任何情境必须通过主观意义的探讨才有意义。就课程管理来说，课程管理的意义可能不在课程管理本身，也许我们应该把课程

---

① 转引自于泽元《课程变革与学校课程领导》，重庆大学出版社 2006 年版。

第四章
德性的坚持——课程管理即德性生活的走向

管理的注意力放在课程管理过程中"参与者对课程建设活动的意义建构"方面来。《符号互动论》的作者布鲁默（Herbert Blumer）曾在书中提到符号互动论的三项核心假设："第一项假设：人们在面对事情的时候，是根据事情对于他们所具有的意义来决定如何行事的……第二项假设：这些事情的意义来自于或者说发生于一个人与自己同伴之间的社会互动。第三项假设：人在应对自己所遭遇的事情时，会使用一套解释步骤，而这些意义就是在这个过程中得到整理和调整的。"①

从上述理论出发，我们可以得出两点关于理解"意义"的建构条件：①主体只有在其视野范围内领会、理解活动的意义之后才会引发相关行为，②意义只有在主体之间的社会互动中才能被逐渐建构和发展。

由此可见，寻求生活的意义强调的是一种亲历性的体验，一种关系性实践的参与，一种在场的直观和精神性的感受。这种体验、参与和感受虽然也要借助一定的语言表达，但不追求统一性的"强说"，以及"说"的规范和形式，因为"我们并不能在我们生产出某物并因此而把握住某物的地方经验到存在，而只能在生产出的某物被理解的地方经验到存在"，或者说，"理解是属于被理解之物的存在"。生活存在走近我们的过程和我们走近生活存在的过程，也就是生活的意义为我们所理解的过程。② 追寻生活的意义，就是从理解出发，追寻体验和体验的解释。

"生活意义呈现于理解之中。理解是对意义的领会，对可说与不可说的东西的把握。'人们只能通过理解他们自己的表达式，以及彼此间的表达式，方才逐渐地彼此认识，并进而认识他们自身。'人通过理解他的生活而遭遇他的生活意义。'理解'是开启生活意义之门的'开启'，是生活'去蔽'之'去'，是'我'对'我'的生活的发现。"③

当然，理解、体验、解释生活的意义并不仅仅局限于认知层面，这个过程也是需要人与人之间的交往活动、情感作为基础的，即要热爱生活和生命。正如刘铁芳先生所言："热爱生活、热爱生命，构成了意义生活的情感基础；省察自我、省察生活，帮助人寻找并打开自己的生活之门，为

---

① 转引自于泽元《课程变革与学校课程领导》，重庆大学出版社2006年版，第273页。
② 参见［美］威廉·F. 派纳等著《理解课程》（译者前言），张华等译，教育科学出版社2003年版。
③ 刘铁芳：《生活意义的失落与当代教育的使命》，载《高等师范教育研究》1997年第2期。

免于生活意义的失落提供了保障;精神空间的拓展与丰富,奠定了意义生活的精神基础;开放自我、走向交流,积极践行人与世界的新型关系,是走向生活意义与意义生活的唯一的现实之路。"①

人只能在人与人的交往活动中理解、体验、解释生活的意义。

2. 幼儿园课程的意义和教师参与课程建设的意义

在本书前面章节中,笔者提到当前对课程管理、课程变革的研究已经呈现出文化—个人倾向,其中个人观就是强调积极关注教师在课程建设中主观意义的建构和获得。的确,"只有在社会系统能够为个体提供使其获得社会意义的理论、价值和相关技术框架的情况下,社会系统加之于个体之上的力量才能获得理解"②。因而,课程管理中管理主体(包括园长与教师)主观意义的建构是课程管理能否在教师专业发展层面上真正发挥作用的关键。由于本书主要从教师专业发展的角度探讨德性课程管理的问题,因而所谓课程管理主体在课程建设中的主观意义主要是指教师的主观意义,这些主观意义的理解不外乎两个方面:理解幼儿园课程(建设)对于幼儿的德性发展价值与理解幼儿园课程建设对于教师的德性发展价值。德性课程管理的目的是"理解课程"而非开发课程,德性课程管理的过程就是管理者与被管理者从自己"视域"出发建构课程的德性发展价值的过程。

当代儿童教育的价值取向是"成人",幼儿园课程作为学前教育的重要中介和手段,必然也要以"成人"为其价值核心和价值基础。目前,教育研究领域中对"成人"问题的探讨首先集中于以"解放儿童"为目标的批判教育观中,"西方近代工业革命以来,科学技术的迅速发展极大地推动了社会历史的进程,大大地提高了社会物质文明的水平。同时,人类的许多价值观念、思维方式、行为方式,其中包括教育观念与教育行为方式都发生了巨大的改变。人们看重技术、物质的作用,强调人的认知与技能的发展,忽视儿童的道德—情感素质与能力的发展,教育的教养功能被弱化。由于教育的目标追求统一化、规范化、程序化、效率化,教育过程仿照工艺技术的加工模式,开始成批量地复制儿童,儿童处于被控制、被加

---

① 刘铁芳:《生活意义的失落与当代教育的使命》,载《高等师范教育研究》1997年第2期。

② 于泽元著:《课程变革与学校课程领导》,重庆大学出版社2006年版,第271页。

工、被灌输的地位。结果，儿童的个性、人格、情感等最富有生命力、创造力的精神层面没有得到应有的发展，儿童学习的积极性、主动性、创造性失去了源泉和动力，儿童的主体性消弭在'灌输式'的教学中，儿童成了没有情感、个性的'单面人'"①。正是甚于对上述儿童教育的反思和批判，以"解放儿童"为主旨的主体性教育研究和完整性教育研究开始崛起。其中，教育的主体性、完整性主要体现为四个方面的规定：教育要使人成为完整的人；教育要追求儿童的解放，使人成为有主体性的人；教育要使人的潜能都得到充分的发展，使人成为有个性的人；教育要使人与自然、人与社会实现和谐统一，成为类的存在物。②"解放儿童"的批判教育观和"成人"教育价值观，既是本书探讨幼儿园课程价值和德性课程管理问题的理论依据和时代性依据，也符合现代课程论研究的占有——理解的转变趋势。

从博比特的《课程》、查特斯的《课程编制》到泰勒的《课程与教学的基本原理》，现代的课程研究逐步确立了科学实证的范式。该范式的"价值中立"立场导致当时学校课程和幼儿园课程的建设成为一个"输入——产出"的加工系统，教育的结果就是作为产品的儿童要占有外在的、他人所决定的既定客观知识，无论对儿童来说还是对于教师来说，课程都是外在于"我"的并且要"我"必须接受和认同的外在世界。认同性和占有性是现代课程价值的集中体现：课程的意义就是力图给每个儿童提供一定数量的文化财产，学习结束时，儿童要被证明他最终占有了多少。因而占有式课程观中的人是无自由和主体性可言的。派纳等研究者在《理解课程》一书中提出，当前课程研究领域正发生着由"课程开发"范式向"课程理解"范式的转换。他们指出，20世纪70年代以前的课程研究主要是围绕"泰勒原理"提出的四个基本问题展开的，其目的是探讨"怎样有效地开发课程"；20世纪70年代以后的课程研究则拥有更广阔的理论基础和视野，它力求体现时代精神，其目的是探讨"怎样理解课程"。"理解课程"的研究思路强调课程文本和课程实践活动的"动态生成""学校本位""彰显个性"的价值和意义。鉴于3～6岁幼儿的发展特征和学习特征，强调课程文本和课程实践活动的"动态生成""幼儿园本位""彰显

---

① 吴安春著：《德性教师论》，人民教育出版社2003年版，第29～30页。
② 参见冯建军著《当代主体教育论》，江苏教育出版社2001年版，第328～330页。

个性"的理解课程思路对于幼儿园课程建设更具有借鉴意义。

幼儿园教育要"解放儿童",要定位于"成人"的目标,那么就要借鉴"理解课程"的思路,给幼儿创造一个鲜活的生活世界、意义世界。幼儿在这个生活世界和意义世界中能以自己的方式与外界或自己进行互动,提升自己的意义体验,扩展已有的经验;在这个生活世界和意义世界中,到处充满着主体性的体验;在这个生活世界和意义世界中,幼儿不再是知识的占有者,而是自己精神发展的主动建构者;在这个生活世界和意义世界中,教师不再是促使幼儿占有知识的知识持有者,而是幼儿精神建构的帮助者。于是,幼儿园课程的价值和意义从认同性和占有性转向了建构性、体验性和提升性,转向了强调意义体验和卓越追求的德性发展,课程的具体运作"使每个人潜在的才能和能力得到充分发展,这既符合教育从根本上来说的人道主义的使命,又符合应成为任何教育政策指导原则的公正的需要,也符合既尊重人文环境和自然环境又尊重传统和文化多样性的内源发展的真正需要"①。具体说来,以"解放儿童"和"成人"为目标的德性课程观实现了以下价值和意义的转变。

(1) 从强调符合性知识到重视解释性知识。在占有式课程观念支配下,人们将关注点只集中于儿童的客观知识获得,而忽视了儿童整体精神生命的成长、发展;只关注了外在知识向个体内化的过程,而忽视了儿童内在精神外化的过程;只关注儿童的发展和成长,而忽视了教师的发展。当然,笔者在此并非否认知识在课程中的价值和意义,只是如果知识成为外在于儿童的、与其经验无关的客观反映的话,课程的价值和意义就只能限定在占有的角度。因此,本书在此所批判的是强调"封闭、稳定、固定和不以人的意志为转移的"符合性知识。既然知识是客观的,教师的价值就只能集中于传递的工具角度。现代教育研究表明,儿童的发展是教师发展的再现,教师的成长和儿童的成长是一致的,甚至教师的发展是超前于儿童发展的。② 也就是说,儿童在教育中对封闭性知识的被动性占有地位,其实也反映了教师的被动工具地位。如果教育要实现"成人"的目标、要发展儿童的主体性,那么教师就不能仅仅按照领导的指示和教材的标注去组织教育活动,教师就不能仅仅是扮演知识传递角色的"教书匠",课程

---

① 联合国教科文组织总部:《教育:财富蕴藏其中》,教育科学出版社1996年版,第70页。
② 参见吴安春著《德性教师论》,人民教育出版社2003年版,第139～140页。

第四章

德性的坚持——课程管理即德性生活的走向

的"建构性、体验性、提升性"意义只能在教师与儿童的交往互动中实现，而且意义的建构、体验和提升不仅要发生在儿童的身上，也要同样发生在教师身上。主体性课程观不仅关注儿童的主体性，也关注教师的主体性。显然，这种强调教师与儿童同时对课程意义的建构的观点与符合性知识观是截然不同的，这是一种解释性知识观。解释性知识观把知识看作对外开放的、复杂多变的现实的解释，知识的生成和获得是"意义创造"的生成和获得过程，反映在课程观中就表现为课程是教师与儿童在共同探究中调整、形成发展方向的动态生成过程，课程的意义在过程而非目标。[①]

从重视符合性知识转变为重视解释性知识，课程和课程建设的重心从目标转向了过程：课程是什么？课程就是正在发生的事情。过程性课程观更适合学前儿童和学前教育的特点，因为"对于幼儿来说，学习是什么？就是行动，就是有事可做""做事，就是多感官、全身心地投入和行动，以改变环境、改变自己"[②]，"在学前教育中，课程并非兴趣的中心，儿童是我们关注的重点。教师很容易把注意力放在课程上面，因为课程远远比儿童容易处理。但课程是一个在教育环境中实际发生的事情——不是理性上计划了要发生的事，而是真正发生的事情"[③]。从重符合性知识、重目标转变为重解释性知识、重过程，幼儿园课程研究的意义是使我们的关注点离开课程本身而投向幼儿，课程建设的重心从结果——文本转向了过程。幼儿园课程建设就是"创造条件，让幼儿做适宜的事；或者说，让适宜的事在幼儿身上发生"。可以说，幼儿园课程的意义和价值不仅仅体现为课程结果——课程文本的成熟程度，也不仅仅体现为幼儿或教师的发展，而在于幼儿与教师之间互动过程的成效如何。

（2）从重视效率到效率与责任并重。在课程论中，占有式课程观的典型代表是泰勒的课程开发模式，其具体运作就是一切围绕着可观察、可量化、可评定的行为目标，效率是其价值的主要表现。显然，在大工业时代，为适应社会扩大教育规模的需要，这种目标模式对效率的追求也是合

[①] 参见张相学《学校如何管理课程：主体论视野下学校课程管理的思考》（学位论文），南京师范大学2006年，第87页。

[②] 虞永平：《回到过程之中：幼儿园课程建设的路向》，载《学前课程研究》2007年第2期。

[③] ［美］约翰·尼莫、伊丽莎白·琼斯著：《生成课程》（中文版序），周欣、卢乐珍、王滨译，华东师范大学出版社2004年版。

理适宜的。但是，仅仅强调效率对于以德性发展为主旨的儿童教育来讲是远远不够的，幼儿园课程的德性价值还要兼顾责任的维度。如果说效率关注的是课程的结果，责任则关注课程过程的价值。应该说，现代课程发展的价值就是实现效率与责任并重。

在教育史上，曾有相当长的一段时间，人们都认为教育和课程的最大价值是其效率性，而不在乎教育和课程的价值分析是否还要基于一种伦理的、负责任的立场。以效率为价值标准的教育必然视课程为知识技能传递的认识过程，将课程建设理解为以追求效率为核心的技术活动，判断教育是否有效的标准就是知识、技能传授与掌握的效率，在单位时间内，教师传授得多、进度快，儿童记得好，就预示着教育目标的实现。所以，有效率的教育，最多解释的是教学认识的成功，儿童的发展只是认知层面的教育效果，教育所承载的德性发展承诺落空了。于是，近代越来越多的学者开始反思、批判这种以效率为价值追求的教育方式，其中，杜威就是杰出代表。他说："如果所获得的知识和专门的智力技能不能影响社会倾向的形成，平常的充满活力的经验的意义不能增进，而学校教育只能制造学习上的'骗子'——自私自利的专家。一种是人们自觉地学得的知识，因为他们知道这是通过特殊的学习任务学会的；另一种是他们不自觉地学得的知识，因为他们通过和别人的交往，吸取他们的知识，养成自己的品性。避免这两种知识之间的割裂，成为发展专门的学校教育的一个越来越难以处理的任务。"[1] 后现代课程学者也对此提出自己的见解。19世纪，斯宾塞提出"什么知识最有价值"的问题之后，迈克尔·阿普尔从更广阔的政治、文化视域出发思考课程知识，做出了"谁的知识最有价值"这一新奇的发问，由此也引起了更多的人关注课程中知识的价值与社会权力的关系。利奥塔说："知识和权力是同一个问题的两个方面。谁决定知识是什么？谁知道应该决定什么？在信息时代，知识的问题比过去任何时候都更是统治的问题。"[2] 简言之，利用封闭而单调的、脱离生活世界的技术化、功利性知识来教育，只能培养出同样单调而乏味、机械的急功近利的人，这样的人可能凭借掌握的知识表现出很强的控制力、执行力，但却迷失了

---

[1] [美] 杜威著：《民主主义与教育》，王承绪译，人民教育出版社1990年版，第14页。
[2] [法] 利奥塔著：《后现代状态：关于知识的报告》，车懂山译，生活·读书·新知三联书店1997年版，第14页。

生活的根本用意,在连锁式的"掌握知识—应用知识—补充知识"的循环链条中根本无法体验生活的意义。

与中小学课程相比,幼儿园课程更需要强调责任的价值。从生活相对于儿童课程的优先性视角来看,教师和儿童首先面对的是生活,特别对于幼儿园课程来讲,生活的优先性更为突出,因而教师要抱着对生活负责的态度开展师幼互动,教育活动中的任何要素包括课程内容、组织形式、师生关系、评价体系都要朝有利于发掘生活意义、建设幸福生活的目标努力。

强调课程的责任意义,意味着对于那些常用的看似有效的方法、策略、技巧等,要审视其对幼儿发展的长远影响。如很多教师喜欢用"谁还有不同的想法(做法)"等问题来突显其对幼儿创新能力和创新意识的培养,但是这种提问方式在充分调动了孩子的求异心理的同时也隐性地诱导了一种外在的评价标准。

强调课程的责任意义,意味着幼儿的精神发展和建构应该是具有生活性和个别性双重特征的。也就是说,一方面,幼儿在教育活动中建构的知识、体验、意义是指向生活意义的;另一方面,因为具有不同的理解视域,每个幼儿的建构过程和结果又是个人化的,是非标准化的。

强调课程的责任意义,意味着教师不仅要以知识为课程建设的出发点,更要着眼于幼儿的学习、生活、做人;教育不仅要传递知识,更要引导幼儿学学习、学生活、学做人。从责任的角度分析课程的意义,我们会发现,"教育并不是一件'告诉'和'被告诉'的事情,而是一个主动的和建设性的过程,这个原理几乎在理论上无人不承认,而在实践中又无人不违反"[1]。

上述现代课程论研究中对解释性知识、责任意义的强调,无疑在说明这样的问题:幼儿园课程建设就是去建设一个由教师和幼儿(也包括环境在内)组成的团体,在这一个团体中,幼儿与幼儿之间、幼儿与教师之间、幼儿与环境之间能够彼此交流,并能对生活中发生的事件一起进行有效的思考;教师参与课程建设是幼儿园课程解释性意义实现的关键条件,幼儿园课程的意义就在教师参与的课程建设过程中。教师审视并追寻幼儿园课程的意义和自身参与课程建设的意义是同一个过程。

---

[1] [美]杜威著:《民主主义与教育》,王承绪译,人民教育出版社1990年版,第46页。

(二) 德性互动——如何追寻课程的意义

德性作为一种精神品质，其追寻生活意义的终极目的以及生活意义的生成性和主体间性共同决定了德性交往必然是多极德性主体之间以意义追寻为目的的互动过程，是获得生活幸福体验的过程。所以，幼儿园德性课程管理就是作为德性主体的管理者与教师，凭借客体底板——幼儿园课程建设活动，以德性互动的方式追寻课程的意义并获得生活幸福体验的过程。

1. 课程建设及其存在的问题

幼儿园课程建设活动，即幼儿园开展的课程设计、实施、评价等实践过程。如果对幼儿园课程范围的理解不同，幼儿园课程建设的范围和侧重点也将不同。本书探讨的幼儿园课程管理对象是基于语义分析上广义的幼儿园课程，即幼儿园课程建设可以是对上级部门或专家或出版商建议的课程文本——教材的再设计、实施、评价活动及其过程，也可以是自行研制开发的园本课程的运作过程，甚至包括隐性课程的设计、实施、评价。但是，幼儿园内部任何的课程建设活动（包括隐性课程）都是由教师设计、组织、实施的，因而幼儿园课程建设是指由教师参与的课程建设过程。

不同的课程探究模式对于课程建设的理解是不同的。在目标模式中，课程建设被看作具有固定执行程序（确定目标、选择内容、组织与实施、评价）和客观原则的过程，专家或教育主管部门或学校按照这些固定程序和原则开发出课程文本，教师所要做的就是尽量如实地加以实施。应该说，目标模式深层的价值取向——技术理性是主—客实践观在课程论领域中的典型代表，其本质是强调通过合规律性的行为而对环境加以控制，因而目标模式指向的是"大写的自我"对环境的控制和管理。于是，教师的课程建设活动被化约为执行教学，课程管理成了园长对教师的教育活动的控制过程，如果说这时还存在幼儿园课程建设活动的话，那么这种建设活动就是"他人"设计课程发展规划、教师具体执行的活动，在这种情况下，课程建设与课程管理成为同一个过程。过程模式强调过程，课程建设就是建设者编写一个课程说明，然后由教师自己在实际教育过程中具体运用和灵活处理。可以说，过程模式为教师的课程建设留出来相当大的空间，但是该模式在强化教师课程建设艺术化的同时却否认了课程建设本身的客观性和规律性，在规范教师质量标准及发扬教师研究者角色的同时也使得教师在具体建设过程中无章可循，于是，作为教师与儿童之间、教师

第四章
德性的坚持——课程管理即德性生活的走向

与他人之间主体互动的客体底板被消解掉了。"无底板的主体际游戏不再追求固定不变的真理,符号本身亦是一种无边流动的能指链,它摒弃了课题作为意义底板的存在。主体际的交往是由互不相同的、具有差异性的游戏规则来支配的。"① 忽视客体底板客观性的主—主实践观不仅反映在过程模式中,在实践模式和批判模式中也有痕迹。实践模式强调课程建设不是普遍性理论或模式演绎的过程,而是主体间针对具体实践情境的需要进行的审议过程,其运作就是通过主体与环境的相互作用而达到对环境意义的"一致性解释"。与过程模式仅停留于批判水平相比,实践模式可谓在课程论研究上大大迈进了一步。但是,该模式因过于强调实践情境的特殊性很可能导致相对主义,在那之后的课程评论者对其意义"一致性解释"的达成也表示怀疑和批判。同样的问题也发生在批判模式中。

幼儿园德性课程管理观从交往实践的角度出发,重新审视作为德性交往客体底板的课程建设,在继承目标模式强调课程建设客观性的基础上反对过程模式、实践模式等对课程建设活动的消解。德性课程管理观重视管理过程中的主体对课程和课程建设意义的审视和追寻,因而必然承认课程建设对多极主体的开放性,而且认为课程建设是将多极主体联系在一起使之产生对话可能的中介,否则课程管理可能走向一方对另一方的控制。

开放性说明幼儿园课程建设的意义是向多极主体开放的,没有一方能够独占话语权,因而开放性的课程建设打破了"镜像自我化"(即单一主体的自说自话,这时课程管理就变成了管理者向被管理者布置任务的活动过程)。中介性指幼儿园课程建设是课程管理过程中一方主体理解、联系另一方的中介物,是贯通、联结、整合园长和教师互动的枢纽,同时也是双方互动,对话范围、边界的制约条件。中介性决定了课程建设要作为德性交往的底板,其存在方式就是要在这个交往过程中逐渐被各方"占有""创造",从而"在"起来。在这个"在"起来的过程中,课程建设的意义或发生叠加式的增值(在很多情况下,人们使用头脑风暴法就是想产生这种叠加式效应),或出现意义的扬弃。因而德性交往的进行首先就是要呈现课程建设(表现在具体的管理活动中,就是课程建设中的具体问题),并允许各级主体对之进行自己的意义解读,为德性共在、共生做准备。呈现课程建设或课程建设过程中的问题,在具体运作上可以有很多方式,可

---

① 任平著:《交往实践与主体际》,苏州大学出版社1999年版,第247页。

以是通过总结已有问题引入，也可以在具体活动进行过程中针对生成的新问题进行意义解读。以下案例——游戏在音乐活动中的价值是管理者在具体活动过程中生成问题、探讨意义的代表。

游戏在音乐活动中的价值

某幼儿园请前往香港学习过的两位青年教师（教龄1年）为全园其他教师展示她们在香港所看到的教育活动，于是这两位教师各上了一节她们在香港幼儿园所看过的公开课。其中一位教师选择的是音乐歌唱活动，教孩子用粤语唱歌曲《何家公鸡何家猜》。整个活动大致包括三个环节：开始练声、中间学唱、结尾在游戏中巩固歌曲（包括幼儿与同伴之间玩游戏、幼儿与科任老师玩游戏两种游戏形式）。活动结束后，大家研讨时，主持人（该幼儿园的教研活动管理者）请执教教师先谈谈自己对该活动的感受，包括活动中最值得大家学习的地方、活动还存在的问题和自己的疑惑。该执教教师在谈及自己的困惑时提到："我觉得在这个活动中，游戏似乎还没有充分发挥价值，只是到了最后要结束时，我才引入游戏，但是怎么进一步设计能够更好地体现游戏在活动中的价值？我自己目前还未能思考清楚。"

主持人："这个问题我们在前面的研讨活动中也曾经碰到过，只是当时没有充足的时间好好讨论一下，而且我们也发现很多徒弟老师（刚参加工作的新手教师）在组织各种活动时，对于如何利用游戏开展活动，也没有清晰的思路。今天参与这个研讨活动的大部分教师都是新教师，那么我们下面是不是可以讨论一下这个问题呢？"

在得到大家的一致同意后，研讨活动开始围绕着"游戏在音乐活动中的价值"这个具体的问题展开，而不是将大部分时间和重心放在该活动的优缺点的评述上。

在这次活动中，管理者的代言人——活动主持人在活动之前并没有选择非常清晰明确的研讨问题，而只是确立了一个大致的活动任务，即分享两位教师在香港学习的收获；当活动进行到执教教师谈论自我感言时，主持人抓住了她所认定的对于参与教研活动的大部分教师来说更有价值的问题——如何在音乐活动中设计游戏才能更好地体现其价值，在征询大家意见后，主持人决定组织大家讨论这个核心问题。所以，从总体上来看，这次教研活动中的管理者与教师之间的交往具有一定的随意性、偶然性，是交往双方根据彼此之间的行为表现而确立主题的反应性相倚型互动。

仅仅呈现问题，只是德性课程管理的起点，如何引起客体底板意义的变化才是关键。

2. 引起客体底板意义的变化

（1）引入他人的目光。萨特（Jean Paul Sartre）在《存在与虚无》一书中曾论及"他人目光"的问题：在别人看我的一刹那间，我仿佛被施了定身法，变成了他人目光下的"客体"，而只有心中涌动着的"羞耻"心，才将自我从"客体"中召回，转为主体。好厉害的他人目光，如同"美杜莎"现象一样。利用他人目光的威力和影响，是课程管理中的重要措施之一，甚至在很多情况下被认为是科学化、规范化的管理措施。例如，几乎所有幼儿园都有的"随时推门听课""轮流开设公开课"等制度，令人感觉可怕的不是这些制度本身，而是制度背后的他人目光——管理者的评价、意见。对他人目光的害怕心理折射的是一种主—客实践观。主—客实践观观照下的管理者就是权威的化身，被管理者被化约为具体的行为指标，而个人的感受、体验、意义不再重要，于是作为一个个独特个体的教师"被迫"客体化，成为没有自我特征的管理对象。正是由于这样的一种实践观和对他人的拒斥心理，很多教师往往认为"上公开课是费力不讨好的事"，很多幼儿园不喜欢外来的参观者。① 德性课程管理观借鉴交往实践的思路，重新审视交往中的他人和自我，认为他人目光是客体底板意义丰富化的重要来源，也是自我对客体意义建构的起点。引入他人目光，包括他人的评论、意见、建议、想法，使得我们讨论的话题不局限于"镜像自我化"，形成多极主体的意义流动和交往，客体才能真正底板化、"在"起来。

确定兴趣、建构网络②

当教师们走进研讨室时，迎接他们的是下面这些贴在墙上的指令：

---

① 当然，这种情况在相当程度上是由参观者的不负责任的评价——可怕的他人目光本身引起的。

② ［美］约翰·尼莫、伊丽莎白·琼斯著：《生成课程》，周欣、卢乐珍、王滨译，华东师范大学出版社2004年版，第11～17页。

当你是个孩子时,你喜欢做什么?

找到一个合作伙伴,把这个内容告诉他。

和你的合作伙伴一起,把你喜欢做的事情写在墙上的大纸上。

在一张纸上写下大家都喜欢做的事情。

大家并没有马上开始,先去倒了一杯咖啡,聊了一会儿天,有的人不想做这种游戏,但慢慢地,大家都找到了自己的合作伙伴。

有教师问鲁比(日托中心的主任——管理者):"我们假定自己是什么年龄的儿童?"

鲁比回答道:"假定成什么年龄的儿童都行,说说你记忆中特别深刻的事情。"

于是,教师们围绕着"折纸的娃娃""野营""火车"等事件谈论起自己小时候喜欢做的事情。当大家在交谈时,鲁比在大纸上写下"当我是个孩子时,我喜欢做"的字样,她把纸用透明胶贴在墙上,把一盒粗水笔放在桌子上。过了一会儿,她问:"你们可以把它写下来吗?"有的合作队还没有讲完,他们就不理睬她的问话。但慢慢地,人们就挤到这张大纸的周围,所以她又在这张纸旁边加了一张纸。很快,纸上就出现了下面的这些内容(见图1)。

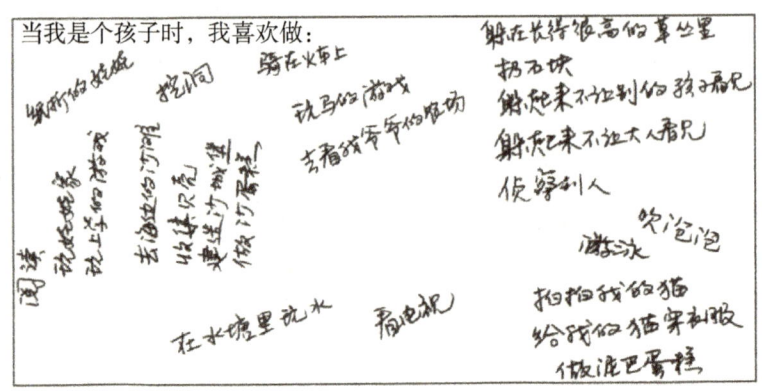

图1

在这张大纸写满之前,鲁比吹起了她在高兴时会吹的口哨——就像孩子会做的那样。当大家抬头看时,鲁比指着她刚刚添加到墙上的一组新的提示:

第四章

德性的坚持——课程管理即德性生活的走向

找到另一个合作者，把你现在作为一个成人所喜欢做的事情告诉他。

和你的合作者一道把你现在作为一个成人所喜欢做的事情写在墙上的另一张纸上。

当第二轮的谈话完成以及第二张纸上被填满"作为一个成人所喜欢做的事情"（见图2）之后，鲁比又在墙上写出了更多的讨论提示：

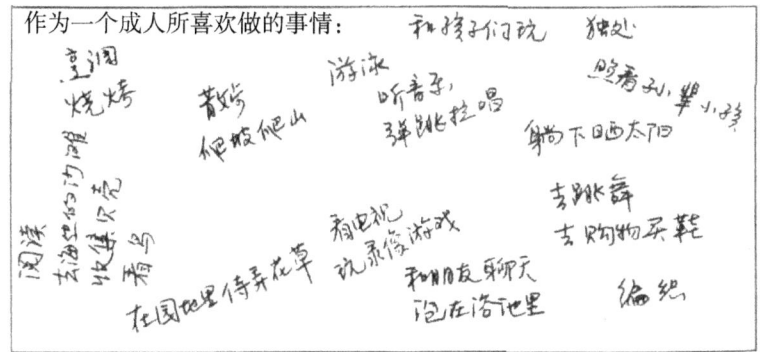

图2

当你把所有的东西写下来以后，向后退一步，看一下大家写在这两张纸上的内容。看它们有没有相同的地方——也就是说，有没有什么事情人们在童年的时候喜欢做，到现在成人以后仍然喜欢做？

在人们现在喜欢做的事情中，哪些事情适合学前儿童去做？把那些适合学前儿童做的事情用笔圈出来。

然后坐下来，让人们看一下会出现什么结果。

其中一位有着在该中心较多工作经验的教师说道："让我们先坐下来再说吧，我已经对这种有趣的事情和游戏不耐烦了。依我看，鲁比有时会有点走极端。"

另外一位教师则显然很喜欢鲁比的有趣的事情和游戏，觉得它们很好玩，能促进思考，但她并没有说出来。她只是坐在可以看到那张"作为一个成人所喜欢做的事情"的纸的地方，看着另外两位教师在纸上忙着画圈。大家在边上走来走去，去倒了茶和咖啡，谈论其他的事情。鲁比没有催促大家。她可能认为，大家相互之间的认识和了解不应该是完全计划好的回答。最后，大家终于都坐下来了。当鲁比开始说话时几乎完全安静下来了。鲁比提议:"看一下那张'作为一个成人所喜欢做的事情'的纸,再看一下大家画了圈的适合学前儿童做的事情的这张纸(见图3),你们有些什么想法?"

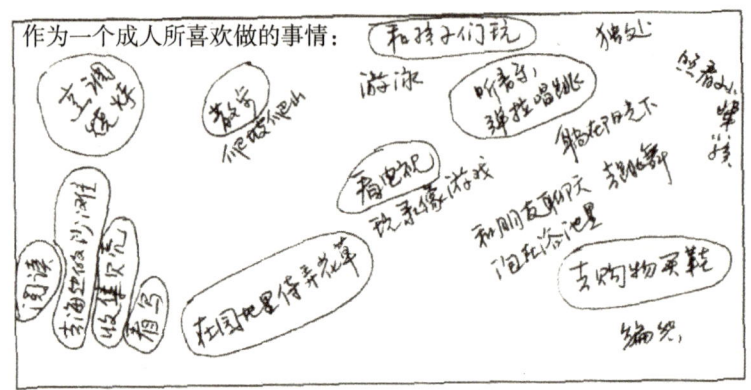

图3

尽管有几位教师的讨论围绕着一些悬而未决的话题,鲁比还是设法消除了摩擦,提出课程设计的问题,"我们组织的儿童活动内容有许多不同的来源,包括我们自己喜欢做的事情。在课程计划中,内容的来源并没有比我们运用这一内容或儿童运用这一内容的目的更重要"。在明确课程来源的基础上,鲁比进一步提出课程计划的形式可以采用网络的形式,"我确实希望你们制订计划,但严格的计划往往是靠不住的。它们无法预测真实的情境,特别是如果你要对儿童的想法做出反应。为什么要被你自己的计划框死呢?我想网络是一个更有用的计划方式,因为它带有玩的性质,而且是一种开放式的方式。它可以在原有的基础上不断添加"。

当教师询问什么是网络时,鲁比回答:"一个网络就是蜘蛛织的东西。它从中间开始织,然后向外面不同的方向扩展。不过蜘蛛没有什么想象力,它们每天织的网都是一样的。我们是有想象力的,所以我们可以想怎么织就怎么织。"

鲁比接下来以贝壳为例说明如何建构网络:"假设你认为贝壳可以玩,那么,以贝壳为起始点,根据你和儿童的意见,你觉得有可能进行什么样的活动呢?我们同意这一说法——课程就是所发生的事

第四章

德性的坚持——课程管理即德性生活的走向

情。""我把贝壳写在这张大纸的中间,假设你是一个4岁的儿童,你刚刚看到我的贝壳,你会想到用贝壳做什么?"

接下来,鲁比把大家的讨论写下来,结果见图4。鲁比提醒教师们:"集思广益的一个好处就是它的广袤无边,没有什么想法是太过分的。这是一种玩的机会,也就是我们现在所做的。运用网络的方法并不是要完成网络上所有的东西,要完成也不太可能。网络上总是会有好多东西。所以我准备把所有的想法都写下来,即使其中的一些不太实用。"

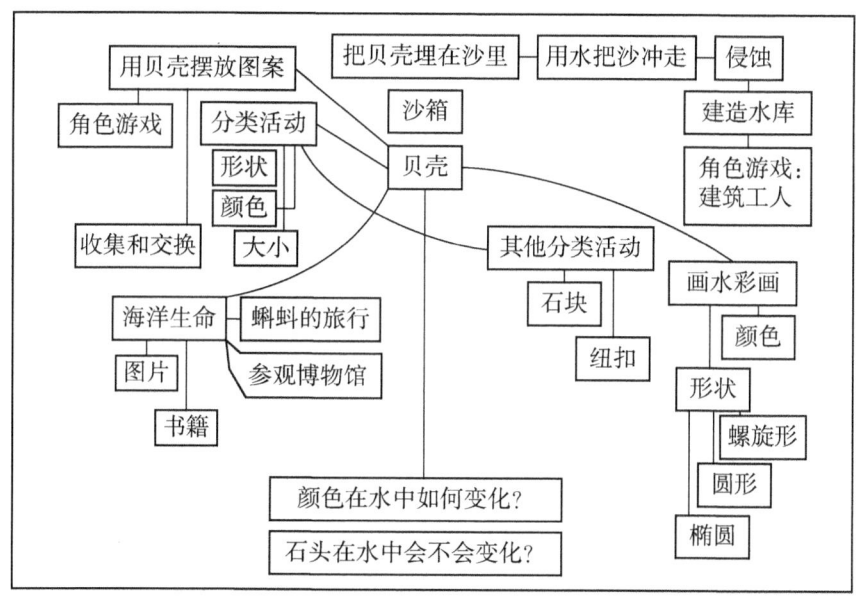

图4

上述案例描述的是发生在某日托中心开学前教研活动中的一段情境,是尼莫等人用来说明生成课程中课程计划来源的一个案例。正是在对该场景描述的基础上,尼莫等人提出"课程即所发生的事情"。在他们看来,"在学前教育中,课程并非兴趣的中心,儿童是我们关注的重点。教师很容易把注意力放在课程上面,因为课程远比儿童容易处理。但课程是一个在教育环境中实际发生的事情——不是理性上计划了要发生的事,而是真正发生的事情"。然而,如何在强调"课程就是所发生的事情"的生成课程观念下制订教育计划呢?课程管理者鲁比首先鼓励教师围绕着"当你是个孩子时,你喜欢做什么?找到一个合作伙伴,把这个内容告诉他。和你的合作伙伴一起,把你喜欢做的事情写在墙上的大纸上。在一张纸上写下大家都喜欢做的事情"等问题,回顾自己孩提时代的感受以尽量靠近并理解儿童的兴趣,并要求教师将自己的回忆记录下来;接下来,引领教师总结成人的兴趣所在,并将成人的兴趣点与儿童的兴趣点进行比较,以此说明教育计划的来源是多样的,进而提出非固定的生成性课程计划观念及其具体操作方式——建构网络。

在该案例中,无论是有经验的教师还是刚进入该中心的新教师,对生成课程的基本体验——课程源自孩子和教师的兴趣这个观点并非简单接受管理者观点的结果,而是在自己讨论、参与、体验的过程中获得的,是管理者与教师、教师与教师基于共同话题而参与讨论、交流甚至相互攻击的结果。于是,教师在彼此之间的"目光"互动中建构了对课程的认识和体验。

(2)消解自我。引入他人的目光是为了消解自我,不过承认主体际、承认他人的存在权利,在引入他人的目光和见解之后,主体并非立即就能冲破"自我"的围墙而实现自我消解;"相反,消解自我,常常以一种变态夸张的方式继续着自我中心论权威"[1]。也就是说,引入他人目光是消解自我的前提条件但并非唯一条件,他人目光的出现及接受可以使课程建设中问题的意义丰富起来,每个教师在表达自己观点的同时也使自我与他人实现了共同"在场",即共在。如同海德格尔(Martin Heidegger)所言,"它也在此,它共同在此",由于"共在"世界是我和他人共同拥有的世界,"在此的世界是共同的世界。'在之中'就是与他人共同存在。他人的在世界之内的自在存在的就是共同此在"[2]。物质在场的同时要"在之中",即不仅仅出席还要参与。因而在幼儿园日常教学管理过程中,教师不仅仅要执行园方所制定的教学管理制度,更要反思制度背后的要求,发现问题后能积极对之做出反应。

然而,仅有反应、参与,并不足以构成交往和交往中的意义体验。例如,我们在访谈园长对"头脑风暴法"效果的意见时,有园长提到:"在

---

[1] 任平著:《交往实践与主体际》,苏州大学出版社1999年版,第225页。
[2] [德]海德格尔著:《存在与时间》,陈嘉映、王庆节译,生活·读书·新知三联书店1987年版,第145～146页。

第四章
德性的坚持——课程管理即德性生活的走向

大部分情况下,我们发现进行'头脑风暴'时,大家感觉还不错,但风暴之后,原来的各种问题仍然存在、没有解决。我们不得不再靠行政命令要求老师完成任务。"其实这个如何实现自我消解后的共性提升的问题也是后现代学者们〔如德里达(J. Derrida)〕在强调解构后无法完成的任务。彼特·布劳(Peter Michael Blau)的观点对我们解决这个问题也许有重要的启示。布劳提出主体之间的异质性、不平衡性是主体交往发生的重要条件,但同时也可能是交往深入发展的障碍。在布劳的理论体系中,主体的异质性是从重大问题出发论述的,"异质性就是指人们在不同群体之间的分布。群体数越多,以及属于一个或几个群体的人口的比例越小,那么由某个特定的类别参数表示的异质性诸如社区的种族异质性或社会的宗教异质性就越大"①。我们在此借用异质性的概念来表明作为单个主体的教师之间及教师与园长之间就同一问题的思考角度、利益等方面的差异。主体的异质性是防止幼儿园教科研等活动中"萝卜炒萝卜还是萝卜"现象的关键因素。应该说,在课程管理过程中,作为多极主体的教师与教师之间、教师与园长之间的"共在"与异质性是其产生交往的必要条件。然而,主体的异质性过于复杂或差别太大也可能阻碍交往的进行,反而形成间断或两极分化。

我们接着分析前面的《游戏在音乐活动中的价值》案例:

> 音乐小组组长王老师首先发言:"除了可以像刚才的活动那样在活动结束时,让幼儿边唱边玩游戏,我们还可以根据音乐活动中所使用的音乐自身的特征,在不同的环节上使用不同性质的游戏。比如说,节奏比较快的音乐我们可以配合竞争性的游戏,节奏慢的音乐我们可以设计让孩子表演的游戏。总之,利用游戏能让幼儿感受到音乐节奏、结构等方面的变化。我想老师可以根据自己在活动中设计的目标去选择游戏(的类型)。"
>
> 当没有教师发言时,主持人请了两位新手教师发言。结果她们说了几句"我是来学习的,我还不太清楚"等类似的话,就坐下了。
>
> 这时该园业务园长看到没有人发言,就站起来说:"我来谈谈。

---

① [美]彼特·布劳著:《不平等性与异质性》,王春光、谢圣赞译,中国社会科学出版社1991年版,第115页。

其实游戏不仅在音乐活动中有极为重要的价值,在其他各种活动中都是非常重要的。可以说,游戏在各种活动中的价值就是能够让孩子更好地参与到活动中来,不管是开始环节还是中间环节、结束活动时,采用游戏的形式,孩子能充分参与到活动中,能感受到音乐。所以,老师在备课时要利用音乐的特点和结构选择相匹配的游戏形式。"

主持人在总结上述几位教师的发言时,看到几位来旁听的研究生在低声交谈,于是请其中一位谈谈自己的看法。

"我觉得,刚才大家的观点更多是从教师的教学设计角度来谈的,这对于新教师的上岗培训来说是适宜的,上述措施有助于我们老师尽快地适应教师岗位。但是,我们觉得刚才大家谈到的更多是游戏的工具性价值,比如让孩子能投入地参与活动等。但游戏的价值除了工具性价值之外,还有终极性的价值体现,就是一种态度,比如幽默的生活态度、对不同于自己熟悉的事件或事物的欣赏、包容,对多元文化的意义体验等。比如,前面那位老师组织的《何家公鸡何家猜》的音乐活动,除了利用游戏让孩子更喜欢歌唱之外,我们是不是还可以引导孩子感受一下母语之外语言的有趣性,讨论一下这种语言与我们普通话的不同之处等。我觉得,如果这样来考虑游戏的价值,就不会局限于教学组织的角度,而是转变为从幼儿发展的角度思考问题。"

……

笔者认为最后发言的研究生的观点是值得思考的。但是,研讨活动结束后,笔者随机询问两位新教师"你觉得谁的观点对你们更有帮助"时,她们回答:"我们没有太明白那个研究生的话,但是感觉好像很有道理,我觉得王老师的话对自己很有启示。"也就是说,在该案例中,由于新手教师与"研究生"之间的差异性过大而导致她们之间意义交流阻塞,而他们与音乐小组组长王老师之间的适度差异则让他们更容易接受。

彻底的消解自我与保持适度主体异质性应该是我们在德性交往中要妥善处理的问题。

3. 德性共生:就是为着共同的共生

呈现课程建设中存在的问题,并引入他人目光、消解自我,这些活动进行的同时就会产生参与者对问题意义的占有或延搁——叠加了意义或扬弃了意义。然而,意义的变化并非德性互动的唯一结果,因为在意义共享的同时,理解自己的意识会帮助我们实现对"善"的追求、对美好的向往,达致德性共生。英国学者戴维·伯姆(David Bohm)曾从理解意识的角度阐释其对"对话"的观点:

> 对话的过程应当是让各种不同的意义在全体参与者之间自由流动。在对话中,人们最初只是意识到,维持群体中的友谊氛围比固守自己的见解更重要。这种友谊是纯粹客观性的,它的建立与对话者之间是否具有密切的私人关系无关。由此而出现了一种新的心态,这种心态立足于共同意义的建立和分享,而这种共同意义则在对话的过程中不断地得以萌生和改造。这时候,人们不再对立,但也不能说达到了彼此交互作用的地步。事实上,他们开始一起参与并分享一个不断发展和变化的共同意义之库。在这一过程中,群体需要为对话预先设定任何的目的,目的可以在对话的过程中随时自发地生成和改变。群体成员之间由此而进入了一种新型的动态关系之中,任何一个人都不会被拒绝发言,任何特定的对话内容都不会被排斥。在上述原则指导下,我们就可以开始探索对话的种种可能性与潜力。照此坚持下去,我们更有可能去改造人与人之间的关系,甚至进而改造衍生这些关系的意识之最终本质。①

也就是说,群体对话的价值并非仅仅交流方面的意义共享,更在于参与者的心态、参与者之间关系的动态发展、借助于彼此对话关系而产生的意识改造,即精神成长。所以,李·尼科(Nichol Lee)评论戴维·伯姆时说,伯姆最具革命性的举动就是在日益抽象化的社会和数字技术无孔不入的时代,坚持直面人生种种纷扰的精神状态和精神成长问题。

从这个意义上说,德性交往的结果不仅是实现原定交往目的,更重要的是拓展参与者的认识和体验,激发意识改造的倾向。②

如何实现共生的理想,对此,不同的学者大概延续了两种探讨的思

---

① [英]戴维·伯姆著《论对话》(序),王松涛译,教育科学出版社2004年版,第11～12页。
② 从这个意义上来看,德性交往的结果属于交往结果类型中的 D。

路：一是共同的共生①，是共同体内部的异质个体者之间的交往方式，例如，在幼儿园组织内部，不同的教师借助彼此交往、互动、支持而实现共同发展；二是共生的共同②，是异质群体之间的交往方式，是不同的共同体之间实现共存发展的思路，例如，幼儿园作为一个共同体与外部诸多影响力量（如高校研究团队等）之间的互动。其实，就人性的复杂性来看，共同的共生与共生的共同是人际交往过程中同一发展问题的不同方面，是个体发展、集体发展、群体发展共存的思路。"对于约束共同体内部的人际关系，必须用'共生的共同'理念加以积极的解释；而对于不同共同体之间的人际关系，则有必要用'共同的共生'理念加以解释。"③

德性共生既非单纯地为着共同的共生，也非单纯的共生之后的共同，而是实现共生、共同的过程。在这个过程中，管理者、教师甚至其他所涉及的群体、个体，都能凭借对课程意义的感知、体验、探寻，借助彼此支持的人际互动而反思个体自我和群体自我的现在和未来，从为自己和他人

---

① 日本政治学学者山口定认为："'共生'的提倡，第一，在我们现今的竞争社会中，必须是对生存方式本身的自我变革之决心的表白。因为在竞争关系中，优势一方虽然也说'共生'，但若没有相当的自我牺牲的觉悟的话，就不会得到弱者的信赖。第二，不是强求遵从现成的共同体的价值观，或是因片面强调'和谐'与'协调'而把社会关系导向同质化，而必须是在承认种种异质者的'共存'的基础上，旨在树立新的结合关系的哲学。第三，它不是相互依靠的，而必须是以与'独立'保持紧张关系为内容的。第四，是依据'平等'与'公正'的原理而把内在的欲望抑制的。第五，必须受到'透明的公开的决策过程的制度保障'的支撑。"（转引自［日］尾关周二著《共生的理想：现代交往与共生、共同的思想》，卞崇道、刘荣、周秀静译，中央编译出版社1996年版，第119页。）

② 日本社会学学者井上达夫通过批判性探讨，从约束日本社会人际关系的角度出发，提出"共生"的共同的概念："设定'和谐''协调'的形象的是所谓'安定的封闭系统'。在'共生'这一用语普及的背景中，也有生态学热的原因，这一点显示出安定的封闭系统的形象与这一用语的联想关系。作为生态学均衡的'共生'，即'共栖'（symbiosis），如同圣甲虫与羊的关系一样，是封闭的共存共容的系统。它大体含有不同的种类，然而在它们之间有着基于利害一致的密切协作的关系，共存方式的不同的其他种几乎没有可能参加到这种关系之中……与之不同，我们所说的'共生'，是向异质者开放的社会结合方式。它不是限于内部和睦的共存共荣，而是相互承认不同生活方式的人们之自由活动和参与的机会，积极地建立起相互关系的一种社会结合。为了与以'共栖'为模式的'共生'概念相区别，若用英语表述的话，conviviality这个词比较适合。用日语表述，安定的封闭系统的'共生'根据symbiosis的原来译语应表述为'共栖'；'共生'这个词语，也就是我们所说的'共生'。我想提出这样一个方案，即把它作为含义是向着异质者开放的社会结合方式的用语来使用。"（转引自［日］尾关周二著《共生的理想：现代交往与共生、共同的思想》，卞崇道、刘荣、周秀静译，中央编译出版社1996年版，第121页。）

③ ［日］尾关周二著：《共生的理想：现代交往与共生、共同的思想》，卞崇道、刘荣、周秀静译，中央编译出版社1996年版，第133页。

负责的角度出发,努力改善,最终实现德性生命的提升。而这种德性生命是在管理者与被管理者之间交往的过程中生成和表现的,是对人与人之间相互创造与提升的认可,通过管理者与被管理者之间的德性交往,使管理者与被管理者都成为一个"可持续发展的自我"。

如同本书前面所言,这个过程只是趋善,而非完善、达善,我们只能在不断的趋善中体现生命和生活的尊严。

> 你的生存越微不足道,你表现你的生命越少,你占有的财产就越多,你的异化的生命就越大。
>
> ——卡尔·马克思

第五章 回归德性生活之路

在幼儿园课程管理领域中,实践比理论走得更快。德性课程管理并非推翻一切、从头建立新的管理思路,而是偶拾众多幼儿园管理中的闪光点,做相关理论分析并得出初步结论。回归德性生活,也并非无稽之谈,因为有众多前行者已经踏上了德性探寻的道路。

第一节 德性生活的起点:寻求新的幼儿园课程管理理解

一、寻求理解:把握课程建设活动价值的视角转变

课程论作为一个独立的研究领域出现,只有不到百年的历史,然而在这几十年中研究的价值取向却发生了明显的变化和转折。

早期,以泰勒为首的系统课程研究者将课程论看作技术性科学,喜欢用科学的方式来对待和研究课程问题,将课程论思考视为专家的任务,认为课程建设实践就是忠实地执行原定计划,于是,课程建设的目的不是为了人的发展,而是为了传达一套预设的课程方案,专家制订的理想课程方案凌驾于课程建设实践活动本身,成为课程建设实践活动的控制者。派纳(William F. Pinar)将这种课程研究思路称为课程开发范式,即以寻找普遍的课程开发的模式和程序为使命的研究思路。北美课程领域研究早已走出了这种范式,所以派纳说"课程开发,生于1918,卒于1969"。课程开发范式之后,出现的又是什么呢?派纳将之称为课程理解范式,即课程研究不再用"归纳—演绎"的思路去控制课程建设实践活动,而强调从不同的

"视域"来理解课程建设活动的意义;同时,课程理论研究也不是要被动依附于实践,而是把实践作为反思和解读的文本。于是,课程研究从强调同质的开发转变为强调异质的课程理解。①

显然,课程理解范式已经超出了认识论的视野,而强调亲历性的、关系性的、直观和精神的体验,而且这种体验不追求统一性的"强说",以及"说"的规范和形式。伽达默尔曾经指出,"我们并不能在我们生产出某物并因此而把握住某物的地方经验到存在,而只能在生产出的某物被理解的地方经验到存在",或者说"理解是属于被理解之物的存在"。事物的存在走近我们的过程,也就是事物为我们所理解的过程。理解因应了事物敞开自身的渴望。②随即,进入21世纪的专门从事教育研究的人们直接提出,课程研究和课程建设本身应当转向于体验世界,因为"体验可以开启我们的理解力,恢复一种具体化的认知感"③。当然,这并非说课程建设不需要指导技术,相反,课程建设在一定程度上是依赖于一定的建设技巧的。但是,课程在本质上更主要是一种与价值、喜好、发展相关的活动,而不仅仅是一种技术。在课程建设活动中,教师通过正确的、良好的、恰当的方式影响儿童,因而,课程建设活动应当具有一种启发灵感的品质和激发反思、产生顿悟的可能性,从而为儿童的德性智慧、德性品质的发展提供空间。从课程建设活动的智慧与机智品质出发,园长在课程管理过程中要引领教师发展一种指向儿童的价值取向,"这种价值取向随着对儿童生活经验的重要性及其教育学意义的不断反思,远比去获得一套外在的行为技能要重要得多,因为这些行为技能只能使人短期地'改善学校的管理机制……但(仅此而已),不能使人成为一名灵魂生命的教师、鼓舞者和引路人'"④。可以说,课程论研究的历程就是逐渐突显课程建设活动本身价值的过程。

课程研究范式的转变反映了近现代以来国际人文社会科学研究的方法

---

① 参见[美]威廉F.派纳等著《理解课程》(译者前言),张华等译,教育科学出版社2003年版,第6页。
② 参见[美]威廉F.派纳等著《理解课程》(译者前言),张华等译,教育科学出版社2003年版,第2页。
③ [加]马克斯·范梅南著:《教学机智:教育智慧的意蕴》,李树英译,教育科学出版社2001年版,第13页。
④ [加]马克斯·范梅南著:《教学机智:教育智慧的意蕴》,李树英译,教育科学出版社2001年版,第15页。

论的转向，即从推崇量化思维转向重质性研究，从普遍化的科学规律探求转向情境化的解释与理解，而这种转向是与19世纪初期现代诠释学的兴起紧密相关的。狄尔泰（Wilhelm Dilthey）曾在方法论上对自然科学研究与人文社会科学研究做出区分。他强调二者的区别在于"说明"与"理解"的不同，前者要求人们说明自然因果性，后者需要人们理解生活实践的意义。所以，作为人文社会科学的课程研究，应该从理解出发，寻求生活意义的体验和解释。事实上，专门从事教育领域研究的学者越来越意识到解释性研究模式的重要性，因为这种研究将人作为研究的中心。[1] 课程发展是人的发展，课程理解要从"冰冷的纸堆"中找出"生命的温暖"。[2]

课程研究中的理解范式取向，是与生活的方式根本一致的，人们要在理解生活中享受生活的意义，教师也要在理解中体验教育的价值。因此，理解的研究思路更加彰显教育对于生命关怀的价值，并将教育与生活的意义性紧密联系起来。但是也需认识到，用解释学的观点达到对课程建设活动的理解并非轻而易举的，因为每一个课程建设活动的参与者都对课程有着自己的一种"前理解"。比如，有的园长强调课程建设工作就是教师要完成固定工作计划并且符合幼儿园的规章制度，所以好教师就是能够按时完成（当然超额完成最好了）量化工作任务的教师，比如按计划备课、带班、上公开课、写论文等；有的教师则可能将课程建设看作对幼儿进行相关知识、技能教授的过程；有的家长更看重教师平时对孩子的基本关心，如擦鼻涕、塞上衣、拎裤子等。诸如此类观念或行为，其背后都隐藏着其对课程建设活动的前提性认识或"前理解"，这种前提性认识或"前理解"的形成与诸多因素有关，如个人家庭背景、受教育经历、文化程度及人生观、价值观等，因此不管科学与否，想改变已有的观念往往需要漫长的过程。这期间或许最有效的方式是与他人对话，同时也和自己对话，通过对话明晰自己的认识视域。在此基础上，参与者各自拓展自己已有的"视域"，在对话中实现德性生命的共生和共存，达至"视域融合"。显然，这一过程是动态的、复杂的，而达至"视域融合"，实现德性生命的共生、共存，意味着园长对课程建设活动的管理要超越借助控制和规章制度的规

---

[1] 参见［加］马克斯·范梅南著《生活体验研究》（再版序），宋广文等译，教育科学出版社2003年版。

[2] 参见周淑卿《课程发展与教师专业》（推荐序），九州出版社2006年版。

范的管理思路,而升华为将自己置身于德性交往中。这种德性交往与规范管理最根本的不同在于它的出发点与归宿是基于对个人生命价值的尊重以及对个性化自由选择与表达的维护的,这是对重占有还是重生存的生活方式的一种选择。

二、占有还是生存:如何理解课程管理

弗洛姆(Erich Fromm)认为,对于一个心智健全的人来说,选择占有或生存的生活方式可能有点让人费解,因为在一个用"值一百万"来形容一个人身价的社会生活中,占有是很正常的现象;但是弗洛姆发现,对于崇尚生命的伟大哲人来说,其世界观就是以对占有还是生存的选择为核心。佛说,谁想要达至人发展的最高阶段,就不可去追求占有。耶稣说,因为凡要救自己生命的,必丧掉生命;凡为我丧掉生命的,必救了什么。人若赚得全世界,却丧失了自己,赔上自己,有什么益处呢?马克思说,奢侈如同贫穷一样都是罪恶,我们的目的必须是充分地生存而不是占有。所以,弗洛姆借用心理分析的方法,得出如下结论:重占有还是重生存是人的两种根本的不同的生活方式和生活体验,这种体验的强弱程度决定了个人性格的不同和社会性格的不同。① 用"重占有还是重生存"的观点来分析问题,不仅适用于经济问题,也适合进行社会体系、社会制度问题分析,更对教育问题分析富有启示:成人还是成才,幸福还是知识、技能,责任还是效率,孰轻孰重?无论是对儿童来说,还是对扮演教育者身份的教师来说,甚至是站在教师背后的管理者,这都是值得反思的。

为说明重占有和重生存两种生活方式的区别,弗洛姆借用了铃木大拙(S. T. Daisetz)提过的两首小诗:

> 在墙上的裂缝中有一朵花,
> 我把它连根一起拿下。
> 手中的这朵小花,
> 假如我能懂得你是什么,
> 根须和一切,一切中的一切,

---

① 参见[美]埃里希·弗洛姆著《占有还是生存》,关山译,生活·读书·新知三联书店1989年版,第19~20页。

那我也就知道了什么是上帝和人。①

凝神细细望
篱笆墙下一簇花
悄然正开放！②

  尽管这两首诗描述的是同一种体验，但前者表述的是诗人为寻求真理而不惜分解生命，将花连根拔起的占有态度；而后者表述的则是诗人观看、让其生长，并与之成为一体的情感态度，因为尽管"诗中所描述的只是一个简单的事实，没有表达出什么特别的诗情，但是，全诗的最后两个音节是以日语中的'kana'结尾的，这也许表达了诗人的情感。在日语中，这个小品词往往是与一个名词、形容词或副词连用的，用来表达某种惊羡、赞美、痛苦或者快乐的情感。在翻译中用一个惊叹号来表示这层意思是相当贴切的"③。所以，弗洛姆认为，重生存的生活方式的人不占有什么，也不追求占有什么，他以心中充满欢乐和创造的方式去发挥自己的能力并与世界融为一体，于是欣赏而不占有，表达了诗人对花的生命的尊重，"望花"而非"摘花"，达到了人与花的两厢愉悦，获致真正的自然生命间的和谐。试问在"小鸡快跑"的年代，在我们的教育中，有多少家长、教师能够从容等待、欣赏儿童的成长？有多少管理者能够以生存的方式欣赏教师的发展和变化？

  弗洛姆认为，对占有或生存的生活方式分析不应仅仅通过抽象而纯理性的方法来进行，因为占有和生存是两个深深扎根于人们生活实践和生活经验之中的概念，这两种生活方式在日常生活中都有反映。而作为一种生活表现形式的幼儿园课程管理，其占有或生存的特性在哪里？

  （1）教师的发展分析。重占有的教师在专业发展过程中，更注重对"怎么做"的技能学习和掌握，所以实践中常见这样的教研情境：从技术来到技术去、以经验对经验、从目标到策略。然而，如果一位老师日臻熟

---

  ① 这是英国诗人 A. 坦尼森（1809—1892 年）所写的诗。
  ② 这是日本诗人芭蕉松尾（1644—1694 年）所写的俳句体诗。
  ③ [美] 埃里希·弗洛姆著：《占有还是生存》，关山译，生活·读书·新知三联书店 1989 年版，第 21 页。

练于目标—策略等教学模式的操作后,他对于幼儿的声音、幼儿的反应的敏感性可能会日益麻木,[1]因为技能的占有和获得是无法丰富和扩大教师思想的。重生存的教师则注重思考,他不仅是别人技能和经验的接受者,更是对技能、经验的思考者。这样的教师在专业发展过程中会采取一种积极而富有建设性的方式去接受、反思别人的传递物,他们所听到、看到的会激起自己的思考,产生新的问题、观点。这种发展的过程是获得自己的体验、寻求自己生活意义的生动的过程,教师所获得的不仅是可以扛回去熟练练习后可使用的技能,更重要的是获得了德性智慧。

(2) 管理中的人际关系分析。重占有的管理者擅长这样的方式与交流:他们或多或少地了解教师的特点、观点,认同自己的观点,在交流中重视为捍卫自己的立场而提出各种更好、更具有说服力的论据,不想放弃自己的主张,因为放弃意味着损失——管理威严。而重生存的管理者和教师都相信人是存在的事实,相信自己是活生生的独特的人,相信只要敢想、敢做和敢回答,就会创造新的观点。所以,这样的管理过程不是交换,而是一种对话和表达。"他们这一对开始一起跳舞,他们不会带着胜利感或失败感而离开,因为胜负感不会带来任何东西,他们心中充满了快乐。"[2]

(3) 管理中的权威分析。园长在行使权威的过程中,其本人是权威还是拥有权威,这两者的区别反映的就是重占有或重生存的生活方式的不同。显然,重占有的管理者,其获得管理资格的过程就是占有权威资源的过程,如对教师奖金、工资、福利、学习机会等资源支配权威的占有,或对教师专业地位、政治地位的操控权威的占有;行使权威的过程也就演变为管理者用其能够控制的资源与教师进行等价或不等价交换的过程:教师如果按照管理者的标准努力工作、积极表现,管理者就会给教师相应的工资待遇,或对教师更热情,或给予教师一定升迁机会、提高行政地位。为使自己的管理过程更流畅,管理者就需要占有更多的权威资源,同时也用相应的资源达到对教师的占有目的。所以,很多学者认为,这种以占有为

---

[1] 参见张永英《幼儿教师儿童学习观变革之路探寻》(学位论文),南京师范大学2007年,第56~57页。

[2] [美]埃里希·弗洛姆著:《占有还是生存》,关山译,生活·读书·新知三联书店1989年版,第40页。

特征的交换式管理虽然在短时间内起到了重要作用，但由于没有照顾到组织的长远利益和组织成员的长远发展，所以对于组织的长远发展来讲是需要修正的。建立在生存之上的权威，不是以拥有一定职能为基础的，而是建立在一个高度实现自我和完整协调的人的人格之上的。园长通过强调建构课程发展愿景、合作的组织文化等共识性认识而激发教师的工作投入，使教师在工作中获得持续的进步，也就是说，重生存的园长更多依靠专业权威和道德权威来行使管理职能。所以，重占有和重生存的管理者权威的区别在于，前者的目的则在于使教师的行为表现符合管理者的期望，而后者的目的在于使教师的表现超越管理者的期望。

总之，重占有的生存方式对自我的界定是，我的自我的某种规定性是由我所占有的对象来决定的，我不是我自己，而是我的占有物所体现出来的我，我所占有的财产是对我和我的特性的解释和说明。因而，在重占有的生存关系中，我与我所拥有的东西之间没有活的关系。我所有的和我都变成了物，我之所以拥有这些东西，因为我有这种可能性将其据为己有；反过来说，关系也是这样的，物也占有我，因为我的自我感觉和心理健康状态取决于对物的占有，而且是尽可能多的占有。在按照占有的生活方式而运作的课程管理过程中，园长与教师之间的关系不是一种活的、创造性的过程，管理者倾向于在教师的顺从反应或发展成就中寻找自我存在的价值；反之，教师也倾向于依靠管理者的青睐而寻找自我发展的方向。占有的生存方式使主体与对象都成为物，两者的关系是静态的、没有生命力的。而重生存的生存方式是建立在尊重生命、爱护生命的基础上的，以积极主动的理性活动为特征，以敬畏、体验、创造为乐，强调个体之间的共生的联系和发展。显然，这种生活方式与我们将课程管理理解为德性生活的追求是内在一致的。只有引导教师体验重生存的课程建设过程，即尊重生命价值和生命的创造，同时意识到自身是作为关系性存在的、教师会影响幼儿的幸福体验，课程建设即体验过程、创造过程、交往过程，而不是片面的获取知识、训练技能的过程，这样的课程建设才是根本的、有效的、成功的，才是对幼儿具有发展价值的。

弗洛姆认为，个人的性格结构与其所在的社会经济结构相互作用，会形成一个社会的性格。也就是说，一个社会的经济结构会造就社会的共性性格和成员的个别性格，社会的性格也会影响社会的经济结构。所以，从当代课程研究的理解价值取向来看，只有在根本上改变课程管理中个体的性格结构和共性的社会性格结构（管理制度性格结构），即抵制重占有的价值取向和发扬重生存、重发展的价值取向，才能契合教育变革的时代脉搏。只有用生存的观念观照课程管理问题，才能体现对德性生活的向往。

第二节 回归德性生活之路

用理解来观照课程理论与课程建设实践活动的价值，用生存而非占有的方式观照幼儿园课程管理中的问题，需要在组织结构上从高结构化走向低结构化，从组织文化上进行重组。

从高结构化走向低结构化，需要改变的是管理中的人的基本生活方式，"而这种'改变'不进行组织化、制度化的变革是难以想象的"[①]。幼儿园现有科层（等级）制行政管理手段却是维持和强化幼儿园原有行为模式及生活方式的。于是，为实践德性生活，幼儿园课程管理者首先要改变科层制管理制度，保证教师在课程建设过程中积极自由地实践，同时也要建构以发展为特征的专业取向课程管理制度，为教师实现课程建设的积极自由而创设条件，从强序到弱序实现组织重构。

如同前文分析所言，在课程管理过程中，教师的行为反应除了受管理者的即时即景的行为影响，更与其内隐认知、情感因素紧密相关。所以，探寻德性生活之路，既要从规范教师课程建设活动的组织制度角度思考，更要从影响教师认知、情感的深层因素——文化来思考德性共生的问题。

一、组织重构

虽然对于人的正常生活来说，规范有助于人的生活的有序化，规范是人生活必需的。然而，人们不但需要有序的生活，而且更希望有好的生活，需要在对德性的追求中体验生活、体验意义。德性课程管理作为教师的一种可能生活，确实需要一定的规章制度作为有序活动的基本保障，但是这种规章制度的确立是一种以弱序为特征的组织重构过程，是一种允许并提倡个体表达自我、获取共生与共存的过程，因而建设德性课程管理首先要理解现有科层取向的管理制度特征并加以适当修正，同时建设专业取

---

① 杨小微：《社会转型时期学校变革的方法论初探》（学位论文），华东师范大学2002年，第7页。

向的课程管理制度。

(一) 赋权增能：修正科层取向的课程管理制度[①]

在管理领域中，作为一种管理制度的科层制为现代组织管理提供了有效工具，它是"一种权力依职能和职位进行分工和分层，以规则为管理主体的组织体系和管理方式"[②]。这种管理制度强调：组织成员之间有明确的分工；组织内部任何人都必须遵循共同的法规和制度；上下层级之间明确自己的职位、权责，并严格掌握制度标准；成员之间的关系是职位关系，不带个人情感色彩。这种科层制管理思想在20世纪影响巨大，体现为20世纪的任何组织形式都受到科层制思想的影响，现有教育机构组织——学校及其管理也具备了科层制的大部分特征：①学校中的每一个成员分属于不同的层级，每一个层级中的每一个职位的业务范围、工作程序、行为标准以及学校系统内的各部门的职责及相互关系，都以制度的形式确定下来，使得学校中的各项工作都有法可依。②每个教师接受组织分配的任务，并按分工原则完成自己的岗位职责；教师凭自己的专业所长、技术能力获得工作机会、享受工资报酬；组织按成员的技术资格授予其某个职位，并根据成员的工作成绩与资历条件决定其晋升与加薪，从而促使个人为工作尽心尽职，保证组织效率的提高。③教师的一切行为都要接受来自上级行政领导的指示与控制，对教师行为的评价要视其是否与学校现存的各项制度规定相一致。[③]

幼儿园管理的各种教材书籍中反复提到的、在幼儿园实际现场也处处存在的保教工作程序化、家长工作程序化等，就是科层制在幼儿园管理工作中的体现，各种制度是其典型代表。可以说，在科层制管理制度调控下，课程建设活动中一旦出现问题，例如，各参与人员观点不一致，解决的途径和方式就是以行政权威为核心的资源博弈，即谁拥有的行政权威多，谁就可以在问题解决中占据主导地位，别人只能听从他的意见和安排，而非依据谁的体验深刻、理解到位或掌握情况全面。科层制的管理制

---

① 胡惠闵认为，受行政管理思想的影响，科层取向的管理制度一直在教育机构管理中居于主导地位。(参见胡惠闵著《校本管理》，四川教育出版社2007年版，第161页。)
② 孙远东：《组织管理方式的历史生成与现代重构》，载《管理现代化》1998年第4期。
③ 参见胡惠闵著《校本管理》，四川教育出版社2007年版，第163页。

第五章

回归德性生活之路

度在保证幼儿园工作的正规化和有序化方面具有不可替代的作用，但是其弊端也是显而易见的。从20世纪80年代开始，受校本管理研究的影响，园本管理研究及园本建设实践开始反思这种科层制的弊端，幼儿园的行政管理开始强调要进行组织重构——赋权增能。

由于受科层制的权责结合、高控制性等管理理念的影响，传统教育体制始终忽视教师与儿童在课程建设过程中的主体地位，而"在基础教育课程改革背景下，教师实现从'技术操作员'到'专业人员'的跨越，尤其是实现专业自主意识的真正解放，显得尤为必要"[①]。于是，园本管理的主张者主张通过赋权增能修正科层制，让教师恢复专业自主性的精神，体验职业生活和课程建设过程的意义。

如何修正呢？通过事实研究，笔者发现大部分幼儿园管理者都承认赋权增能是提高教师课程建设积极性的重要措施，而且有很多积极的改革者也正努力在诸多因素允许的空间下，从"权"和"能"两个向度[②]尝试课程建设权力下放的实验。

据此，可以从"权"和"能"两个方面来讨论赋权增能的策略。就"权"而言，第一，要从制度上保证教师的参与决策权，即改革幼儿园组织结构，让教师有机会参与幼儿园范围内重大事项的决策，从而赋予他们基本的权威和责任；第二，调整管理者的角色，因为赋予教师决策权和参与权，必然也要求园长重新界定自己的角色，让渡一部分权力；第三，让教师更有学识[③]，因为参与权、决策权的实施与发挥是需要一定能力作支

[①] 操太圣、卢乃桂：《教师赋权增能：内涵、意义与策略》，载《课程·教材·教法》2006年第10期。

[②] 有学者曾以"权"和"能"两个向度，区分出"有权有能型""有权无能型""无权有能型"和"无权无能型"四种类型的生态环境。其中，"有权有能型"是指领导者能与教师分享权力，也能激发教师的工作意愿及开发教师的潜能，这是典型的"赋权增能型"；"有权无能型"是指领导者只将权力下放，但却忽略教师是否有能力及意愿完成工作；"无权有能型"是指教师充满热忱及具备能力，但领导者却没有授权给教师，结果教师壮志难酬；"无权无能型"是指领导者未授权给教师，而教师也无能力完成任务，这里的教师实属冗员。（参见蔡进雄《授权抑或授权赋能？—论校长如何运用授权赋能领导》，转引自操太圣、卢乃桂《教师赋权增能：内涵、意义与策略》，载《课程·教材·教法》2006年第10期。）

[③] 麦若夫（Maeroff）曾在《为教师赋权：克服自信心的危机》（*The Empowerment of Teachers: Overcoming the Crisis of Confidence*）一书中提出三项给教师赋权的基本策略：提升教师地位、使教师更有学识以及为教师提供接近并进入权力中心的时间和机会，其中，"让教师更有学识"这一措施最被人看重。

撑的。威尔逊（S. M. Wilson）和库里坎（M. J. Coolican）曾经用外在权力和内在权力两个概念来表达增权与赋能相辅相成的关系，并指出外在权力与内在权力均是为教师赋权之不可或缺的重要构成元素，仅仅让教师拥有外在权力还不够，因为教师可能是在缺乏自我动机、专业责任和判断的情况下参与学校决策的，所以需要发展教师的内在权力，展示其专业责任和判断能力。① 在威尔逊等人看来，"增能"对教师专业发展贡献更大。操太圣、卢乃桂根据麦克贝思（J. Macbeath）等人的研究综合绘制了图5-1，以说明教师知识、态度与增能的关系，其中横轴表示教师的知识技能水平，纵轴表示教师自我意识状态。② （见图5-1）

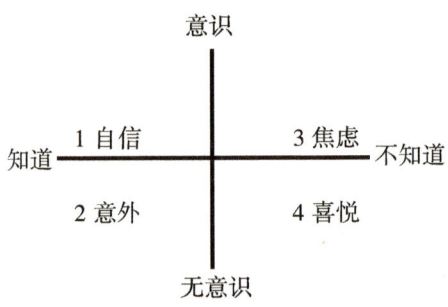

图 5-1　教师知识、态度与增能的关系

由图5-1第一种状况可以知道，只有当教师意识到自己拥有充分的知识技能时，才能表现出相当的"自信"，成为具有赋权感的教师；而第二种状况表示教师实际知道的比他们以为知道的要多；第三种状况表示教师意识到自己的知识不足，这也是他们必须创造更多专业知识的领域；第四种状况则表示教师缺乏知识而不自知，盲目乐观。也就是说，当教师对自己拥有的丰富知识、技能保持清晰的认识时，就会由"意外"上升为"自信"；同样，当教师对自己的无知也有清晰的认识时，则由"喜悦"上升为"焦虑"，一旦"意识到自己的无知"也为教师提供了一个"觉悟到必须改变的切入点"，从而促使教师发生改变，教师增能也在这种正向的改

---

① 参见 Wilson S M, Coolican M J. How High and Low Self: Empowered Teachers Work with Colleagues and School Principals. Journal of Educational Thought, 1996, 30（2）, pp. 99-117.

② 参见操太圣、卢乃桂《院校协作脉络下的教师专业发展：赋权与规训的争拗》，载《高等教育研究》2002年第6期。

变过程中不断增加。所以,就增能来说,园长可以通过建构共同愿景、改善组织文化、组织合作性团队等措施,使教师意识到自己在课程建设方面的知识技能状况,促成教师对危机的自觉意识以及改变的自愿性,促进教师的个人效能、自主批判性和课程建设能力的增强。

如同前文所言,赋权增能是建立在管理者意识到科层制弊端的基础上的管理思路,因而在实施过程中也可能走向另外的方向:假"赋权"之名、行"规训"之实。即让教师参与决策的目的不在于真正实现教师的自主性,而是把"赋权"作为一种操控手段,以最大限度地榨取教师的工作激情和成果。[①] 例如,园长邀请教师对已经通过审批的教科研项目进行讨论,行政管理人员邀请园长在已决定的行动上做咨询,等等。在这里,让教师(园长)最低限度参与的策略显然不是真的让教师(园长)参与决策,而在于通过这种方式促使教师(园长)认同上层制定的政策,培养教师(园长)顺从的性格。

但无论怎样,赋权增能的管理思路有力地回应了提升教师专业性发展的时代性呼吁。赋权增能使教师摆脱了那种"受雇者""装配生产线上的工人"的角色,使他们拥有了领导者与专业人员的地位。研究表明,让教师参与决策,不仅可以在学校内建立起有助于学校效能改善和提升的同伴文化,而且可以让教师的领导能力得到认可,从而改善学校内的组织关系和教学活动。[②] 更重要的是,赋权增能和教师领导还预示了一种基于相互尊重、共同认可和彼此支持的新的专业性,这就是德性品质的体现。幼儿园课程管理借助于赋权增能的措施,实现了从个人走向集体、从单一走向多元,从而在实践中使得权力分散成为可能,为园长与教师的德性发展提供行政组织基础。

(二)专业取向的课程管理制度

虽然我们承认每个人都是自然属性、社会属性和精神属性的统一体,[③]

---

① 参见操太圣、卢乃桂《院校协作脉络下的教师专业发展:赋权与规训的争拗》,载《高等教育研究》2002年第6期。

② 参见操太圣、卢乃桂《教师赋权增能:内涵、意义与策略》,载《课程·教材·教法》2006年第10期。

③ 按照马克思主义哲学的人性观来看,人是一个整体,人性就是人在其活动过程中作为整体所表现出来的与其他动物所不同的特性。这种特性主要是指人在同自然、社会和自己本身三种关系中所表现出的自然属性、社会属性和精神属性。

但是，我们也不得不承认不是每个人、每位教师都愿意并自觉地追求生活中的意义和实现卓越的，人性中的"经济性""自利性""惰性"与工作的繁杂紧张性相结合，就会造成很多教师选择墨守成规、原地踏步而不是迎接挑战。因此，管理者需要借助于强迫性和高控性制度保证每位教师登上专业发展的旅程。但是，现代教师专业发展研究也表明，教师的专业发展不是一踏上旅程就能顺利实现的，更多是在教师个体的自我体验和追求中逐渐接近。在专业发展中，"教师不仅是专业发展的对象，更是自身专业发展的主人"，教师的专业发展具有"将自己的专业发展过程作为反思的对象""专业自主""实施自我专业发展管理""自觉在专业生活中自学"等基本特征。[1]在幼儿园管理中，教师的专业生活更多地与幼儿园课程建设活动联系在一起，课程发展与教师专业发展是同构的，课程发展是教师的专业发展，没有教师的专业发展就没有课程发展。因此，教师在专业发展中对生活意义的体验，对课程建设活动的参与，对卓越性品质的追求和实现，要更多地依靠教师自身的精神属性。幼儿园德性课程管理不仅要从行政组织制度上进行赋权增能的改革，更要从根本上确立课程管理的制度特征，这就是专业取向的课程管理制度。

专业取向的课程管理制度不同于高控性的科层制：①它不以约束人的行为、强制服从为目的，而是以激发教师专业探索兴趣、帮助教师建立专业自主、促进教师专业自我反思行为为宗旨；②它不是制定一系列的行为规范或规则，而是通过建立专业研究的行为章程和要求，以此来确认共同认可的愿景或目标，形成平等互利的研究共同体，并据此开展专业活动；③它对教师没有行政性的惩戒作用，而是通过一系列引导性、诊断性、激励性措施，让教师体验到职业的乐趣与专业的进步，从而产生更大的行为动机；④它并不强调通过检查与考核等行政手段来明确教师所处的水平等级，而是试图建立一种合作、探究、反思的教师群体文化，不断完善教师的实践行为，促进教师的专业发展。[2]

以维持有序性为主的传统课程管理与以教师的专业发展为基点的德性课程管理的区别可见表5-1。

---

[1] 参见白益民《自我更新：教师专业发展新取向》（学位论文），华东师范大学2000年，第41页。

[2] 参见胡惠闵著《校本管理》，四川教育出版社2007年版，第164页。

表 5-1　有序性管理思想与德性管理思想的比较①

领域	追求有序性的管理	追求教师专业发展的德性管理
目的	教者+教育者	教者+教育者+体验者+研究者
内容	技术+经验	技术+经验+实践问题
方式	上对下	共生、共存

从目的上来看，追求有序性的课程管理倾向于将教师看作教者与教育者的统一体。的确，当我们把教师的发展看作由外部一套固定培训程序塑造的过程，并且把课程看作一套固定的知识或技能时，我们对教师发展目标的期待就是使其成为能够传递知识或技能的教育者，而且这个优秀的教育者也能够把自己的教育技能教给其他教师并对他们产生影响；但是，我们今天对课程的理解定位在体验意义上，将教师的教育过程定位在建设一个可以让儿童体验的意义世界和意义生活上，教师的发展就不可能仅仅是由外部固定培训程序就可以塑造的过程。教师的发展是建构自己的生活旨趣、获得意义体验、反思教育实践的自我认同过程，因而管理的目的不仅是期待教师成为教者和教育者，更是期待教师成为生活意义的体验者和教育实践的反思者、研究者。

从内容上来看，追求有序性的课程管理侧重于挖掘教师身上的技术和经验，因而以解决问题为主的教科研活动出现了这样的情景：从技术来到技术去、以经验对经验、从目标到策略。不可否认，这样的教研活动能让新教师在较短的时间内掌握老教师的技能，进而迅速适应工作要求。但是，这样的教研活动仅停留在技术、经验的感性层面上而忽视实践价值问题，是无法超越维持而改进和完善实践问题的。对于老教师来说，将自己"怎么做"的经验和技术告诉他人是无法帮助其实现突破"高原期"困境的，而被告知的新教师也无法借着现成的经验和技能成为专家。彼得·布洛克（Peter Block）曾经指出，那种"如何采用方案甲来解决问题乙"的文化抑制了人们对于意愿、目的和责任等问题的更深层次的思考："我的看法是，我们都是这一文化的一分子，而这一文化总是轻易屈服于所谓可

---

① 该表格主要参考了胡惠闵对学校本位教师培养思想先后比较的观点（参见胡惠闵著《校本管理》，四川教育出版社 2007 年版，第 165 页）。

行的、符合实际的要求……在这一过程中，我们牺牲了内心真正的追求。我们常常会向自己的疑虑屈服，停留在我们已知的或者能够学会的操作方式上，而不去追求对于我们来说最重要的东西，更没有必要的开拓精神和紧迫感。"所以，布洛克认为自由来自对事业的投入而不是已经取得的成就。在追求新境界的过程中，我们的课程管理需要"创造更大的空间，以便针对道德目标和'哪些是有价值的事情'进行更为深入的讨论"[①]。这就是德性课程管理的思路，因而在管理内容上，德性课程管理更重视引导教师关注并反思、研究教育实践问题。

从方式上来看，有序性管理倾向于采用"师徒制"的方式来促进新教师的发展，即让老教师与新教师结对子，彼此之间形成一种带领和被带领的关系。其实，"师徒制"背后的深层管理理念是"交换式管理"：因为我比你更有经验、远见和资源（可以是权力型资源，也可以是经济资源、文化资源、政治资源等），只要你跟着我走，你就能达到相应的目标。因而有序性课程管理中，管理者与被管理者、师傅老师与徒弟老师之间的关系是典型的"上与下"的关系。然而，幼儿园课程建设的诸多复杂性，包括思想、人际关系、技术上的差异，使得"上与下"关系中的上方根本不具有可交换的课程建设优势。所以，幼儿园课程建设要获得可持续性发展最重要的是激发教师对工作更大的热情，强化教师的共同智慧与道德目标。高明的管理者或老教师与普通教师之间的关系是共生、共存，这不仅表现为表面形式的平等关系，如允许并倡导自由发言等，更重要的是在文化层面对人际关系的重新解释。

（三）引入教师叙事

教育的过程是"人"与"人"的互动，所以教师与儿童之间的关系是不同生活经验、期望、意义、价值的相接，而不是一个知识载体对不同容器的传输过程。除非教师确定自己是一个什么样的人，也据此确认自己作为一个专业教师的期望与行动，否则又如何将儿童作为一个个有生命、有期望的人来看待？因而幼儿园的专业管理不应将教师视为一个角色，只着重于使教师成为掌握一套客观专业知识的主体，或要求教师遵循某些既定

[①] 转引自［加］迈克尔·富兰著《变革的力量：深度变革》，中央教育科学研究所、加拿大多伦多国际学院译，教育科学出版社2004年版，第28页。

第五章
回归德性生活之路

的专业效能规准；相反，通过叙事的方式，激励教师积极参与关于课程建设的"专业"讨论，在生活的经验与故事中反思自己作为教师的意义和行为，反思课程建设活动中的合理性，构建教师的自我认同。

关于什么是教育叙事，不同的研究者具有不同的理解视角。其中，作为教育叙事研究的实践者和理论先驱，加拿大学者康纳利（M. Connelly）和克兰蒂宁（J. Clandinin）的理解非常有代表性。他们认为"叙事"是这样的一种研究：它让人们不断地讲述和复述他们的生活故事，既描绘过去，又创设未来，通过这种方式来研究如何使经验有意义。[1]可见，这种观点强调的是，讲故事的人也就是叙说者对自身经验的理解和重构，研究者在其中起着倾听和引导的作用，更多的时候，教师本身既是叙说者又是研究者。应该说，这种理解较为强调教师对自己所参与的课程建设活动的理解和表达，是教师将自己的课程建设实践中的零星的、弥散的、片段的经验和不系统、结构化很低的观念，以"我讲我的故事"的形式聚焦并记述的过程。第二种观点把教育叙事作为教育科学研究的工具和方法，认为教育叙事就是研究者通过叙事的方法去发掘教育现象中隐藏的规律。例如，有的研究者认为，叙事是质的研究运用的一种表现形式，它是通过对微观层面的细小事件的质的描述，来阐释流动在现象背后的真实；运用经验叙事的方法来研究教师的生活故事，从而发掘并认识隐含在复杂多变的教育现象中的深层规律，不失为教育科学研究中的一种新的范式。[2] 按照这种理解，叙事就是叙事研究。

尽管有研究者对叙事和叙事研究做了较为明显的区分，如叙事是叙事研究的对象[3]，叙事具有真实性、情境性、亲为性、及时性、主动性等特征，而作为叙事研究的叙事除了具有普通叙事所具有的那些特征外，还必须具有问题性、意义性、反思性等重要的有研究价值的特征，同时叙事研究作为一种科学研究方法，与其他研究方法相比，它的独特处在于它具有"生活性""开放性""灵活性""智慧性""艺术性""个体性""情节性"

---

[1] 参见［加］康纳利、克兰蒂宁《教师成为课程研究者：经验叙事》，刘良华等译，浙江教育出版社2004年版。
[2] 参见张济洲《走入教师日常生活的叙事研究》，载《上海教育科研》2003年第7期。
[3] 笔者认为虽然不是所有的叙事都能成为叙事研究的对象，但是任何叙事研究都要以一定的叙事为对象，从而进行相关的意义探寻和挖掘。

等特征;① 但是,从幼儿园课程管理角度分析,笔者认为叙事和叙事研究是浑然一体的,叙事或叙事研究的实质在于寻找一种能够更好地呈现乃至穿透经验的思维模式。①借助叙事,教师可以生成、表达和传递自己的文化。"我们往往透过自己的叙事,建构我们存在于世界的独特版本,通过叙事,向他人诉说世界向自身开放的意义,进而文化透过它自己的叙事,为它的成员提供身份认同和行事的种种模型。"②②借助叙事,教师可以诠释意义。"诠释的目标是理解,而非因果解释,它的工具是文本分析。理解就是把原本互相竞争且不完全能够予以检验的诸命题用训练有素的方式加以组织和脉络化之后获得的结果。"③ 叙事就是教师用故事说出教育是什么,并如何存在的过程。与科学逻辑论证不同,叙事解释的标准是解释构成要素的内在连贯性和实用性,因而叙事能够展现事物理解角度的多样性。④园长如果将作为思维方式和表达方式的叙事引入日常课程管理中,管理的侧重点将不再是因为不信任而进行检查以保证日常事务的顺利进行,而是以发展(课程的发展、教师的专业发展、幼儿的发展)为管理核心;同时,教师也不再为应付各种检查而绞尽脑汁地搜罗材料,撰写观察记录、反思日记等,而是以体验和表达为主,在体验和表达的过程中将建构自己的课程价值观,更新课程建设实践活动,积累提升实践智慧,并真正成为课程决策的主人。将叙事的思路引入教科研管理,管理的重心将实现从重博弈到重表达、交流的转变。

1. 日常课程管理——从规范到理解

(1) 在叙事中建构教师的课程价值观。在实践中,笔者发现教师的课程意识和课程价值系统是相当模糊不清的,而且往往是由多种声音混杂而成的"合奏曲",其中既有个人的经验故事和话语,也有权威的、官方的、理论的、流行的话语,而通常的情况是教师个人的体验和声音被权威的、官方的、理论的、流行的话语淹没。特别是在强调控制性的课程管理模式中,管理者对教师的评价往往就是根据教师能否在教育活动组织中、口头语言和书面语言表达中高扬主旋律,而根本不在意教师个人的体验和声

---

① 参见王洪玲《对"教育叙事""教育叙事研究""教育叙事研究的研究"概念的分析》,载《吉林省教育学院学报》2006年第8期。
② 王凯:《国内教育叙事的六种语义》,载《上海教育科研》2006年第10期。
③ 王凯:《国内教育叙事的六种语义》,载《上海教育科研》2006年第10期。
④ 参见丁钢《教育经验的理论方式》,载《教育研究》2003年第2期。

音，于是，教师不得不说着言不由衷的话语，或依赖专家话语而贬斥自己的体验，或干脆成为管理中"沉默的大多数"。例如，笔者在访谈中问及教师对所在幼儿园的课程建设的印象时，大多数教师用"园本课程""建设课程""主题课程""领域课程"等词汇来描述，而对"园本课程""建设课程""主题课程""领域课程"等词汇是什么意思、彼此之间有什么关系等的认识则是相当模糊的，对此，教师的解释是"园长就是这样说的""我们幼儿园用的教材上是这样说的"等。巴赫金（M. Bakhlin）认为，人们的语言一半是自己的，一半是别人的，而且充斥着权威的话语，个体就是在逐渐区分自己的声音与他人的声音、自己的思想与他人的思想过程中进化自我意识的。①

叙事给教师提供了一个倾诉、发现个人声音的绝好机会。教师借助叙事描述自己具体而特殊的课程建设经历，在真实的故事中捕捉个人教育的观念，在个人实践的故事中发现属于自己的教育"真理"，通过叙事，教师既植根于自己的课程建设实践，又从日常实践中脱离出来，进而在更广阔的背景下理解自己的课程建设实践活动，质疑和批判存在的合理性。例如，"我为什么要选择这个内容？这个内容在我的整个课程建设中占据什么样的位置？""幼儿园教育中和社会中有哪些不公平的现象？这对我的教育和生活会产生什么样的影响？""对于幼儿的行为，我为什么会产生这样的情绪和反应？有哪些因素促使我产生这样的情绪和反应？""我的成长经历、生活背景对我现在的课程建设活动和生活有什么样的影响？"等等。教师在叙事中借着上述问题不仅将原先模糊、混沌的课程意识状态清晰化，而且能进一步厘清个人的课程哲学与权威理论，看到个人的课程哲学的价值，提升课程理念或意识，引发原有课程理念的变迁，并建构自己的课程价值观。于是，教师逐渐不再为外在权威所束缚，继而实现个人与外在权威或理论的对话。

教师在叙事中所逐渐清晰、提升、建构的课程价值观，是一种专业化的价值观。借助这种价值观，教师对领导的单向依赖会逐渐减弱。正如萨乔万尼所言："越是强调专业化，对领导的需要就越少；越是强调领导，专业化发展程度可能就越低。其要害不是要取消领导，领导可以增加一种

---

① 参见 BakhLin M. The Dialogical Imagination. In HolquisL M (ed.), Austin. University of Texas Press, 1981, pp. 342-345.

衡量学校中大多数专业人员质量的尺度，但是，一旦专业化的年轮开始改由专业化自己来推动，领导就变得不那么急迫、那么集中了。"①

（2）尊重教师的实践智慧，更新教师的课程建设实践活动。"教育的情景通常不允许教师停顿下来进行反思，分析情况，仔细考虑各种可能的选择，决定最佳的行动方案，然后付诸行动。"② 教育智慧就表现为对课程建设过程中的突发事件的即时处置，蕴含着教师对教育实践的理解和洞察。实际上，现实的教育情境要求他们必须迅速诊断问题，在最短的时间里寻找最为合理的解决方式，这就是教师的实践智慧。教师的实践智慧是具有人格特征的个别化的、主观化的知识，不同于普遍性的、客观化的教育理论知识，教师的实践智慧不能简单地迁移和照搬。英国著名的物理学家和思想家波兰尼（M. Polanyi）曾对人类个体知识进行了区分："人类通常所说的知识是用书面文字或地图、数学公式来表述的，这只是知识的一种形式。还有一种知识是不能系统表述的，如果我们将前一种知识称为显性知识，那么我们就可以将后一种知识称为隐性知识。"③ 如果外在于教师个体之外的普遍化、客观化的教育理论知识属于显性知识的话，那么教师的实践智慧就属于隐性知识。现代教师专业发展理论越来越强调教师的自我发展是其专业发展的关键，而在教师自我发展过程中，作为显性概念的教育理论转化为教师个人的知识之后，其教育行为才会有实质性的改变。也就是说，教师获得发展的关键就是要提升实践智慧，显现、扩展融于自身但被长期忽视的隐性知识。但这种隐性知识和实践智慧往往是高度个性化、情境化的，是镶嵌在教师的教育活动之中难以言传的。也就是说，它的生成和获得总是与具体情境联系在一起的，而教师叙事强调的就是对真实情境描述和表达的关注，因而将叙事引入课程管理中，可以为教师的实践智慧、隐性知识的生存准备条件，并为更新教师的课程建设活动提供契机。

笔者在过去近一年半时间的调查中发现，现在幼儿园中存在的叙事已

---

① ［美］托马斯·J. 萨乔万尼著：《道德领导：抵及学校改善的核心》，冯大鸣译，上海教育出版社 2002 年版，第 81 页。
② ［加］马克斯·范梅南著：《教学机智：教育智慧的意蕴》，李树英译，教育科学出版社 2001 年版，第 144 页。
③ 转引自石中英《缄默知识与教学改革》，载《北京师范大学学报（人文社会科学版）》2001 年第 3 期。

基本演化为教师为应付各种检查而撰写各类叙事文本，常见的文本形式包括教育教学日志或日记（直接记录日常真实教育生活情景）和反思性叙事（不局限于记录，能把自己的心得体会加以提升），而研究性叙事（建立在对叙事主题加以提炼，对多种原始教育生活材料的搜集整理，从而对日常教育生活加以反复疏理的基础上而进行的教育叙事）则基本没有。管理者处理这些文本的方式是将之视为对教师打分评估的依据之一，而很少关注其表述内容的独特性及叙事的思维倾向，即现实中的管理者将叙事纳入控制性管理思路中，本应成为教师表达途径的叙事，却成为教师的工作负担。以教师专业发展为核心的德性课程管理主张，要充分重视教师在课程建设中的实践智慧的价值和意义，对教师在教育实践中形成的经验和成功做法持包容和接纳的态度，而不能为其强行披上理论外衣，或以理论的话语体系加以修饰，或以自己的观点加以替代，甚至将之全盘抛弃；相反，对教师在教育实践中形成的个别化、主观化的知识要进行精心培育和充分理解，使之成为一种具有指导性和示范性的教育规范和理念。在德性课程管理思路中，管理者关注的是教师叙事的内容而非形式，强调叙事对教育活动情境进行描述，一般要包括事件的过程、自己的处理方式、结果怎样、为什么等，以此引发教师对教育活动目的、过程、方法、结果等的全面思考，进而引发其对课程建设过程的全面反思，这样会使教师意识到很多平时意识不到的问题，使许多知识由惰性状态转化为激活状态，让教师的所有才能都发挥出来。在现实的教育教学中，如果教师能及时把这些无意言行通过叙事的方式写出来，使这些隐性知识得以激活、凸现、评价、验证和发展，那么这些无意言行就会成为教师以后的自觉言行，从而为更新课程建设实践活动做好准备。

通过叙事，教师不仅仅是对已发生的课程建设事件做简单追述，更主要的是重温课程建设经验和体验课程建设过程。在重温中，教师不仅逐渐认识了自己，也能逐渐理解课程建设活动和活动中的幼儿。范梅南认为，教育学理解就是一种敏感的聆听和观察。[①] 然而，聆听和观察并非教师叙事的终点，聆听和观察是为了理解之后的课程建设实践活动更新，包括对原有教育观念和课程体系的改革、新课程内容的选择和编排、新教育方法

---

① 参见［加］马克斯·范梅南著《教学机智：教育智慧的意蕴》，李树英译，教育科学出版社2001年版，第111页。

和手段的利用等。

（3）在叙事中，教师成为课程建设和课程决策的主人。作为教育叙事的哲学基础，存在主义与解释学是反对传统研究中主客二分观点的，所以在教育叙事研究中，各参与者、参与者与研究者、参与者与管理者之间是主体间性的关系。研究者不是用科学的方法对教师的课程建设活动进行客观的研究分析，而是要去理解和体验教师在建设中的思想、行为和情感；管理者也不是去控制和占有教师的课程建设活动，而是去陪伴和欣赏教师叙事中的体验和感悟。于是，管理者鼓励并欣赏教师在课程建设活动中的体验和感悟，必然要伴以赋权，即为教师参与课程建设活动提供空间。否则，失去自由表达和更新行为实践特征的叙事就只能沦为控制性管理的形式之一。因而，借助于叙事，教师可以进一步成为课程建设和课程决策的主人。[①] 这主要表现为教师在课程设计、课程实施和课程评价中的决策自主权的获得。

从思维方式的角度来说，引入教师叙事实际上就是转变课程建设观念和变革课程管理行为，它不仅使教师获得有意义的职业生活，而且会改变教师在幼儿园课程建设中的存在方式。

2. 研究性教科研管理——引领教师在研究中成为自己

在前述关于幼儿园教科研分析中，笔者曾以参与教科研活动的教师自我状态为标准，将其分为两大类，一类是"人云亦云"型，一类是享受自我型。心理学家艾尔波特·艾里斯（Albert Ellis）的观点对于如何分析教师的这两种自我状态颇有帮助，他曾把个体的存在分为三种类型，即反应的存在、深层反应的存在和自我性的存在。[②] 按照艾尔波特的分类方式，笔者发现迷失自我的"人云亦云"型教师其实就是"反应的存在"者或"深层反应的存在"者，他们的行为是对外在环境特别是管理者要求的应答；而享受自我型的教师则是典型的"自我性的存在"者，他们有清晰的

---

① 参见田燕《幼儿园教师课程决策研究》（学位论文），南京师范大学2002年，第19页。

② 艾尔波特认为，把人看作"反应的存在"是行为主义心理学的观点，即把人看成一个只会对环境刺激做出应激性反应的被动反应存在。"深层反应的存在"是精神分析学派的思想，这种观点认为人和动物共同拥有的行为法则就是趋乐避苦，而人的行为最深刻的本源在于内在的本能，人是深层本能的奴隶；"自我的存在"是人本主义心理学的观点，这种观点相信人不同于动物，因为人要为自己树立目标并努力实现这些目标，所以人是主动的、有自发性的活动者，每个人都是有独特价值的存在。

自我价值体系，他们之所以参加教科研等课程建设活动，并非完全出自管理者的要求，而是发现了课程建设对于自己和儿童发展的意义。所以，享受自我型的教师在幼儿园课程建设活动中投入得更多、更深，体验更深刻，即使没有外在管理者的要求，他们仍然表现如初。可以说，教师在课程建设中的意义体验与自我有着密切的联系，意义必然是自我的意义，自我是意义体验生发的出发点和最终归宿。园长要引领教师有意义地参加教科研活动，一个重要的举措就是让教师在活动中通过叙事分析自我、成为自我。

如同前面分析所言，叙事不仅是详描具体事件，也要反思和批判，更要理解和体验自我及他人（儿童）。着眼于理解、体验自我的叙事如何进行呢？神经语言学所发展出来的理解层次模型①（见图5-2）能为我们找到叙事的途径。

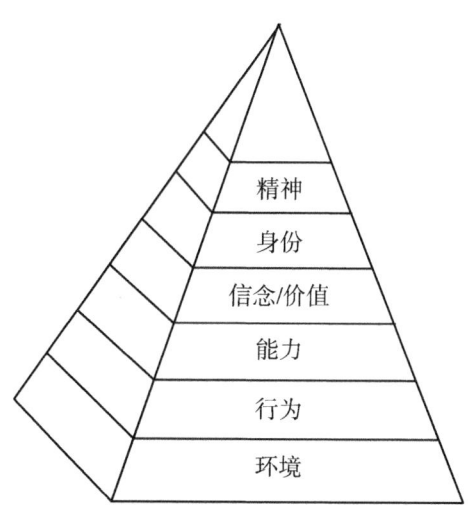

图5-2　理解层次模型

按照理解层次模型的观点，个体参与活动时大致有六种自我成分，这就是精神、身份、信念/价值、能力、行为、环境。其中，精神，是个体存在于世的价值体系或使命感，如教师对自我职责的认识是"让社会的下一代更好地健康成长"；身份，是关于"我是谁"的认识，即包括自己对

---

① 参见于泽元著《课程变革与学校课程领导》，重庆大学出版社2006年版，第284页。

自己的评估，也包括自己对组织如何看待自己的评估；信念/价值，是个体进行选择、判断和行事时的具体依据，具有不同身份感的个体，其信念与价值也不同；能力，是个体选择行事途径的范围和空间，也就是说，能力越强，其选择也多；行为，是个体在实际环境中的所作所为，行为可能与信念/价值相符，也可能不符；环境，即具体行为发生时的外界条件。应该说，环境、行为、能力三个层面的自我是我们每天都能意识到的，于是，教师叙事时，描述、反思、批判、理解这三个层面更容易一些；虽然信念/价值、身份、精神这三个层面受潜意识所控制，教师叙事时也更容易忽略它们，但是具体层面问题的根本原因则在于信念/价值、身份、精神自我的偏差。因而，借鉴理解层次模式进行叙事时，首先要关注自我的各个层面，而非头痛医头、脚痛医脚；同时，也须认识到各层面的自我只有保持一致时，其言行举止、认知、情绪才会协调一致，个体才能心情愉快，否则会产生焦虑、烦躁、倦怠等负面反应。

所以，借鉴理解层次模型的观点，幼儿园教研会议的主题不应只局限于当前所遇到的实际问题，而要扩大关注面，要关注教师对自我的全面理解。如同尼莫等人所言：

  在一个托幼机构里，总有需要解决的实质性的问题，某些问题对某些教师来说是急于需要解决的。在百分之五十的情况下，这些问题在任何教师会议上都有可能成为会议的全面日程：我们怎么样解决家长来接得晚的问题？没有地方储存东西，怎么办？有一个问题儿童，怎么办？

  在其目的为教师的提高和制订课程计划的会议上，这样的问题不应该有哪怕是百分之五十的可能性来作为会议的日程；相反，其他解决问题的策略和交流的渠道必须建立起来，并让所有参加的教师都清楚。在明确范围和保持该会议讨论主持人的权威的同时，对讨论的结果要持一种开放的态度。①

正是由于机构管理者——鲁比对教研活动的定位是提高和发展，所以

---

① ［美］约翰·尼莫、伊丽莎白·琼斯著：《生成课程》，周欣、卢乐珍、王滨译，华东师范大学出版社2004年版，第55～56页。

第五章

回归德性生活之路

她所主持的备课会议的讨论不是集中在解决具体问题上，而是通过"开始了解你"等的讨论主题鼓励教师讲述儿时和现在的兴趣点，从而将教师的成人心理与儿童心理联结起来，为教师更好地了解儿童提供机会，也为教师进一步理解自我创造了契机。

"开始了解你"的讨论能帮助教师在对不同儿童的经验含义的理解上形成一种共同的基础。"你在儿时做些什么？""你对……还记得吗？""当……时，你的感觉是怎么样？"这些问题能直接勾起成人的重要记忆。这些问题没有正确的答案，每一个人是自己经验的专家。共享儿时的故事能帮助教师找出共同的价值观，并在对别人的情感抱有同情的基础上，对他们的真正的不同的地方进行妥协。①

借助于"开始了解你"的叙事活动，管理者——鲁比也将研讨活动的重心从常见的资源博弈形式转变为教师的自我表达和自我成长，正如该教研活动的旁观者——大学教授约翰和贝蒂所评价的那样：

尽管这是一个使人感到非常疲劳的会议，我们对这些教师在课程计划过程的投入感到惊讶……约翰说："鲁比很有耐心，在这个会议中，有几次我都几乎忍不住要跳出来帮忙加快速度，或解决问题，像鲍勃（参与研讨会议的教师之一）在嘀嘀咕咕他的伟大的想法时，他的有关冲浪板的东西对我来说就好像是本末倒置。但鲁比就让他在那儿慢慢地说。""那当然，"贝蒂说，"她是在给他自己一个机会去弄清楚。"②

在学期课程建设活动反思中，管理者鲁比是如何总结自己的管理方式的呢？她说："有许多事情我并没有直接讲出来，我看到良好的教学往往在我不要求确切地按照我的想法去做时发生，我认为当儿童能按照自己的

---

① ［美］约翰·尼莫、伊丽莎白·琼斯著：《生成课程》，周欣、卢乐珍、王滨译，华东师范大学出版社2004年版，第65页。
② ［美］约翰·尼莫、伊丽莎白·琼斯著：《生成课程》，周欣、卢乐珍、王滨译，华东师范大学出版社2004年版，第41页。

方式去做许多事情时,他们能学习到更多的东西,成人也是如此。""我没有想到在不强求别人按我的想法去做以后,最终却得到了我所想要的。"① 也就是说,叙事不仅让教师获得了自我表达和自我成长,也让管理者得到了意外的收获。

如果说叙事研究给教育研究带来的启示是让教育研究回归生活的话,那么教师叙事作为管理问题的思维方式给课程管理的启示就是让课程管理回归生活——反思教师的现实生活,追求卓越的可能生活。将叙事的思维方式引入课程管理中,教师会愈来愈依靠自己的理解来体验生活的价值和意义,管理者——园长会逐渐由管理的中心走向边缘,管理的秩序由强序走向弱序。

二、文化重构

富兰在借鉴戈尔曼(Daniel Goleman)关于领导能力方面的研究②的基础上,提出当前的教育变革的目标就是创造领导者与教师以更强烈的情感、智力进行合作的学校组织,这种学校组织建设的首要任务就是培育组织文化。他强调,变革这个游戏的名字就是文化重构(reculturing),文化重构是比组织重构更深刻、更全面的变化。而所谓的文化重构是指从一种控制型、层级性的文化转向民主的、合作的文化,由固守传统技能转向一种开放的、直指教育目的的文化,所以文化重构需要管理者提供支持性的、参与性的、关爱性的领导,激励教师参与课程建设的决策,激励教师积极投入课程建设,并提供合作性的、支持性的和创新性的工作环境。③

陈玉琨教授多次提出学校管理分为三个境界,即人的管理、制度的管

---

① [美]约翰·尼莫、伊丽莎白·琼斯著:《生成课程》,周欣、卢乐珍、王滨译,华东师范大学出版社2004年版,第215页。

② 戈尔曼曾对McBer公司原始数据资料进行过领导能力方面的研究。该研究项目的抽样对象是3871名来自欧洲、北美、非洲、大洋洲一些公司的行政主管。研究重点是领导风格对公司内部氛围、财务状况和相关业绩的影响。他们列出了六种领导风格:远见型、辅导型、隶属型、民主型、设定步调型、发号施令型。戈尔曼发现:①前四种领导风格对公司的氛围和业绩有积极的影响;②领导者须具备以上所有四种素质来应对不同的人和情境;③喜欢设定事情发展的步调(让所有人向我看齐)和发号施令(按我说的做)的领导者可能在一定条件下产生短期积极的影响,但是迟早会失败,因为他们不能对人产生激励作用,也就是说,他们不能增进组织成员的能力和工作投入精神。

③ 参见于泽元著《课程变革与校本课程领导》,重庆大学出版社2006年版,第161页。

理和文化的管理。通过文化进行管理是学校管理的最高层次。同样，在一所幼儿园中，当文化确立后，任何个人因素都将是第二位的，不管人员怎样流动、领导怎样变更，文化作为深层次的基本信念会使教师具有共同的核心价值和普遍态度，于是，他们用一种"理所当然"的方式来解释幼儿园里所发生的事情。因为，真正意义上的文化，其本身就是"支配一群人的生活方式的基本规则，它决定了这一群人的价值取向与行为方式，教育过程绝不能逃脱这一规则的支配"①。在这种文化中，价值观既是其核心部分，又是其最深层次的制约因素，并与群体共同的理想、信念密切相关。"它要解决的是'为什么做'的问题，是人的活动的取向、目的问题。正是价值观的不同，'为什么做'的问题，最终决定了人们'是什么'和'怎么做'。"② 从这个意义上说，幼儿园文化将深刻地影响着教师对于"是什么"的理解和"怎么做"的选择。

德性课程管理思路下的文化重构就是要引领教师反思现有文化、建构德性文化，即要有教师文化的自觉与重建意识，并为追求文化背后的价值内涵而行动——建构课程发展愿景。

（一）教师文化的自觉与重建

教师文化是幼儿园组织文化的一个分支，也是教师在教育教学活动中形成与发展起来的价值观念和行为方式，它主要包括教师的职业意识、角色认同、教育理念、价值取向及情绪反应等。教师文化一般可分为三个层次：一是思想理念层次，二是价值体系层次，三是行为模式层次，这三个层次共同构成了一个整体。③ 在诸多研究中，研究者都认可教师文化是对教师发展及参与课程建设影响最大的因素。④ 教师文化是教师参与课程建设、获得意义体验的重要来源。如果一个教师参与课程建设得不到所在组织的承认，或与组织的价值体系、规则、规范系统相抵触，他受到的压力必然大大增加；相反，如果组织认可和欣赏其所作所为，教师会很容易从参与课程建设中获得意义和价值体验感。

---

① 周浩波著：《教育哲学》，人民教育出版社 2000 年版，第 185 页。
② 袁贵仁：《关于价值与文化问题》，载《新华文摘》2005 年第 7 期。
③ 参见任红娟、赵正新《从个人主义走向合作：新课程对教师文化的诉求》，载《当代教育科学》2004 年第 16 期。
④ 参见于泽元著《课程变革与校本课程领导》，重庆大学出版社 2006 年版，第 178 页。

当课程和课程建设的研究强调对体验世界的转向，课程建设活动的智慧与机智品质越来越为研究者和实践者所看重时，作为课程建设的主要参与者——教师，不仅要在行为层面扭转自己的"技术熟练者"的身份，更要在课程理念和价值体系上建构、认同新体验，这就是强调开放、建构、创新、情境价值取向的创生型教师文化。① 创生型文化不拒斥权威，但更多地关注教师个体的体验与反应，因而每个教师都是文化创建的主体，教师不是通过"传递—接受"模式内化文化，而是在专业实践中建构并体认它，不拘泥于惯性势力和传统，主张大胆求新；创生型文化寻求情境化的课程与教育意义，尊重教师实践的本土性、地方性。

当幼儿园逐步确立了开放、建构、创新、情境的教师文化时，教师参与课程建设的意识就会更充分。所以，要促进教师参与课程建设，需要引起教师文化的自觉，使之在了解自身文化的基础上，主动去重建自身的文化。然而，文化，作为历史凝结成的人的稳定的生存方式，是被群体所共同遵循或认可的行为模式。因此，文化对于个体的存在具有先在的给定性或强制性。② 所以，除了要自我反省之外，幼儿园教师文化建设还需要通过"局外人"的协助而获得对自身文化特质的反省和批判。这进一步说明了发展幼儿园的开放意识与合作能力的重要性。

T幼儿园是N市的龙头园所，该幼儿园除了在园本课程建设、教师素质、园所资源等方面位居N市幼教前列之外，其文化建设也是很引人注目的。因此，笔者在多次参与其定期教研活动的基础上对管理者——业务园长（Z老师）进行了访谈：

笔者：请问你们的园文化——"诗性智慧、游戏探究"是如何形成的？

Z园长：最初，这八个字来源于我们幼儿园"九五"期间的一个课题，我们这个课题当时叫"幼儿研究性学习活动的实践研究"。在研究时，我们就把幼儿园的整体课程分为几个板块，其中第一个版块

---

① 参见唐美玲《从适应型教师文化走向创生型教师文化：论新课程背景下教师文化的重建》，载《基础教育》2006年第11期。

② 参见衣俊卿著《文化哲学：理论理性和实践理性交汇处的文化批判》，云南人民出版社2001年版，第3页。

是幼儿的研究性游戏；第二个版块可以称为领域研究，就是按照领域划分活动形式，但活动组织的方法是让孩子去探究、探索怎样去学习。比如说在语言活动"母鸡罗丝去散步"中，我们就让孩子自己去观察，"你发现了什么？""母鸡或狐狸是怎么想的？"让孩子去推理、想象、自我发现。在活动中，我们的孩子进行的是研究性学习，其实就是研究性游戏活动。第三个版块就是探究工作室，例如，小厨房啊、玩泥巴啊。平时孩子在家里是不可能玩厨房、泥巴游戏的，我们把这些游戏分为几块让孩子去玩。在孩子的研究过程中，我们老师也要研究孩子，活动刚开始进行的时候，有一些老师总是往后退缩，一到教研活动时间，领导讲话，专家讲话，然后是几个骨干老师讲一讲，这样就造成了很大一部分老师没有真正参与进来。后来，有一次很偶然的机会。当时园长有事不在活动现场，作为专家的X教授也没有带头发言，老师们就开始根据活动的情况发言、讨论、争执。我们发现我们的老师还是很有想法的，但是，通过什么样的形式能把老师的情绪表达出来呢？X教授指出我们以前的教研活动组织形式给老师的空间太小了。她建议我们改变形式。经过思考、讨论，我们就提出来主持人主持的形式，就是不要每次都让教研部门或幼儿园领导来主持这样的教研活动，大家轮流当主持人，每次选一个主持人，这个主持人和教研部门的人一起设计一个活动的思路，以这个思路为主，主持人带领大家一起去研讨、进行活动。后来，我们发现这种形式能让老师都参与到活动中来，但是一个人的思路毕竟是有限的，如果要让更多的人参与进来就需要更多的人支持，我们就产生用核心小组的方式进行研究的想法。这种形式开始采用时，我们是每个人都主持，从老到新。随着活动的开展，我们发现：新教师实践经验比较少，但像从南京师范大学（毕业）过来的新老师在理论水平上却比较高。怎样才能在培养新教师的同时，又能把老教师的已有经验和新教师的理论结合起来呢？于是，我们慢慢形成了现在这样新老搭配的主持形式。当然，我们的教研活动中也有一些固定形式的东西，像一定要有任课教师的反思、大家的讨论、专家的总结提升，但是这样一来，大家的参与情绪可能不高。通过什么样的方式把核心问题揭示出来，这是每位主持人都要考虑的问题。在我们多次开展的这种活动中，主持人都分别想出了不同的形式，大致都是让老师们参与游戏进行研讨。当然，这个游戏不是随便抓来就能进行的，而是将游戏的形式跟每次活动的内容紧密结合在一起。主持人一定要考虑清楚，怎样把核心问题和游戏形式结合起来，以便让老师们通过玩游戏来感悟这个核心问题。所以，这种活动是挑战主持人的难点活动，也是挑战核心小组的难点活动。如果结合得好，那大家在后面的研讨活动中就会收获大；如果结合得不是很密切，那么大家在游戏中就不会有很深的感悟。

这种游戏性研讨激发教师的智慧、启迪教师的智慧，教师在探索中感悟到教育的智慧，最后就是把个人的智慧放在全体成员中交流、讨论，升华为大家的智慧。

笔者："诗性智慧、游戏探究"这个核心性的文化思想，除了体现在教科研活动中，还体现在什么地方？

Z园长：比如，新教师培训也是这样的。我们通过这种游戏形式把不同层面的老师组合起来，对于新教师，我们组织她们玩一些技术性的游戏，让她们感受到"啊，我作为新教师要让孩子遵守常规的话，也可以借助于游戏的方式"。对于班组长，她们的层面要高一些，我们会通过各种游戏形式，如娱乐的活动、对外交流的活动，这些都是与游戏联系在一起的。因为生活对老师来说是丰富多彩的，如果仅仅局限在幼儿园内部进行活动，就会禁锢老师的思想，所以我们在组织班组长培训班时，就会带她们去一些企业里面参观、学习，去了解企业文化。这不仅仅是表面的游戏，更重要的是拓展老师视野。对于老师的内心来说，这种方式可能会更愉悦，那也达到了游戏和愉快之间的沟通。在参观、学习、游览的过程中，还同时获得了专业发展的效果。我们幼儿园也非常重视老师与幼儿园外部的交流学习，像南京师范大学组织的各种活动、与国外的各种交流活动，我们也定期会派一些老师或团队到俄罗斯以及我国香港、台湾等地学习。回来以后，就把那里的文化也带回来了。对于这些老师，我们幼儿园要求她们一定要以文字的形式或其他形式把她们的最新感悟传递回来。我们也要求老师用令人愉悦的方式来展示她们的收获，这种收获不一定全是在幼儿园的收获，包括那个地方的文化以及与那边的人进行交往的感触，只要你自己看到的、印象深的都可以说给大家听。这样一来，我们老师就不仅仅局限在自己的职业中，使她们的生命有所拓展。

另外，我们的保育老师培训也渗透着这样的文化。比如，她们参加幼儿园的教育活动辅导,"小厨房"这一块呢,保育老师很熟悉,就可以组织一部分老师扮演孩子,一个老师扮演真正的老师,或者一位教师说课,其他保育员来配合,等等,借助于这样的游戏活动形式来进行业务学习活动。那么,对于保育老师来说,这既是一种学习,也是一种游戏,就是把自己当成孩子一样来参与活动。

其实园长的培训,也都是通过反思、大家一起研讨、外出参观、参加一些有益的活动来进行的,而不是一定要坐在那里开会、带个本子记录,我们的学习是渗透在各种各样的活动中的。

通过上述案例,我们可以看出,教师文化的形成并非一朝一夕即可完成,也不是有了文化自觉就能顺理成章地重构的。由于多次参与T幼儿园教研活动并对部分教师进行过相关访谈,笔者确信,在该幼儿园的文化建设过程中,除了存在教师群体的文化自觉、外来专家等影响力量之外,管理者层面的建构措施具有重要作用。

第一,注重激发教师的创新思维方式,张扬教师个性。这不仅表现为对教师所组织的教育活动和研讨活动的创新性的肯定,更表现为对教师观念认识和意义体验的欣赏。不可否认,在笔者所观察的6次教研活动中(如六色花俱乐部、开心迪士尼、畅游南京等),活动的组织过于注重形式,但是参与活动的教师——无论是主持人还是接受培训的徒弟教师或师傅教师,她们在游戏活动中的自如表达,或犀利,或含蓄,或深刻,或坦然,其个性的展现和管理者的肯定性态度都令笔者印象深刻。

第二,倡导教师之间的合作,注重学习团队的建设。在教研活动组织方面,管理者为激发教师参与的积极性,随着对活动形式的把握深入,特别是在认识到新手教师和老教师具有各自优缺点的基础上,逐步发展了"一个主持人—两个主持人—两个主持人+核心小组教研活动"主持形式。在这个过程中,教师之间的合作机会不但逐渐增加,而且骨干教师、老教师对青年教师的专业引领也得到了体现。正如Z园长在访谈中所介绍的那样,对团队学习的倡导在该幼儿园管理中无处不在:教师培训、园本课程开发、管理者的专业发展等。

第三,强调人文管理的评价机制,评价突出文化精神。例如,在对参加园外学习教师的要求方面,管理者提出了突现意义体验的评价要求:"以文字的形式或其他形式把她们的最新感悟传递回来。我们也要求老用令人愉悦的方式来展示她们的收获,这种收获不一定全是在幼儿园的收获,包括那个地方的文化以及与那边的人进行交往的感触,只要你自己看到的、印象深的,都可以说给大家听。这样一来,我们老师就不是仅仅局限在自己的职业中,使她们的生命有所拓展。"

幼儿园文化建设的四个重要内容包括愿景、使命、价值观和目标。其中,愿景是文化的核心内涵,其他三个方面则对愿景的形成、共享与实现起强化作用。愿景提出并回答的问题是"我们为何追寻",使命回答"我们追寻什么"这一核心问题。使命定位可以帮助幼儿园形成共同的目标,帮助教师明确课程建设先后次序的第一步——幼儿的学习和发展,引导成员思考"我们希望儿童学什么""我们怎样履行集体责任以确保所有儿童的有效学习、发展"等核心问题。价值观回答"如何追寻(我们应该怎样把共同愿景转化成为现实)"。价值观是感情和行动之间的联系,它帮助教师明确具体态度、行为和承诺,以促进愿景的实现。共同价值观以行动来描述,它提供了个人自主行动的方向。目标是组织在实现愿景过程中的具体步骤特征和时间表,它将愿景具体化、清晰化。愿景鼓舞人的激情,目标培育持续的责任。我们可以确信的是,在幼儿园文化重建中,愿景的地位举足轻重。

(二) 发展课程愿景

愿景,是一个源自英文 vision 并且超出了 vision 含义的词汇,涵盖了 wish、aspiration 等词的意义,是关于发展蓝图的一个形象化描述。很多学者强调,在变革迅速而急剧的时代背景下,形成组织的发展愿景对于组织发展来说是非常重要的,因为组织的愿景是组织文化的灵魂,是组织中最深层次哲学信念的体现。因而,教育管理学家提出,只有善于与教师一起建构分享课程发展愿景的管理者,才能真正把教师的精神凝聚起来,提升教师参与课程建设的动机。[①] 其实,课程发展愿景不仅能够提高教师参与课程建设的动机,更重要的是建构并实现愿景的同时,园长与教师获得了成长和发展的可能性。愿景具有德性发展的价值。

1. 共同愿景的作用

愿景是个人或组织核心价值的符号性表达,因而愿景首先是精神性

---

① 参见于泽元著《课程变革与学校课程领导》,重庆大学出版社 2006 年版,第 204 页。

第五章
回归德性生活之路

的，是具有激励效应的发展目标，建构愿景可以提高组织中个体对组织行为的期望。"期望—价值理论（expectancy-value theory）表明，一个富有价值的目标如果被认为是可以达到的话，会发挥巨大的激励作用。"[①] 无论对于管理者还是对于普通教师，课程发展愿景的激励作用都会产生。

当前幼儿园课程建设中的种种复杂性决定着管理者时时都面临着决策的可能：课程建设中复杂的思想问题需要管理者去慎思，去做出选择并在教育实践中验证这种选择的效果；课程建设中复杂的人际关系需要园长去协调，需要他不断调整策略以便凝聚各方的力量，以有利于幼儿园课程建设的顺利进行；课程建设中复杂的课程编制技术也需要园长用专业眼光来处理……而共识性的课程发展愿景可以把课程建设中存在的各种管理问题与幼儿园的核心价值联系起来，为管理者在复杂情境下解决各种问题提供坚实的决策依据。利思伍德等人的研究表明，当管理者遇到麻烦问题时，愿景所蕴含的价值往往成为信息的替代品，能帮助管理者确定复杂形势中的主要问题，为解决问题提供条件，所以，能够清晰阐释课程发展愿景的管理者往往是学校的更有效的问题解决者。[②]

而对于教师来讲，愿景既为自己提供了未来的发展方向，也为自己的专业发展提供了可能性途径。所以，如果教师在课程建设中能够参与课程发展愿景的建构并达成共识，也就能够较为清晰地认识到自己专业发展的方向和当前的状况，由此积极地参与到课程建设中，做出与共同价值相符合的行为反应并为自己的行为负责。如果教师是为了服从而参与课程建设，当外部压力消失时（如由强序变为弱序），个体会转向预定目标的反面或用其他目标代替，幼儿园课程建设的责任价值就无从实现了。

作为组织中哲学信念的体现者——发展愿景，一旦能够为教师所认同，还会产生替代领导的作用。课程发展愿景可以是教师们共同探讨而确定的，也可以是由管理者或其他人提出进而为组织中所有成员所接受的，但是，无论通过哪种形成途径形成，一种期望或目标表述要能被称为愿景，其基本条件就是能够为全体成员所认同。一旦被认同，愿景就会为管

---

① 于泽元著：《课程变革与学校课程领导》，重庆大学出版社2006年版，第204页。
② 参见 Leithwood K A, Jantizi D, Steinbach R. Leadership and Other Conditions Which Foster Organizational Learning in Schools. In Leithwood K A, Louis K S (eds.). Organizational Learning in Schools. Swets and Zeitlinger, 1994, pp. 67 – 90.

理者和教师提供指引其课程建设行为的规范，并赋予其群体以共同体的意义，它能够提供"我们做什么、怎么做以及为什么做"的规范。于是，每一个人都"有一种特定的责任去帮助建设共享价值观的中心。这个中心将逐条详细说明带有特定道德含义的教师的责任、任务和义务。这些责任、任务和义务是个人对竭尽全力使共同体运作并运作良好的承诺。用实践的语言来说，这就意味着教师们勤奋地工作，以模范的方式行事，与新的思想理念俱进，帮助共同体的其他成员取得成功，以及做其他任何使共同体有效而兴旺的事情"[①]。运用愿景的作用进行管理，管理者始终在传达着这样一种隐喻：教师要追随一种愿景而不是追随一个人。所以，借助于课程愿景，管理者把注意力从自身转移到其他方面——专业理想或愿景（其实课程发展愿景与专业理想是无法分开的），于是，课程管理不再是管理者借助于计划、组织、领导、激励及控制而激发教师积极工作以及保证课程建设有序运作的过程，园长要做的是为教师消除工作障碍，提供物质和情感支持，分享前进中的情谊，并为接下来的发展寻找终极目标。借助于课程愿景，管理者能够为管理建构替身，并使教师做出内在回应，获得发展。

正是由于替代领导作用，愿景与弱序管理制度形成互补关系，弥补了强序管理制度转变为弱序管理制度过程中的空白环节。

可以说，课程发展愿景虽然不直接影响园长和教师的课程建设活动及言行，但是愿景作为组织的核心文化和核心价值，为每个个体的心理底层涂上了一层不同于其他组织的色彩。回归德性生活之路，不仅要进行管理制度的调整，更要从园长和教师言行的根本性源头着手。

2. 德性管理中课程建设愿景的建构

建构课程愿景可以从愿景的基本特性着手。南那斯（B. Nanus）提出一种价值信念的描述如果能够称为愿景的话，须具备现实性、可信性和吸引力的特性。其中，现实性就是指该价值信念须是对组织当前状态的自然延伸性描述，而不是无中生有的；可信性是指组织成员要相信它是可以实现的，而非"嘴上说说、墙上挂挂"的形式；而吸引力是指通过共同分享该价值信念，管理者能够把所有组织成员凝聚在一起并共同关注组织发

[①] [美] 托马斯·J. 萨乔万尼著：《道德领导：抵及学校改善的核心》，冯大鸣译，上海教育出版社2002年版，第61页。

展。其实，愿景的吸引力不仅表现为组织的凝聚价值，更体现为对每个成员生活意义的认可的价值性。如同斯达莱特所主张的观点，使用愿景的领导要"充满话剧的意识，要觉察到每个成员所作所为的意义和重要性，要觉察到那些充满力量和价值的行动，要强大我们的事业中那些具有英雄史诗般的方面"①。也就是说，愿景要体现每个成员的所作所为的意义及其重要性，要拥抱根植于基本意义和价值的理想，要闪烁着德性的智慧和光芒。

愿景既具有现实性、可信性，又具有道德性。所以，幼儿园课程发展愿景的建构，一方面要从现实出发梳理幼儿园内外诸多情境因素，特别是幼儿园现有的课程发展状况的分析，是幼儿园课程发展愿景建构的基本出发点；另一方面要从德性发展的角度思考，幼儿园课程应当体现什么样的儿童发展观、教育价值观、教师观。教育是一个具有价值性和道德性的领域，幼儿园课程更是效率与责任并重的活动过程。而在当前变革的时代背景下，强调教育和课程的德性价值、强调教育者的责任意识更为重要。阿里·德赫斯（Arie de Geus）对长寿公司（long-lived companies，存在50年以上的公司）的研究发现，组织内部共同的价值观对于组织的生存来说非常重要，这个共同价值观不是一时一刻的反应，而是长期使命。"一个团体的长期使命不是生产一个特定的产品或提供某一项特定的服务，而是生存：使自己作为一个工作团体永远存在"②，借助于共同价值观，公司和员工能在目标上达成一致。在这个实现共同价值和完成使命的过程中，管理者和员工通过彼此的相互影响能提升双方的层次，实现共同成长。这就是一种德性发展的思路。

从共同愿景的特性出发，建构愿景并使其持续发挥作用可以从两个方面着手。

（1）引领教师分析幼儿园内外部组织特征和幼儿园现行课程建设状况。影响幼儿园课程建设状况的内外部因素很多，从什么角度进行分析呢？借鉴台湾学者张嘉育整理的一个比较全面的学校本位课程发展的情境结构来分析，幼儿园本位课程改革存在外部因素和内部因素（见表5-2）。

---

① 转引自于泽元著《课程变革与学校课程领导》，重庆大学出版社2006年版，第208页。
② ［美］阿里·德赫斯著：《长寿公司：商业"竞争风暴"中的生存方式》，王晓霞译，经济日报出版社、哈佛商学院出版社1998年版，第131页。

即从社会文化的变迁与期望、教育系统的要求和挑战、学前教育专业知识的发展和变迁、教师支持系统、社区资源来分析幼儿园的外部影响因素，寻找幼儿园课程愿景建设过程中可利用的优势、需克服和沟通的难点；从本园幼儿的身心发展水平和需求、教师的现实条件、幼儿园的具体组织结构、已有物质资源、原有课程建设中存在的问题等几个方面来分析幼儿园内部组织特征，寻找自身的优势和需要改进的发展点。

表5-2 幼儿园本位课程变革的情境分析因素

一、幼儿园外部影响因素	
社会文化的变迁与期望	社会文化的变迁包括：失业类型、社会价值、经济增长、家庭关系、家长；社会期望包括：雇主、社区以及家长对幼儿园的期望（如提升识字与计算能力）等
教育系统的要求和挑战	政策的要求、研究的新发现、考试制度的变革、教育主管机关的期望或要求等
学前教育专业知识的发展与变迁	学科知识内容的发展或教材、教法的变革
教师支持系统	如师资培训机构或科研机构可以提供给幼儿园课程变革的贡献与协助
社区资源	幼儿园可以获得的外部资源的情况
二、幼儿园内部因素	
幼儿的身心发展水平和需求	身心发展、兴趣、态度、能力与教育需求
教师的现实条件	价值观、态度、知识、技能、经验
幼儿园的具体组织结构	家长参与、权力关系与分配、幼儿园士气凝聚力、运作程序等
物质资源	幼儿园的建筑、仪器、设备、资源、经费使用情况
课程建设中存在的问题	幼儿园运作课程、教师使用课程、学生体验课程的现状

（2）引领教师体验并确定幼儿园课程建设中的核心价值。在课程变革趋于多元化的今天，幼儿园课程愿景的核心价值应该如何定位？富兰的意见是任何的课程变革都应以使儿童获得更好的生活为目的，也就是以儿童获得有益的发展为目的。在课程愿景建构时，我们同样要秉承"学习者中心"（learner centered）的核心价值观。课程建设既要关注个体儿童，也要关注儿童的学习；既要关注个体教师，也要关注教师的发展。为了更顺利地建构具有道德价值的课程发展愿景并使之持续发挥作用，课程管理者可以采取以下策略：

有一个清晰的需要对课程进行改变（making-difference）的目的意识；

运用激励更多的教师来解决难题的策略提升教师的参与课程建设程度；

运用可测量的以及可讨论的关于成功的指标，并和当前课程变革的思想保持一致；

用道德目的激励人们内部参与动机，并以内部参与程度作为指标进行最终的评估。①

一个基本达成共识的具有激励价值的课程发展愿景形成后，能够持续多长时间呢？有人提出，在信息爆炸的时代，世界快速、持续地发生变化，所以愿景也要经常更新。也有人认为，愿景应是持续几十年的共同目标。笔者认为，我们生活在一个多变的时代，然而组织的根本性变革是艰难的，并不能一蹴而就，变革要服从于不断发展的组织愿景，因而确立幼儿园课程愿景时就要考虑到持续时间的问题。

建构课程发展愿景就是要求管理者从事务型管理向战略型管理转变。

---

① 于泽元著：《课程变革与校本课程领导》，重庆大学出版社2006年版，第213页。

结语：回归朴素课程

在新课程改革的时代背景下，幼儿园内部的课程建设活动变得日益复杂：复杂多样的课程思想，需要管理者带领教师去不断审视、判断，并在实践中尝试、坚持、修正自己的判断；影响课程建设的社会力量和参与人员的复杂性，决定了管理者要去协调来自不同背景的影响源，并尽可能地将这些影响力量凝聚起来以有利于课程建设活动的开展；课程建设的复杂技术性特征，也要求管理者要以专业化视野来处理课程建设中的问题。幼儿园课程建设活动的诸多复杂性特征共同促使了德性课程管理思路的出现。

富兰指出，不掌握复杂性理论的思路很难在教育变革的背景下开创新境界。管理者用复杂性理论的视野审视课程管理的问题，其诀窍在于要学会成为对复杂神秘的体系感到自在的孩童，少做使原来就已经性质严重的问题加剧的事，不要去控制无法控制的事。[①] 我们相信，只要人对了，事情也就对了。[②] 课程管理者所要做的最重要的工作不是去控制复杂的课程建设过程，而是在和教师相互作用时给教师提供支持、帮助，提升教师参与的热情和能力，使其充分参与到课程建设中，并让课程建设变得富有意义。德性课程管理的思路主张在课程管理过程中重要的不是去控制，管理者尽量不要去控制复杂的课程建设活动，因为"过分明确的事情是索然无味的"[③]；尽量不要去控制教师的一言一行，因为充满智慧的教师的创造力会在强权下枯萎。课程管理的重心要放在发展上，不是发展抽象的课程名词，而是要回归朴素课程。

---

① 参见［加］迈克尔·富兰著《变革的力量：深度变革》，中央教育科学研究所、加拿大多伦多国际学院译，教育科学出版社 2004 年版，第 29 页。
② 参见于泽元著《课程变革与校本课程领导》，重庆大学出版社 2006 年版，第 291 页。
③ ［法］埃德加·莫兰著：《迷失的范式：人性研究》，陈一壮译，北京大学出版社 1999 年版，第 171 页。

结　语

回归朴素课程

朴素课程不是绚丽多彩的课程名词，也不是独具特色的文字材料——课程活动方案或计划，而是实实在在发生在儿童身边的事情，是在一个深思熟虑布置过的教育环境中实际发生的事情——不是计划好了的亦步亦趋的事件计划的展开，而是在儿童活动中真正发生的事情。课程的本意不在于文本本身，不在于单一的学习者或教师，而在于学习者与教师之间互动的过程。这个过程决定了教育的成效，也决定了幼儿的发展。因而回归朴素课程的课程建设要扭转"文本与过程的本末颠倒""教师行动与幼儿行动的焦点错位"[①]，课程建设活动要注重具体的教育活动过程和活动中幼儿的真实体验。

然而，只有关注教师体验和建设过程的课程管理，才可能引领教师将建设视线转移到幼儿的体验和活动过程中；只有关注教师生活状态的课程管理，才可能回归到朴素课程的建设上；只有关注教师德性品质发展的课程管理，才可能关注到幼儿的德性发展。

[①] 虞永平：《回到过程之中：幼儿园课程建设的路向》，载《学前课程研究》2007年第2期。

参 考 文 献

[1] 陈根法. 德性论 [M]. 上海：上海人民出版社，2004.

[2] 陈时见. 课堂管理论 [M]. 桂林：广西师范大学出版社，2002.

[3] 陈世放. 人性与德性 [M]. 武汉：湖北人民出版社，2002.

[4] 陈侠. 课程论 [M]. 北京：人民教育出版社，1989.

[5] 陈向明. 质的研究方法与社会科学研究 [M]. 北京：教育科学出版社，2000.

[6] 陈杨光. 课程论与课程编制 [M]. 福州：福建人民出版社，1998.

[7] 崔允漷. 课程·良方 [M]. 上海：华东师范大学出版社，2007.

[8] 戴自庵. 张雪门幼儿教育文集：上卷 [M]. 北京：北京少年儿童出版社，1994.

[9] 冯大鸣. 沟通与分享：中西教育管理领衔学者世纪汇谈 [M]. 上海：上海教育出版社，2002.

[10] 冯大鸣. 美、英、澳教育管理前沿图景 [M]. 北京：教育科学出版社，2004.

[11] 冯建军. 当代主体教育论 [M]. 南京：江苏教育出版社，2001.

[12] 冯晓霞. 幼儿园课程 [M]. 北京：北京师范大学出版社，2001.

[13] 高恒天. 道德与人的幸福 [M]. 北京：中国社会科学出版社，2004.

[14] 郝德永. 课程研制方法论 [M]. 北京：教育科学出版社，2000.

[15] 郝德永. 课程与文化：一个后现代的检视 [M]. 北京：教育科学出版社，2002.

[16] 黄显华，等. 课程领导与校本课程发展 [M]. 北京：教育科学出版社，2005.

[17] 黄政杰. 课程改革 [M]. 台北：台湾汉文书店，1999.

[18] 霍力研，孙冬梅，等. 幼儿园课程开发与教师专业发展：比较研究的视角 [M]. 北京：教育科学出版社，2006.

［19］金生鈜. 德性与教化［M］. 长沙：湖南大学出版社，2003.

［20］金生鈜. 规训与教化［M］. 北京：教育科学出版社，2004.

［21］金生鈜. 理解与教育［M］. 北京：教育科学出版社，1999.

［22］李臣. 活动课程研究［M］. 北京：教育科学出版社，1998.

［23］李定仁，徐继存. 课程论研究二十年［M］. 北京：人民教育出版社，2004.

［24］廖哲勋. 课程学［M］. 武汉：华中师范大学出版社，1991.

［25］刘晶波. 师幼互动行为研究：我在幼儿园里看到了什么［M］. 南京：南京师范大学出版社，1999.

［26］刘铁芳. 生命与教化［M］. 长沙：湖南大学出版社，2004.

［27］刘志军. 走向理解的课程评价［M］. 北京：中国社会科学出版社，2004.

［28］苗力田. 亚里士多德全集：第8卷［M］. 北京：中国人民大学出版社，1994.

［29］瞿葆奎. 教育学文集·课程与教材：上［M］. 北京：人民教育出版社，1988.

［30］任平. 交往实践与主体际［M］. 苏州：苏州大学出版社，1999.

［31］任平. 走向交往实践的唯物主义［M］. 北京：人民出版社，2003.

［32］上海市教师成长档案袋研制与推广项目组. 捕捉教师智慧：教师成长档案袋［M］. 北京：教育科学出版社，2006.

［33］施良方. 课程理论：课程的基础、原理与问题［M］. 北京：教育科学出版社，1996.

［34］王策三. 教学论稿［M］. 北京：人民教育出版社，1985.

［35］王治河. 扑朔迷离的游戏：后现代哲学思潮研究［M］. 北京：社会科学文献出版社，1998.

［36］吴安春. 德性教师论［M］. 北京：人民教育出版社，2003.

［37］熊川武. 反思型教学［M］. 上海：华东师范大学出版社，1999.

［38］叶澜，白益民，等. 教师角色与教师发展新探［M］. 北京：教育科学出版社，2001.

［39］叶澜. 中国教育学科年度发展报告2005［M］. 上海：上海教育出版社，2007.

［40］于泽元. 课程变革与学校课程领导［M］. 重庆：重庆大学出版社，2006.

［41］虞永平，等. 幼儿园课程评价［M］. 南京：江苏教育出版社，2005.

[42] 袁小平. 从对峙到融通：教师管理范式的现代转向 [M]. 长沙：湖南师范大学出版社，2004.

[43] 张泸. 张宗麟幼儿教育文集 [M]. 长沙：湖南教育出版社，1985.

[44] 赵汀阳. 论可能生活 [M]. 北京：中国人民大学出版社，2004.

[45] 钟启泉. 现代课程论 [M]. 上海：上海教育出版社，2003.

[46] 周淑卿. 课程发展与教师专业 [M]. 北京：九州出版社，2006.

[47] [澳]布赖恩·J. 卡德威尔，吉姆·M. 斯宾克斯. 超越自我管理学校 [M]. 胡东芳，等，译. 上海：上海教育出版社，2005.

[48] [德]福禄培尔. 人的教育 [M]. 孙祖复，译. 北京：人民教育出版社，1991.

[49] [德]海德格尔. 存在与时间 [M]. 陈嘉映，王庆节，译. 北京：生活·读书·新知三联书店，1987.

[50] [德] 卡西尔. 人论 [M]. 甘阳，译. 上海：上海译文出版社，1985.

[51] [德]马克斯·舍勒. 价值的颠覆 [M]. 罗悌伦，等，译. 北京：生活·读书·新知三联书店，1997.

[52] [德]马克斯·舍勒. 人在宇宙中的地位 [M]. 李伯杰，译. 贵阳：贵州人民教育出版社，1989.

[53] [法]埃德加·莫兰. 迷失的范式：人性研究 [M]. 陈一壮，译. 北京：北京大学出版社，1999.

[54] [法]利奥塔. 后现代状态：关于知识的报告 [M]. 车懂山，译. 北京：生活·读书·新知三联书店，1997.

[55] [古希腊]亚里士多德. 尼各马科伦理学：第 1 卷 [M]. 王旭凤，译. 北京：中国社会科学出版社，1990.

[56] [加]康纳利，克兰蒂宁. 教师成为课程研究者：经验叙事 [M]. 刘良华，等，译. 杭州：浙江教育出版社，2004.

[57] [加]马克斯·范梅南. 教学机智：教育智慧的意蕴 [M]. 李树英，译. 北京：教育科学出版社，2001.

[58] [加]马克斯·范梅南. 生活体验研究 [M]. 宋广文，等，译. 北京：教育科学出版社，2003.

[59] [加]迈克尔·富兰. 变革的力量：深度变革 [M]. 中央教育科学研究所，加拿大多伦多国际学院，译. 北京：教育科学出版社，2004.

[60] [美]Allan A. Glatthorn. 校长的课程领导 [M]. 单文经，等，译.

上海：华东师范大学出版社，2003．

[61] [美]A. 麦金太尔. 德性之后［M］. 龚群，戴扬毅，等，译. 北京：中国社会科学出版社，1995．

[62] [美]埃里希·弗洛姆. 占有还是生存［M］. 关山，译. 北京：生活·读书·新知三联书店，1989．

[63] [美]大卫·格里芬. 后现代精神［M］. 王成兵，译. 北京：中央编译出版社，1998．

[64] [美]杜威. 民主主义与教育［M］. 王承绪，译. 北京：人民教育出版社，1990．

[65] [美]赫伯特·马尔库塞. 单向度的人：发达工业社会意识形态研究［M］. 刘继，译. 上海：上海译文出版社，2006．

[66] [美]赫舍尔. 人是谁［M］. 陈仁莲，译. 贵阳：贵州人民出版社，1994．

[67] [美]彼特·布劳. 不平等性与异质性［M］. 王春光，谢圣赞，译. 北京：中国社会科学出版社，1991．

[68] [美]乔治·A. 比彻姆. 课程理论［M］. 黄明皖，译. 北京：人民教育出版社，1989．

[69] [美]Ralph Fessler, Judith C. Christensen. 教师职业生涯周期：教师专业发展指导［M］. 董丽敏，高耀明，等，译. 北京：中国轻工业出版社，2005．

[70] [美]托马斯·J. 萨乔万尼. 道德领导：抵及学校改善的核心［M］. 冯大鸣，译. 上海：上海教育出版社，2002．

[71] [美]威廉·F. 派纳，等. 理解课程［M］. 张华，等，译. 北京：教育科学出版社，2003．

[72] [美]约翰·尼莫，伊丽莎白·琼斯. 生成课程［M］. 周欣，卢乐珍，王滨，译. 上海：华东师范大学出版社，2004．

[73] [日]尾关周二. 共生的理想：现代交往与共生、共同的思想［M］. 卞崇道，刘荣，周秀静，译. 北京：中央编译出版社，1996．

[74] [日]佐藤学. 学习的快乐：走向对话［M］. 钟启泉，译. 北京：教育科学出版社，2004．

[75] [苏]山·A. 阿莫纳什维利. 孩子们，你们好！［M］. 朱佩荣，译. 北京：教育科学出版社，2002．

[76] [英]戴维·伯姆. 论对话［M］. 王松涛，译. 北京：教育科学出版

社，2004．

[77] [英]洛克．政府篇：下篇[M]．叶启芳，瞿菊农，译．北京：商务印书馆，1964．

[78] Day C, Johnston D, Whitaker P. Managing primary school: a professional development approach [M]. London : Harper and Row, 1985.

[79] Everard K B, Morris G. Effective school management [M]. London: Harper and Rowl, 1985.

[80] Hall E H, Hord S M. Implementing change: patterns, principles and potholes [M]. Boston: Ally & Bacon, 2001.

[81] Henderson J, Hawthorne R. Transformative curriculum leadership [M]. New Jersey: Prentice-Hall, 1985.

[82] Starratt R J. Leaders with vision: the quest for school renewal [M]. California: Corwin Press Inc, 1995.

[83] 敖永胜．浅析"以人为本"的企业管理思想[J]．现代管理科学，2001（5）：41-45．

[84] 操太圣，卢乃桂．教师赋权增能：内涵、意义与策略[J]．课程·教材·教法，2006（10）：78-81．

[85] 陈大琴．基于本土资源的园本课程开发[J]．学前教育研究，2016（8）：61-63．

[86] 迟艳杰．教学意味着"生活"[J]．教育研究，2004（11）：31-34．

[87] 丁钢．教育经验的理论方式[J]．教育研究，2003（2）：22-27．

[88] 范兆雄．论美国课程研究方法的主流取向[J]．比较教育研究，2004（7）：27-32．

[89] 郭祥超，蒋冬双．课程本质研究中本质主义思维方式的反思与超越[J]．西安电子科技大学学报（社会科学版），2005（6）：132-136．

[90] 和学新．主体间性的研究：2001年的进展述评[J]．教育科学，2002（2）：8-13．

[91] 胡东芳．从"两极"到"共有"：论课程政策制定的思维转型[J]．教育理论与实践，2002（11）：39-42．

[92] 胡东芳．论课程政策的定义、本质与载体[J]．教育理论与实践，2001（11）：49-53．

[93] 黄清．课程研究的方法论原则[J]．教育评论，1999（3）：33-35．

[94] 蒋均时. 论小康社会的本质及其特征 [J]. 苏州科技学院学报（社会科学版），2004（4）：5-8.

[95] 蒋煊. 让生命与美对话：人文关怀下教育的回归 [J]. 学前课程研究，2007（2）：71.

[96] 金东海. 论三级课程管理体制中的学校课程管理 [J]. 西北师范大学学报（社会科学版），2004（3）：100-103.

[97] 金生鈜. 德性教化乃心灵转向：解读柏拉图的德性教化理念 [J]. 湖南师范大学教育科学学报，2002（2）：14-20.

[98] 李亚东，朱琦. 试论学校课程管理体系的构建 [J]. 基础教育研究，2003（4）：15-17.

[99] 刘晶波，丰新娜，李娟. 1996—2006年我国学前教育领域研究方法的运用状况与分析：基于三所高校硕士、博士学位论文的研究 [J]. 学前教育研究，2007（9）：15-23.

[100] 刘敏，马波. 成都市幼儿园园本课程建设现状与发展对策 [J]. 学前教育研究，2016（1）：66-69.

[101] 任红娟，赵正新. 从个人主义走向合作：新课程对教师文化的诉求 [J]. 当代教育科学，2004（16）：13-16.

[102] 石春玲. 浅议女性特质 [J]. 甘肃农业，2006（9）：158-159.

[103] 石中英. 本质主义、反本质主义与中国教育学研究 [J]. 教育研究，2004（1）：11-20.

[104] 唐美玲. 从适应型教师文化走向创生型教师文化：论新课程背景下教师文化的重建 [J]. 基础教育，2006（11）：3-5.

[105] 王洪玲. 对"教育叙事""教育叙事研究""教育叙事研究的研究"概念的分析 [J]. 吉林省教育学院学报，2006（8）：81-82.

[106] 王凯. 国内教育叙事的六种语义 [J]. 上海教育科研，2006（10）：18-20.

[107] 吴增基. 理性精神的核心价值观及其在当代中国的意义 [J]. 南开学报（哲学社会科学版），2004（4）：44-50.

[108] 阎水金. 幼儿园课程方案编制与管理 [J]. 幼儿教育，2007（1）：22-26.

[109] 杨启亮. 一种假设：以新课程理念导引新课程管理 [J]. 当代教育科学，2003（19）：3-5.

[110] 杨中枢. 美国中小学学校课程管理概观 [J]. 外国中小学教育, 2003 (12): 33-36.

[111] 杨中枢, 郑学燕. 论学校课程管理的科层模式与专业模式 [J]. 西北师范大学学报 (社会科学版), 2006 (6): 35-38.

[112] 曾文婕, 黄浦全. 美国教师"赋权增能"的动因、含义、策略及启示 [J]. 课程·教材·教法, 2006 (12): 75-79.

[113] 张传开, 余在海. 交往范畴和交往实践观研究之评说 [J]. 巢湖学院学报, 2004 (2): 1-6.

[114] 张济洲. 走入教师日常生活的叙事研究 [J]. 上海教育科研, 2003 (7): 67-70.

[115] 张相学. 学校课程管理: 赋权后的困惑与抉择 [J]. 教育科学研究, 2005 (11): 17-19.

[116] 张相学. 学校课程管理: 亟待关注的课程研究领域 [J]. 教育理论与实践, 2005 (10): 28-32.

[117] 赵振国. 从质量话语到意义生成话语的转变: 园本教研与传统教研的生态学视角比较 [J]. 学前教育研究, 2007 (11): 9-11.

[118] 周海银. 关于学校课程管理本质的理性思考 [J]. 山东师范大学学报 (人文社会科学版), 2007 (1): 107-110.

[119] 周海银. 扎根理论及其在学校课程管理研究中的运用 [J]. 教学与管理, 2007 (4): 3-5.

[120] 朱家雄. 幼儿园课程管理转型过程中存在问题辨析 [J]. 幼儿教育, 2002 (11): 4-5.

[121] Wilson S M, Coolican M J. How high and low self: empowered teachers work with colleagues and school principals [J]. Journal of Educational Thought, 1996, 30 (2): 99-117.

[122] 胡绪阳. 语文德性论 [D]. 长沙: 湖南师范大学, 2006.

[123] 李颖. 教育中的人性追求: 西方社会转型时期的教育转型及其启示 [D]. 长春: 东北师范大学, 2006.

[124] 刘万海. 回归德性生活 [D]. 上海: 华东师范大学, 2007.

[125] 田燕. 幼儿园教师课程决策研究 [D]. 南京: 南京师范大学, 2002.

[126] 杨小微. 社会转型时期学校变革的方法论初探 [D]. 上海: 华东师范大学, 2002.

[127] 张相学. 学校如何管理课程：主体论视野下学校课程管理的思考[D]. 南京：南京师范大学，2006.

[128] 张永英. 幼儿教师儿童学习观变革之路探寻[D]. 南京：南京师范大学，2007.

后　　记

本书是我在八年前反思幼儿园课程管理问题（最初希望将之作为博士学位论文的选题，后因其他原因放弃）的基础上，通过系列课题的研究积累完成的。本研究得到 2016 年度江苏高校"青蓝工程"中青年学术带头人培养对象项目（Sponsored by Qing Lan Project）和 2016 年江苏省高校哲学社会科学研究一般项目"卓越导向的幼儿园教师培养过程中教育资源优化研究"（2016SJB880026）等课题的研究资助，并在主持这些课题中得到相关研究的启发和积累；同时，本书得到了江苏第二师范学院学术著作出版基金项目的支持。在此一并表示衷心感谢！

在本书即将出版之际，回想本书写作和攻读博士学位期间的学习和工作，历历在目。这里诚挚地感谢精心指点过我的诸多恩师。他们以渊博的知识、睿智的思维和严谨的治学态度指导我的科研实践和本书的研究工作，极大地拓展了我的科研思路和视野，提升了我的科研能力和水平，在此向恩师们致以崇高的敬意！

感谢激发我不断思考的先哲们，感谢书中参考、引用文献的作者们。

感谢为本书出版付出辛勤劳动的中山大学出版社的嵇春霞老师！嵇老师的热情、专业、细心和敬业给我留下深刻的印象，她对本书的出版和编辑给予了热心指导和大力支持。

深深感谢我的父母、我的家人长期以来对我学习和工作的理解、鼓励、支持和帮助！感谢所有关心和帮助我的人！我们一起在路上！

由于作者水平有限，错误和疏漏在所难免，敬请专家和学者批评、指正！

田　燕
2016 年 12 月 1 日于南京